JN439315

# 피안화의 추억

石河 隨想集

# 피안화의 추억

수필과비평사

– 신인상 수상 후 –

■ 머리글

# 첫 隨筆集을 내면서

처음 수필에 대하여 너무 가볍게 생각하고 고개를 디밀었지만, 수필을 공부하고 쓰기 시작하면서부터 점점 더 어렵게 느껴졌다.

등단을 하고 나서는 탁 막히고, 수필집을 내려니 더 용기가 나지 않았다.

수필을 공부하면서 쓸 때는 그저 내 삶의 자전自傳을 나 혼자 간직한다는 생각이었다. 그러나 주위의 권유로 마음이 변하기 시작했다. 이럴 줄 알았으면 시작할 때 다시 한 번 생각해 볼 걸…….

더구나 써 놓은 글을 퇴고하면서 몇 번이나 망설였다. 읽어보면 수정할 곳이 마치 옹달샘 샘물처럼 솟아났다. 여기저기 고치다 보면 초심이 어느 쪽으로 가나 두리번거려졌다. 에라 모르겠다고 후딱 올려놓고 나면 나를 아는 사람들이 읽을 터인데 어떻게 평가해 줄 것인가? 수필로서의 가치와 문학성은 있는지 두려웠다.

신변잡기를 중심으로 쓰다 보니 혹시 내 자랑이 너무 많았던 것은 아닐까? 진실만을 썼지만 믿지 못할 구절은 없었던가? 혹시 상대방에게 자그마한 마음의 상처라도 주는 구절이 있으면 어쩌나? 미지의 세계에 발을 내딛는 심정으로 가슴이 두근거린다.

수필의 언저리만 맴돈 것 같아 아쉽고 후회가 되기도 한다. 이런 글을 수필이랍시고 내놓았냐고 핀잔할까 싶어 우려가 된다.

수필은 글로만 쓰니 읽는 데 좀 단조로울 것 같아 간단한 삽화를 넣어서 이해를 돕도록 했다. 내용은 6부로 1부에서는 <그때 그 시절 : 세상사는 이야기>, 2부 <나이테 : 나의 삶>, 3부 <풋고추 절이 김치 : 우리 집 우리 가정>, 4부 <왕초보 교사 : 교직생활>, 5부 <한고조 : 사색의 창>, 6부 <무아정 가는 길 : 기행수필>로 묶었다.

이 글을 읽는 독자들께서 나의 이런 심정을 헤아려 주고 많은 질책과 편달을 보내주시기 바란다.

**2011년 여름(만남의 달)**

石河 **이신구**

■ 차례



## 1부 그때 그 시절

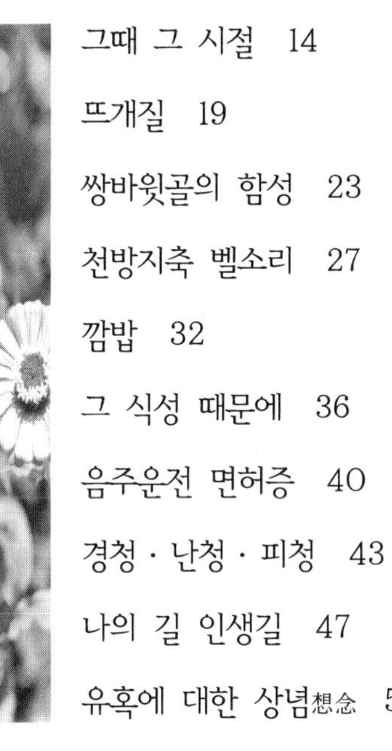

## 2부 나이테

## 3부 풋고추 절이 김치

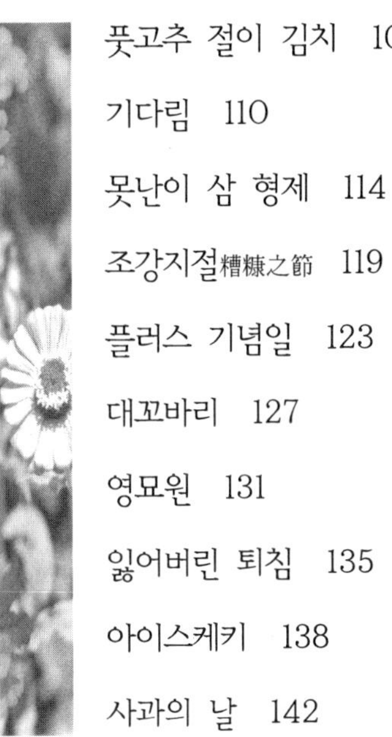

## 4부 왕초보 교사

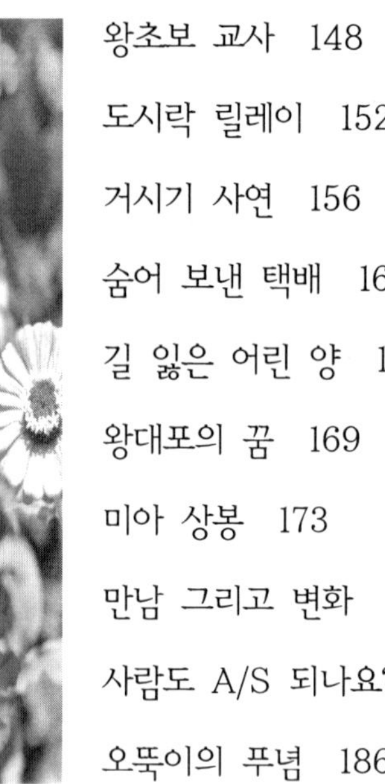

## 5부 한고조寒苦鳥

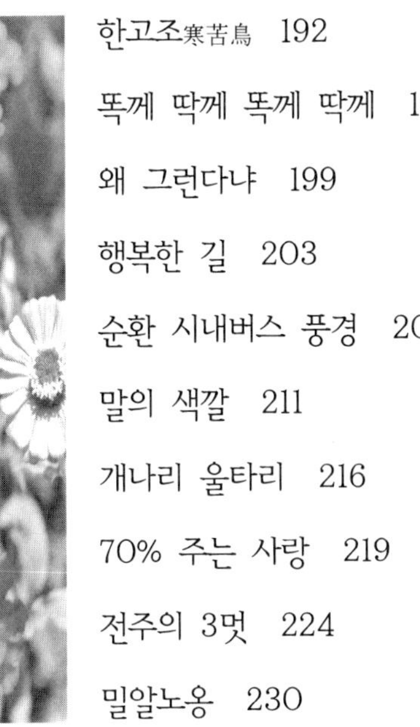

## 6부 무아정 가는 길

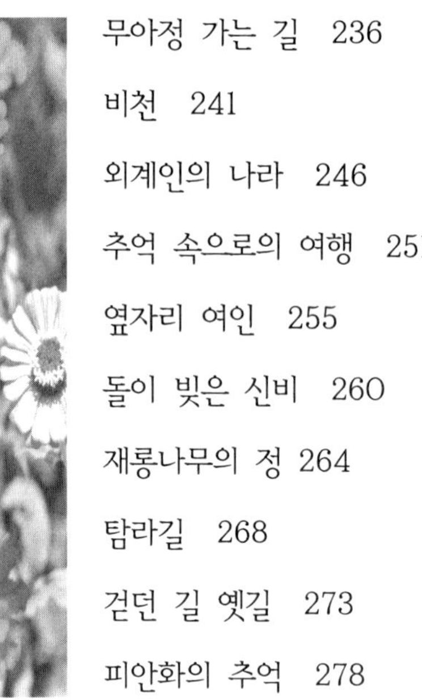

1부

# 그때 그 시절

# 그때 그 시절

나는 술꾼이다. 술을 입에 대기 시작한 주력酒歷이 오십여 년은 되었다. 술은 마시면 취하고 취하면 실수하기 마련이다. 그래도 또 그 술을 마시는 것은 무슨 배짱일까? 하기야 대부분의 술꾼은 '나는 지금까지 술 마시고 실수를 한 적이 없다.'고 말한다.

실수한 적 없다는 술꾼의 새빨간 거짓말을 누가 믿을까?

요즘엔 주량이 현저히 줄었다. 하지만 좋은 친구를 만나 술을 마시면 기분이 좋아진다. 며칠 전 젊었을 적 술꾼 친구를 만나 나이는 들었어도 주량은 줄지 않았다고 희희낙락하면서 한 잔 두 잔 마신 것이 좀 과했었다.

마실 때는 괜찮았는데 술자리가 끝나고 일어설 때쯤 어질어질하고 몸을 가눌 수가 없었다. 몸도 정신도 휘청대고, 무엇 때문인지 모르지만 그저 기분이 좋았다.

요즘 술꾼들은 음주운전 노이로제라, 술을 마시기 전부터 운전 걱정을 한다. 그런데 친절한 음식점 사장이 무료 대리운전을 시켜주겠다고 선심을 쓰는 바람에 마음먹고 한잔 했다.

술이 얼큰히 취해 혀 꼬부라질 때쯤, 집으로 오는 차 속에서 대리운전기사에게 잔소리를 했나 보다.

"손님, 차 잘 모셔 놓을 테니 걱정 마셔요……."

나는 무슨 말인가 두런거렸고, 차는 우리 아파트에 도착했다.

"내 차는 이쪽 아래편에 대 주시오."

그런데 그 기사는 내 말을 들은 체도 하지 않고 차를 그냥 몰고 가는 것이었다.

"어어, 기사님, 이리 대라니까요?"

대답도 않고 그냥 가 버렸다. 소리를 지르며 달려가 보니 영업용 승용차였다. 내 차는 놓아두고 영업용차를 타고 왔던가 보았다.

지난 일요일 사우나를 마치고 막 나오는데,

"어이, 잘 만났네, 한잔 할 친구를 찾던 참인데……."

술꾼 선배가 딱 걸렸단다. 한참 술자리가 무르익어 갈 무렵 아들에게서 전화가 왔다. 늦은 시각인데 어디서 무얼 하시기에 이리 늦느냐는 것이었다.

"나 지금 오케스트라 앞 '통친고기'에서 한잔 하고 있다."

한참 뒤 술좌석이 끝나 부축을 받으며 차에 타고서 졸다 보니 내릴 때가 되었다. 기사님은 친절하게도 아파트 문 앞까지 부축해주고 인사를 한 뒤 돌아갔다.

"어? 차비도 안 줬는데?"

잠시 호주머니를 뒤적이다 쫓아나가니, 아내가 뛰어나와서 등을 밀어 집으로 들어갔다.

"그 기사님, 참 친절도 하시네. 글쎄 차비도 안 받아간 것 같은데?"

이튿날 아침 아들에게서 전화가 왔다

"아빠, 속 안 아프셔요? 술 조금만 드시지 그러세요?"

"너, 어떻게 알았냐? 어제 그 택시 기사, 참 친절하더라. 그리고 차비는 누가 줬지?"

"아빠, 그 기사가 저예요. 제가 모시러 갔었잖아요?"

그땐 퇴근길에 동료들과 어울려 여기저기 들러 내가 한잔, 네가 한잔 산다고 마시다 보면 집에서 기다리는 식구는 생각도 안 났다. 어울려 마시다가 '이 친구들 한번 붙으면 끝장을 본다니까…….' 나는 너무 취한 것 같아 살짝 꽁무니를 빼 큰길로 나왔다. 술꾼들에게 잡히지 않으려고 빠른 걸음으로 한참 가다 보니 익숙한 길이 아니었다. 내가 가려는 방향과는 달랐다. 차도 잡히지 않고, 시간이 꽤 되었는지 지나는 사람도 뜸해 한참을 헤맸다. 지나가는 젊은이를 붙들고 물어 보니 반대 방향으로 한참이나 왔단다. 술이 취해 방향 감각을 잃고 헤매다가 겨우 우리 아파트를 찾아왔다.

그런데 아파트 출입구를 잘못 찾아 들어가 103동 603호가 아니라 108동 603호 벨을 누르다가 쫓겨났다. 한참을 헤매다 찾았다 싶어 다시 벨을 눌렀는데 또 108동 603호란다. 우락부락한 집주인에게 멱살을 잡힌 뒤에야 103동을 알려줘서 겨우 집을 찾을 수 있었다.

그 무렵에는 고기 사 먹기가 어려울 때였다. 고기도 팔고 술도 파는 술집에 들렀다. 술이 얼근히 취했어도 일말의 양심이 있었던지, 아내와 자식들을 위하여 맛있는 소고기 두어 근을 끊어, 비닐 봉투에 넣어 들고 차를 탔다.

그런데 자꾸 속이 불편해 구역질을 하니까 기사가 날쌔게 위생봉투를 디밀었다. 다행히 차 속에 토하지 않고 봉투를 채운 뒤 흘리지 않도록 꽉 묶어 집까지 왔다.

"그 봉투 아무 데나 버리시면 안 됩니다. 집까지 잘 들고 가셔요."

기사의 목소리를 뒤로하고 '암, 모처럼 고기를 샀는데 버리면 되나?' 생각하며 봉투를 들고 집에 들어가자마자

"어이, 소고기 사왔네!"

하고 주방에 놓아두었다.

아내는 거실로 나와서 방으로 안내하면서

"아니, 오늘도 웬 술을? 아유 술 냄새!"

너무 늦어서인지 아내는 내가 큰 맘 먹고 사온 소고기는 거들떠보지도 않았다.

이튿날 아침, 그 검은 봉투 속엔 소고기는커녕 구토한 오물만 가득 들어 있었단다. 수소문을 해보니 소고기는 그 술집에 얌전히 놓고 왔던 것이었다.

그때나 지금이나 술꾼은 술자리에서 역사를 만든다. 그 자리에서 심리적 안정을 찾고, 피로를 씻는다. 하루의 스트레스를 노닥거리며 풀고, 미운 사람, 유감 있던 사람은 술안주 삼아 다 삭여 버리고, 털어내고 잊는다. 그리고는 괜히 기분이 좋아서 희희덕거리다 헤어진다. 헤어진 뒤 실수만 없으면 그래도 봐줄 만한데…….

이광웅(시인)은 <목숨을 걸고>에서 '이 땅에서 진짜 술꾼이 되려거든 목숨을 걸고 술을 마셔야 한다.'고 했다. 술이 좋긴 좋은가 보다.

아, 그것도 젊은 날의 에피소드고 이젠 건강을 챙겨야할 나이가 되었다. 세월이 참 빠르다는 생각이 들 뿐이다.

(2011. 01. 25.)

# 뜨개질

'엮어지는 매듭마다 절절히 맺힌 사연
춤추는 손끝마다 꽃피고 새가 우네.
하얀 밤 뜨개질에 산이 되어 침묵하고
파란 낮 뜨개질에 강이 되어 노래하고
지는 노을 황금빛에 새 삶을 비춰본다.'

언젠가 통근할 때 차 안에서 뜨개질하던 노여교사가 흥얼대던 노랫 가락이다. 그분은 만날 때, 볼 때마다 차 안에서 뜨개질을 했는데, 언제나 흥얼대면서, 또는 눈을 감고도, 이야기를 하면서도 능숙하게 실을 엮었다. 신기해서 물끄러미 쳐다봐도 아랑곳하지 않았다.

옛날 우리 누나도 가끔 털실로 스웨터, 양말, 장갑, 목도리 등을 만들어 준 일이 있으며, 얼마 전 친척 제수씨가 승용차 방석을 짜준 일도 있다.

언젠가 흥얼대는 그 가사가 하도 특이해서 그 노래 가사 좀 적어 달라고 부탁하여 받아 놓았었다. 최근 책장 서랍을 정리하다가 여러 번 접힌 그 종이를 발견했다.

쪽지를 보니 그 선생님 생각이 난다. 인연이란 참 묘한 것이다. 내가 시골에서 전주로 전근 와 근무하는 학교로 그분이 부임했던 것이다. 알고 보니 나보다 훨씬 선배님으로 뜨개질만 능숙한 줄 알았더니, 음악, 서예, 미술에도 특기가 있어 이름이 널리 알려진 분이었다. 그런 인연으로 우연한 기회에 '뜨개질 사연'을 듣게 되었다.

선생님은 결혼 후 한때 교직을 그만두고 가사에만 전담하며 행복한 날을 보냈는데 갑자기 불어닥친 불행으로 뜨개질을 다시 하게 됐으며, 교직에도 복직하게 되었다고 하셨다.

선생님이 초등학교에 발령받고 통근할 때, 이웃 중등학교 교사인 부군을 만났다고 했다. 어느 가을, 통근버스 안에서 뜨개질에 열중하고 있는데, 차가 덜컹하면서 실타래가 그분 앞까지 굴러갔는데, 그만 구둣발로 덥석 밟아버렸단다. 그 흙 묻은 실타래가 인연이 되어 서로 교제하다 결혼하고, 아들 낳고 행복한 나날을 보냈다. 그러나 행복도 잠시, 수학여행 열차사고로 부군을 잃고, 선물하려고 짜던 장갑 한쪽만 굴러다니게 되었단다.

한 올 한 올 매듭마다에, 아름다웠던 추억, 그리움, 그리고 가슴 아팠던 그날의 이야기가 묻어나고 있다. 남들이 보기엔 신들린 듯 춤추는 손끝에서 꽃도 되고 새가 되는 매듭이지만, 이제는 그 꽃 속에는 향기가 없고 그 새는 울지를 않는다는 것이다.

잠 안 오는 밤을 하얗게 지새우며 뜨개질을 하건만, 고요한 적막은 그리움을 더하고 말없이 아침이 다가온다고 했다.

다행히도 자녀들이 훌륭하게 자라 이제는 좋은 직장에 근무하여 걱정과 시름을 놓았지만, 마음 한구석에는 옛 사연이 되살아나, 하염없이 뜨개질을 하고 있다는 것이다. 이제는 사랑스런 손자, 손녀의 귀여운 손과 갸름한 목을 그리며 한 줄 두 줄 실오라기를 감고, 그 속에 그리움을 잠재우며, 재롱과 사랑을 한 코 두 코 엮어간다고 하셨다.

생각하면 뜨개질은 만드는 완성품을 바라볼 때의 희열도 있지만, 그 작품을 엮어가는 과정에서 느끼는 기쁨이 더 클 것이다. 어떤 마음으로 누구에게 어느 의미로 줄 것이며, 받는 그 사람의 마음은 어떠할까를 생각하며 한 올 한 올 뜨는 것이기에.

지난 일요일 미사를 마치고 저녁 무렵 기린봉을 찾았다. 초가을이라고는 하지만 아직도 더위는 남아 있었다. 막 정상에 올라 땀을 닦는데 건너편 바위에서 한가로이 뜨개질하는 여인이 있었다. 혹시 그 선배님이 아닐까 하여 가보았더니, 훨씬 젊으신 분이었다. 올겨울 귀여운 손녀의 손을 따뜻하게 감싸줄 장갑을 뜨는 모양이다. 재롱이 눈에 삼삼하여 절로 웃음을 머금고 있는 그분도, 가끔 먼 들판과 도심을 보면서 능숙하게 뜨개질을 하고 있다. 노여교사와 여기 젊은 여인의 뜨개질은 꿈과 생각과 사연은 다르겠지만 그 정성과 사랑과 솜씨는 닮은 듯싶다.

어떤 사람은 사랑하는 이를 생각하며, 사랑하는 자녀를 위하여, 요즘에는 불쌍한 이웃을 위해 자선사업용으로, 그 능숙한 기능을 발휘한다고 한다.

뜨개질하는 분의 눈과 표정을 보면 안다. 과연 누구를 위하는 잽싼 손놀림인가를. 뜨개질을 통하여 만들어진 모자, 장갑, 목도리는 그것으로 인한 따사로움보다는, 한 땀 한 땀의 매듭에 담긴 정성이 받는 이의 가슴속에 더욱 뜨겁게 전해지리라.

파란 가을 하늘과 누런 들판을 바탕삼아, 정과 사랑으로 뜨개질을 하는 그 여인은 마음속에 새롭게 펼쳐질 꿈을 엮는 듯하다.

(2010. 09. 28.)

# 쌍바윗골의 함성
### -放氣美學

금년엔 유달리 자연 재앙이 속출하고, 기상이변이 잦아 우리를 놀라게 하고 있다. 잠잠하던 휴화산이 활화산이 되어 화산재를 품어내어 대기오염은 물론 항공로까지 막고 있다고 한다.

지난번 S초등학교에서 '학업성취도를 높이는 방안'이라는 주제로 연수회를 갖게 되었다. '긍정적 자아개념'을 설명하면서 그 예화로 '천하장사 안록산과 천하일색 양귀비' 일화를 꺼내자, 술렁이던 강당이 조용해졌는데, 자꾸 가스가 새어나오는 통에 백묵 들었던 오른손이 궁둥이 쪽 옷을 긁어나 보다.

"하의 아래쪽에 백묵이 많이……."

들은 체도 않고 있는데, 하필이면 그때 쌍바윗골에서 참다 참다 도저히 더는 못 참겠다는 듯 제법 우렁찬 함성이 정막을 깼다.

오늘따라 긴장한 탓인지 깊숙한 쌍바윗골에서 가죽피리 소리가 은은히 들리더니 잠시 뒤에, 갑자기 또 우렁찬 함성이 터졌다. 조용한 강당 안이 술렁이기 시작했다.

마음속으로는 아차! 하면서도 태연한 척 그냥 넘기려 했건만, 긴장된 나머지 마이크를 뒤로 감춘 것이 화근이 되었다. 연이어 터지는 2, 3차 증폭된 함성에 속수무책, 민망하고 당황한 것은 나보다도 연수자들이었다.

어리둥절하여 두리번거리는 사람, 수군대는 사람, 손으로 코를 막고 벌름대는 사람, 폭소를 터트리는 사람 등 반응도 가지가지였다. 바윗골에 무슨 변괴가 생겼을까? 안골에서 가끔 우르릉 꼬로록, 밖골에서는 꿈틀, 입구에서는 암모니아 향기가 솔솔 흘러나온다. 당초부터 바윗골을 염려하면서, 과욕食貪을 부리지 않았더라면 평화가 있었으련만……. 그리고 그 함성이 안팎에 미칠 파문을 미리 생각해 보지 못한 탓이었을까?

며칠 전에는 동료 여교사 몇 분이 식사를 같이하자고 해서 만나 걸어가는 중에 한 발 한 발 뗄 때마다 '빵! 뿍!' 박자 맞춰 작동이 걸려 주춤하고 서 있으니, "어디 불편하셔요?" "아니 새로 산 신발에서……."

요즘 나는 나이가 들면서 염치불구하고 쌍바윗골 화산이 가끔 꿈틀거린다. 그 함성은 자연 발생적인 생리작용이다. 망신스러워야 할 하등의 이유가 없지만 창피한 걸 어찌하랴.

분위기를 쇄신하려고 예전에 대통령이 방귀를 뀌자 비서가 '각하 시원하시겠습니다.'라고 했다는 말을 했더니 순간 강의장은 함성으로 폭발할 지경이었다. 그 함성으로 인해 연수생들은 내용의 인지認知가 심화되어 오래오래 잊히지 않을 것이라고 결론을 내렸더니 한 번 더 크게 웃었다. 강의시간도 거의 끝나가지만 또 지하 깊숙한 곳에서 용암이 꿈틀거리는 것을 감지하고 서둘러 마무리져 더 민망한 꼴을 보이지 않아야겠다고 생각했다.

집에 와서 그 일을 생각하니 절로 웃음이 나와 인터넷에서 '방귀'를 검색해 보았다. '장에서 발생되는 기체로 항문 괄약근 사이로 방출되는 가스이며, 정상적인 장 활동의 신호이고, 독성이 없으나 약간의 암모니아 냄새(구린내)가 난다. 뀌지 않으면 변비가 되며, 괄약근을 조절하는 예지(?)가 필요함. 보통 하루에 의식적, 무의식적으로 5~20회 정도, 0.5~1.5리터가 방출되며 주로 질소 함량이 20~90%'라고 소개되어 있었다. 또 고금소총 91화에는 '오지방귀吾之放氣'라 하여 '내 방귀를 가로채다니'하는 이야기로 독자를 웃겼고, 외국 선교사가 추운 겨울날 문을 걸어 잠그고 포교 중 향기로운 냄새가 풍겨오자 참다못해 '아름다운 소리 밖에 있고, 아름다운 냄새 안에 있지 마시고, 아름다운 소리 안에 있고 아름다운 냄새 밖에 있길 기도합시다.'했다는 일화도 소개되었다. 모두 '핫바지 방귀 새듯' 가볍게 웃어넘길 이야기지만 막상 당하고 보면 난감하다.

특히 엘리베이터 속에서나 걷다가 뒤에 사람이 없는 줄 알고 시원스럽게 방출된 경우에 더욱 난감하다.

미미하나 그 소리(크기)도 유전성이 있고, 먹는 음식에 따라 냄새도 달라진다고 한다. 살다가 참을 수 없는 불가피한 사연을 숨기거나 감추지 않고 확 분출시켰을 때 가슴속까지 시원함을 느낀 적도 있다.

요즈음 천안함 사태에 대하여 정부 발표와는 달리 누리꾼들의 반론도 만만치 않다. 제법 그럴듯한 논증하에 전문가 뺨치는 정황과 과학적

(?)인 근거를 들어 공박을 일삼는다. 여기 쌍바윗골의 함성에 대한 불꽃 튀는 논쟁도 그에 못지않다.

'식탐에 유의하고 경계태세로 괄약근 조정을 잘했다면 그런 불상사는 없었을 게 아니냐? 그 함성 자체가 불가항력적인 정당방위냐 아니면 사전예방이 가능한 행위냐? 시각을 조정할 수도 있지 않았었느냐, 어쩔 수 없지 않았겠느냐?'

'내 너를 소홀히 대접한 바 없거늘 왜 하필 그때, 그 시각에 나와 의논도 없이 튀어나오는 것이냐? 너는 내가 긴장할 때 조심하려면 톡 튀어나오는 것이냐?'

'괜히 제가 잘못해 놓고 나더러 책임지라고? 그리고 내 탓만 하는 거 아냐?'

인생사가 다 그렇듯이 내 안에서도 서로 '네 탓'만 하고 있다. 한편 생각하면, '쌍바윗골의 함성(방귀)과 인격은 별개의 문제다. 시원한 함성은 스트레스를 해결해 주고 근심과 걱정을 한방에 날려 보낸다. 그 함성(외침)은 나의 '자유이자, 고귀한 권리'라고 되뇌면서 스스로를 위로한다. 하기야 덴마크와 스위스에서는 '소의 방귀'를 지구 온난화의 주범으로, 어느 나라인가는 방귀 뀌는 사람에게는 환경오염과 관광객에 실례가 된다 하여 사법처벌하려 한다는 기사도 읽었지만…….

그러나 사회생활을 하는 데 있어서 아무리 불가항력적인 일이라 하더라도 이유야 어떻든 내가 할 수 있는 한 남에게 누를 끼치지 않을 수만 있다면 온 힘을 다해야 할 것이다. 오늘은 '쌍바윗골의 함성'으로 착잡한 하루였다.

(2010. 06. 03.)

# 천방지축 벨소리

퇴임한 지도 벌써 7년여가 된다. 퇴임하기 전만 해도 정년이 기다려졌고, 퇴임 후 한동안은 시원섭섭하고 그럭저럭 지낼 만했다. 그런데 얼마지 않아 자꾸 짜증이 나고 따분해지기 시작했다.

친구들은 모일 때마다 하소연을 쏟아내기 시작했다. 여가생활을 즐겁고 계획적으로 보낼 수는 없을까. 이구동성으로 말만 했지 뾰족한 수가 없었다.

그러던 어느 날, 매주 수요일을 '건강의 날'로 정하고 오전 10시에 지정된 장소에 모이기로 했다. 그리고 가까운 야산을 골라 가벼운 등산이나, 운동시설을 이용하면서 아는 것, 본 것, 경험한 것, 들은 것 등으로 친구들을 웃기며 소일하다 보니 자연적으로 수요일은 친목일이 되었다.

점심시간이 되면 맛 집을 찾아다니며, 새롭고 신선한 먹을거리를 골라 먹고, 근질근질한 입을 마음껏 움직여 속내를 쏟아내며 이야기꽃을 피우는 재미도 쏠쏠했다.

이야깃거리가 바닥나면 게임을 즐긴다. 바둑, 장기, 당구 그리고 제로섬 게임도 한다. 소박하고 부담 없는 놀이라도 승리하면 좋고 패하면 스트레스를 받기 마련인데 어찌된 일인지 우리들은 마냥 즐겁다.

오래 어울려서 그런지 실력이 고만고만하여 백중지세라 웃기고, 장난에 농담까지 하며 모두 시간 가는 줄 몰라 엄격히 시간을 정해 놓고 시작한다. 정식 회원만 15명이니 여기저기 섭렵하며, 이것저것 다 해보고, 별의 별 이야기가 다 나온다. 그저 '술 덤벙 물 덤벙' '천방지축'인 셈이다.

이제 칠순이 되었고 직장도 정년퇴임했으니 이름이나 직함을 부르는 대신 각자의 호號를 지어 부르기로 했다.

오늘은 우연히 휴대전화 이야기가 시작되었다. 시도 때도 없이 울려대는 전화벨, 요즘 세상에 휴대전화 없는 사람은 한 사람도 없다.

오늘따라 이른 아침에 벨소리가 울렸다. 전화를 귀에 대니 다짜고짜

"어이, 나 이장인데, 어제 단비도 내렸으니 오늘 일찍 나오게. 어제 하던 일 끝마쳐야 할 거 아녀?"

"아니, 누굴 찾으셨죠?"

"나여, 나. 밤사이 벌써 까먹었나?"

숨 돌릴 새도 없이 저 할 말만 하고 딱 끊어버렸다. 아침부터 어안이 벙벙하고 기분이 상했다는 내 이야기를 듣고 송월이 한 마디 하겠다고 손을 저었다.

"지난겨울 우리 둘째 주례를 해 주셨던 상철이 부친께서 돌아가셨

다는 소식에 문상을 갔지. 웃옷을 벗어 걸고 막 조문하려고 허리를 굽히는 찰나 '닐리리아, 니나노!' 하는 벨소리가 울려 당황하고 조급한 나머지 이 주머니 저 주머니를 뒤적거리자, 조문객들이 킥킥거리며 웃더니 나중엔 폭소를 터트리더군. 그때를 생각하면 지금도 머리가 흔들려."

그러자 이번에 동원이 한 마디 거든다.

"기왕 벨소리 이야기가 나왔으니 내 말 좀 들어 봐. 지난 일요일 미사를 드릴 때 신부님께서 '하느님의 어린 양, 세상의 죄를 없애시는 분이시니, 이 성찬에 초대받은 이는 복 되도다.'하고 영성체가 막 시작되려는 순간, 어디선가 '반야 밀다 심경, 똑 똑 똑…….'하는 소리가 나니 얼마나 당황했겠나? 신부님은 어안이 벙벙해 하는 교우들을 보고, '어허, 길 잃은 불도께서도 이 성찬에 초대를 받으셨군요.'하시며 받아넘기시는 바람에 술렁이던 소리가 잠잠해지지 않았겠나?"

그럴 때는 유달리 벨소리도 커서 더욱 당황하게 한다. 전화를 건 분이 이쪽 상황을 알 리 없으니, 그럴 때는 전원을 꺼놓거나, 진동으로 설정해 놓았더라면 이런 실수가 없었을 텐데.

지난여름, 심곡이 서울 전철에서 겪은 일이란다. 옆에 빨간 미니스커트를 입은 날씬한 미녀가 탔는데, 어찌나 화려한지 주위의 시선이 모두 그쪽으로 쏠렸다. 그때 '마리아!'하는 귀청을 때리는 음악소리가 나자, 스커트를 들추어 스타킹 속에서 전화기를 꺼내 큰소리로

"호호호 그래? 거기서 만나자."라며 주위의 시선은 아랑곳하지도 않고 신나게 통화하다 끊더니 긴 다리를 쭉 뻗어 허연 허벅지를 자랑하며 푹 끼워 넣더라는 것이다.

이에 질세라 월석의 이야기가 이어졌다.

"차 속 이야기가 나왔으니 말인데, 며칠 전 시내버스 속에서 나는 봉변을 당할 뻔했네. 어느 청년이 큰소리로 통화를 하는데 손짓 몸짓 다하며 욕설을 해대고, 상대방과 다투는 통화로 차 속 손님들의 눈살을 찌푸리게 하기에 '젊은이, 소리 좀 낮출 수 없겠나?'하고 점잖게 충고 좀 했더니 '뭐요? 남 열 받는 데, 아저씨가 도와줄 일 있어요?'하고 눈을 부라리더라고."

한 마디 더 했으면 어쨌을까? 참 버릇없는 젊은이들이 간혹 있으니 세상이 거꾸로 가는 것 같더라고.

지난번 교통사고를 당했던 양진이 한 마디 거든다.

"글쎄 신바람나게 달리던 차가 붉은 신호등에 멈추자마자 쿵 하고 뒤차가 받는 거야. 깜짝 놀란 몸을 추스르고 있으니 잠시 후, 문을 열자 험한 얼굴을 하고 젊은이가 뒤쪽에서 걸어오는 거야. '에이 재수 없어. 당신 때문에 차사고 났잖아!'하는 말에 화가 머리끝까지 나지 뭐야. '뭐라고? 뒤에서 받아 놓고 나 때문이라고?' 젊은이가 가까이 와서야 귓속에서 레시바를 빼면서 '죄송합니다. 통화하던 사람에게 한 말인데…….'하더라니까."

이야기가 무르익자 평소에 말이 적은 친구들까지 너도나도 한 마디씩 거들고자 왁자지껄하다. 손전화를 냉장고 속에 놓고 사흘간을 찾았다는 이야기, 호주머니에 넣은 채 세탁기에 돌돌돌 돌렸다가 서비스센터 신세를 졌다는 이야기……. 마지막엔 시도 때도 없이 교묘한 수법으로 우리 같은 엄벙한 노인네를 홀리는 '보이스 피싱'에 휘말리지 말자는 죽전의 충고로 마무리지었다. "하하하, 허허허……."

오늘은 휴대전화 이야기가 우리에게 웃음을 선물했다. 젊음이 멀어져 가듯, 웃음이 흘러가는 시간을, 흩어져가는 나날을 붙잡을 수 없겠지만 오늘도 즐겁고 유쾌한 하루였다. 손전화는 참 좋은 문명의 이기이며 없어서는 아니 될 필수품이지만, 언제 어디서든 울려대는 천태만상의 유별난 벨소리와 아무 데서나 큰소리로 통화하는 건 한 번 더 생각해 보아야 할 것 같다. 급하고 긴요한 전화가 아니면 통화 장소를 생각하고, 소리를 낮추며, 예절을 지키는 '휴대전화 예절교육'을 이수한 사람에게만 사용허가를 내주면 어떨까. 오늘도 '술 덤벙 물 덤벙' 하루가 저물어간다. '인생은 즐겁게, 건강하게, 마음은 젊게 살자.'고 다짐한다. 벌써 다음 수요일이 기다려진다.

(2009. 04. 22.)

# 깜밥

"아이고, 이게 누구시데요. 선생님 오셨어유. 참 오랜만이구만유. 하나도 안 변했네유. 반갑구만이라우."

정말 이십여 년이 지났는데 주인과 종업원 모두 바뀌지 않았고, 더욱이 모두 나를 알아보고 반갑게 맞아주니 어찌 고맙지 않으랴. 이십여  년 전에 같이 근무했던 동료를 만나도 '누구시더라, 많이 변하고 하도 오랜만이라 잘 모르겠네요.'하여 세월이 하 수상함을 실감하는데…….

며칠 전 가까운 친구 가족과 함께 진안 마이산을 찾았다. 예나 지금이나 그 오묘한 석탑과 산세는 찾는 이들을 신비의 경지로 이끈다. 이곳을 찾은 것은 자연의 경관도 경관이려니와 그 옛날 맛보았던 좀 색다른 음식이 생각나서였다. 앞치마를 만지작대며 매운 눈을 참고, 솔가지를 지피는 아낙네의 푸짐한 인정이 녹아내린, 노릇노릇한 밥에 설탕가루를 살짝 뿌리고 기름에 살짝 튀겨 디밀던 그 깜밥과 구수한 숭늉, 이 모든 것이 새삼 생각나는 곳이다.

산사山寺를 거쳐 암수 마이계곡을 넘으니 내가 찾고자 하는 음식점과 주인은 그곳에 그대로 있었다.

그러니까 20여 년 전이었다. 첫 승진의 꿈을 안고 부임했던 곳이 인근이었기에 당시 축하 인사차 찾은 지우, 선배, 친지를 이 집으로 모셨고, 교직원 식사도 이 집에서 3년간 책임지어 주었다. 이 집 특식은 애저猪였지만 내 특식은 따로 있었다.

대충 인사를 나눈 뒤 대접할 식단을 주문하고, 그 옛날 후식으로 준 깜밥(눌은밥)과 구수한 숭늉을 마셨던 그때를 생각해 보았다. 산사의 정과 정성이 가득한 깜밥과 숭늉은 선생님들의 친목 파티용 간식거리로 갈채를 받았고, 그 후식은 내 특식이었던 것이다.

나는 어려서부터 깜밥을 무척 좋아해서였던지, 밥 뜸들이는 구수한 냄새를 좋아했다. 어느 때던가 친척 잔칫집에 갔을 적에, 큰 가마솥에서 나는 표현할 수 없을 정도로 입맛을 당기던 냄새에 끌려, 부엌을 기웃거리다 부지깽이로 쫓겨났던 일, 깜밥을 긁어 달라고 부탁했는데도 깜박 잊고 물을 부었을 때의 아쉬움, 밥을 짓는 엄마의 치마끈을 잡고 어서 깜밥 나오기를 기다리던 그때. 어느 때는 밥을 푸고 난 뒤 보면 깜밥이 없어 서운하고 속상해서 울먹였던 시절, 그 시절이 생각난다.

하얀 쌀밥은 얻어먹기 어려운 때였기에 깜밥이나 구수한 숭늉은 더 맛이 있었고, 좋은 식사가 되었는지도 모른다.

식사가 끝날 무렵 주인이 다정하게 찾아와 물었다.

"선생님, 지금도 숭늉 후식을 좋아하시나요?"

주인은 내 식성을 여태 잊지 않고 있었던 것이다. 나올 때는 잊지 않고 내가 좋아했다면서 노릇노릇한 깜밥 한 뭉치를 선물로 주었다. 옛정이 너무 고마워 가슴이 찡했다. 이십 년간 나를 기다린 깜밥이구나 하는 생각이 들었다. 동행한 아내와 친구 내외분의 마주한 얼굴에 묘한 미소가 번졌다.

밥을 짓다가 솥 바닥에 수분이 없어지면 아미노카보닐 반응으로 구수한 맛을 내는 전분이 분해하여 포도당과 덱스트린이 더욱 맛을 강하게 하여 숭늉문화를 발달시켰다고 한다. 옛날 엄마와 형님은 깜밥을 불려 만든 누룽지를 즐겨 잡수셨기에 나는 불만이 많았다. 내가 그렇게 먹고 싶어하는 깜밥인데 왜 하필 그러느냐고 따지면, 누나는 엄마랑 오빠는 위가 약해서 밥보다는 이것이 좋다고 했다. 나중에 안 일이지만 깜밥과 숭늉에는 우리 몸을 자연 치유하는 힘과 성분이 있어 소화불량을 해소시키고 위를 건강하게 하며 위산과다를 치유한다고 했다.

숭늉 속에 포함된 소당류의 일종인 덱스트린(포도당 성분)이 알콜 분해를 촉진하여 숙취에도 좋고, 숭늉 속의 에타놀 추출물은 강한 항산화작용으로 산성 체질을 알카리성으로 중화시킨다. 또한 지방을 분해하고, 칼로리가 낮아 다이어트 효과도 있다고 한다. 임산부의 입덧에도 현미 누룽지와 숭늉[熟冷]이 특효요, 입 냄새를 없애주는 데도 탁월한 웰빙차다.

나는 깜밥과 숭늉 예찬론자가 다 되었다. 향수를 불러일으키는 정서 식품인 깜밥과 우리 차 숭늉. 그러나 요즈음에는 우물가에서 숭늉 찾기나 다름없는 실정이다. 전통음식 보존 차원에서 순수한 우리 쌀 '깜밥과 숭늉'에 대한 영양학적 연구와 다양한 식품개발 그리고 보급이 되었으면 하는 바람이다.

요즘도 민속의 정취와 고향의 정이 어린 깜밥 생각이 나서, 밥 먹고 나서 "구수한 깜밥이나 숭늉 없나?"하면 "별 개꽝스런 말씀을. 시골 잔칫집에나 가서 찾으시지……." 한다.

오늘날 쌀은 여러모로 가공되어 술, 식혜와 떡도 된다. 그러나 나는 쌀은 쌀밥으로서 그 진가를 발휘한다고 본다.

88번의 손길을 거쳐 쌀米이 탄생한다면, 깜밥은 93번 손질해야 제 역할을 할 수 있다. 솥 바닥에 깔려 짓눌린 채 담금질을 당해 온 그 신세, 엉키고 긁혀 밖에 끌려나와 그 마지막 몫을 다한다고 생각하니, 세파에 시달리는 우리의 밑바닥 삶과 같다는 생각이 든다. 눌리고 눌려, 깜밥 대접을 받을지라도 남을 위해 베풀 수 있고, 그 가치와 유용성이 사랑받을 수 있다면, 그 고난과 인내는 큰 보람을 가져오리라는 생각이 든다.

(2009. 06. 11.)

# 그 식성 때문에

만나면 헤어지는 게 우리의 인생살이다. 그런데도 혈기 방장할 때 의기투합하여 만났던 모임이 30여 년이 흐른 지금도 계속되고 있다. 이제 백발이 성성한 노인이 다 되었지만 만날 때마다 즐겁다. 그 중 100회가 넘게 만난 모임 하나를 고발(?)하고 싶다.

나는 이 모임의 만년 총무다. 아무리 그만두려 해도 나의 몫이라며 받아들이지 않는다. 내가 가장 젊은데 팔순인 선배들에게 떠넘기기엔 이제 너무 늦은 감이 있어 지금은 즐거운 마음으로 봉사하는 편이다.

그런데 구성원들의 식성이 모두 달라 복잡하고 애로점이 한둘이 아니다. 이 모임은 거의 백반정식 집에서 만난다. 그래서 모임 이름을 '정식회'라고 부르자고 할 정도다.

제일 선배이신 L교장 선생님. 그분은 생선을 싫어하는지 술도 좋아하시면서 횟집에 가자는 말을 한 적이 없고 생선 안주 드시는 걸 본 적이 없다. 생선 비린내가 역겨우신가? 까닭을 물어도 그저 웃기만 하시며, "식성이 그런 걸 어떡해, 이해하시게." 하신다. 한 번은 계획적으로 술을 많이 권하여 얼큰히 취하게 한 뒤 슬그머니 속내를 들었다.

"어허, 나에게 천기를 누설하라는 건가? 그래, 털어놓음세."

교장 선생님은 유복자란다. 선생님 아버님께서는 일제의 징용으로 끌려가 현해탄을 넘게 되었는데 어떤 연유인지 배가 침몰하여 모두 고기밥이 되었다고 한다. 그때 어머니 뱃속에 있던 아기는 태어나 성장하면서 열녀로 칭송받는 어머니께 지극한 효성을 바쳤으며, 성균관에서 이를 알게 되어 '열녀 표창과 전국 유림 한시대회'를 열었고 효자 표창도 받으셨으며 홍보매체를 통하여 전국에 홍보된 바도 있단다.

선생님이 철들 무렵 어머님께서는 '너는 물고기를 먹지 말라. 현해탄에서 물고기 밥이 되신 너희 아버지를 잊지 말라.'고 하셨다 한다.

신혼의 정도 묻어나기 전 남편을 이국땅으로 떠나보내야 하는 아낙이, 청천벽력 같은 소식에 임하여 얼마나 애통했으면 자식에게 엄한 유훈을 남기셨을까? 교장 선생님은 가난하여 상급학교 진학은 못하셨지만 명석한 두뇌로 각종 자격시험과 보통고시, 고등고시 예과, 중등교사 자격증을 취득하고 교직에 입문하셨으며, 자녀들도 모두 서울대를 나와 학계와 관계에서 이름을 날리고 있다. 그리고 온 가족이 생선을 금기하고, 효성이 지극하신 교장 선생님은 평생 물고기를 입에 넣지 않으시겠단다. 아니 물고기를 입에 넣을 생각도 해 본 적이 없었다니 놀라운 일이다.

생선을 드시지 않는 분만 계신 것이 아니다. 육류는 입에 대지도 않으시는 M교장 선생님. 육류가 한 조각만 목에 넘어가면 경천동지驚天動地할 정도로 구토가 요란하다. 속이고 먹게 해도 냄새와 맛으로 용케도 알아차린다. 수많은 육류를 전혀 입에도 가까이 하지 않는 이유가 무엇일까? 아무리 졸라도 그저 '어려서부터 먹지 않았더니 이젠 아예 보기도 싫고 거부반응이 온다.'니 어찌하랴. 그래도 M교장님 건강하고 항상 영국신사라는 칭송을 받고 계시니 '육류 안 드시면 더 건강한 걸까? 가족들도 육류를 안 드시나?'

그 비밀이 궁금하여 슬그머니 사모님께 여쭈어 보았으나 웃으시며 좀처럼 이야길 안 하셨다. 겨우겨우 알아낸 바, 결혼 전 언젠가 돼지고기를 드시고 급체하여 토사광란으로 여러 날을 고생하고는 고기는 냄새조차 맡기도 싫어하셨단다. 그래도 요즘은 냄새엔 거부감이 없으나 절대로 드시는 일은 없고, 동물은 무척 사랑하여 애완동물을 키우고 있다고 하셨다.

또 우리 모임의 회원은 모두 두주불사斗酒不辭이다. 딱 한 분만 '밀밭에만 가도 취하는 분'이 있다. N교장님!

십여 년 전이었던가? 사모님들을 모시고 관광버스로 야유회를 갔는데, 밖엔 비가 부슬부슬 내리고 차 안에서는 술 파티가 무르익어 돌림잔이 N교장 순서가 되어 극구 사양하는 통에 소주병 뚜껑에 병아리 눈물만큼 술을 따르고 안주는 듬뿍 먹였겠다. 어허, 잠시 후 차 속이 벌컥 뒤집히는 소란이 터졌다. 그것 먹고 취했을까? 얼굴은 홍당무요, 배를 움켜잡고 요동을 치는 것이었다. 다급히 차를 몰아 인근 병원에 입원시켜 뱃속 청소, 주사, 약 복용, 3시간 입원 후, 겨우 일어나 요란을 잠재웠으니……. 그 뒤부터 친구들은 N교장에게 술은커녕 콜라도 권하지 않는다. 그래도 N교장은 어느 좌석에 가든 술을 제일 먼저 챙기고 돌아다니며 술 권하는 일이 습성화되었다.

또 죽이라는 죽은 죽어도 먹지 않겠다는 C교장 선생도 있다. 콩국수, 냉면, 팥죽을 위시하여 죽이라는 말만 붙어도 싫다는 것이다. 거기에도 무슨 사연이 있을는지. 그저 옛 시절 죽에 물려 그러는지, 연유를 캐물으면 "된밥 먹고 된똥 싸려고 그런다네……. 허허허."

L교장 선생님 왈 고기가 어디 생선뿐인가? 온 천지가 모두 고기감인데 생선 욕심 접어두고 동생들에게 양보하는 미덕을 발휘하고자 한다 했다.

먹고 싶은 생각이 간절하겠지만 굳은 의지로 습관이 된 것이 아닌가 싶다. 그러나 저러나 모임 때마다 알맞은 식당, 좋은 메뉴 정하는 고충을 누가 알랴……,

(2009. 06. 22.)

# 음주운전 면허증

요즘 나는 차를 이용하기보다는 걷기로 했다. 자가용이 편리하기는 하지만 너무 차에 의존하다 보니 운동 부족에다 동작도 굼뜨다는 말을 듣곤 하기 때문이다.

아침 조깅이니, 마사이족 3단 걷기니 하며 건강생활엔 걷기가 최고라 해서 시작한 것이 아니다. 차를 운행하다 보면 나이가 들어서인지 브레이크를 조금만 늦게 밟아도 쿵! 지나는 차에 조금만 가까이 가도 스르륵, 골목길에서 핸들만 잘못 틀어도 삑! 어떤 때는 주차된 차량까지도 들이받다 보니 보험료가 엄청나게 많아지고 기름 값도 감당하기 어렵다. 세금도 무시할 수 없다. 내가 내 차를 수리하는 것은 몇 푼 안 되나, 상대방은 무조건 보험처리 해달라고 하여 처리를 해 주면, 멀쩡했던 사람이 뒷목이 뻣뻣하다며 입원을 하고, 페인트만 벗겨져도 처음에 도색

운운하다가 내부 스프링이 어쨌다는 둥 아예 차체를 교환하였다고 한다. 이런 상황을 하소연하면 피해자가 요구하는 대로 해줘야 한다는 대답뿐, 무지한 사람의 속만 타고 보험료는 눈덩이같이 불어간다.

어느 선진국에서는 고령이 되면 희망하는 사람에게서는 운전 면허증을 회수하고 교통비를 지급한다고 하던데……. 그것이 국가적으로나 개인적으로 이익이라고 하지 않던가. 내 면허증도 20년이 넘었으니 어느새 임기만료로 폐기처분(?) 대상이 되었나 보다.

1980년대 초 우리 고장에는 자가용이 드물었다. 경제적으로 여유 있는 사람이나 사업상 차가 필요한 사람 외에는 대중교통을 주로 이용했다. 그때 내가 근무하던 시골 학교에는 한 분만이 자가용이 있었고 나머지는 면허증도 없었다. 시간도 장소도 없는 처지에 면허증 없는 열한 명의 교직원이 모의 끝에 운전 면허증을 취득하자고 의견을 모았다. 학교 뒤 공터에 코스를 그려놓고 연습 차량은 중고차를 공동으로 사되 차주는 교감으로 하고 면허증과 차가 있는 P선생이 가르치기로 했다. 혼자 차를 갖고 있어 미안했던지 P선생은 흔쾌히 봉사하기로 하고 교장 선생님의 재가를 얻어 계획대로 시행하였다.

방과 후 시간이 허락되는 사람부터 어둠이 깔릴 때까지 연습을 했다. 차를 이리 몰고 저리 몰고 여기 쿵, 저기에 쿵, 비틀비틀 개골창에 쾅, 시동 꺼먹기를 다반사로 하니 교수와 수강생은 땀을 뻘뻘 흘리지만, 보는 사람은 배꼽을 쥐고 웃어대던 시간이 어언 50일. 필기시험 원서를 내고, 주경야독 열심히 공부를 했는데 막상 필기시험을 보고 나니, 제일 연로하신 교장 선생님은 98점, 나머지 교직원은 이상하게도 전원 낙방하였다. 그래서 이튿날 교무실 칠판에 '축 특등 합격 교장 선생님! 대통령 표창 상신 중'이라고 써 놓고 축하해 드렸다. 직원들이 교장 선생님을 존경한다는 의미에서 다 낙방해 준 게 아닐까 싶었다.

다음 달 교직원은 필기시험을, 교장 선생님은 기능시험을 치르게 되었는데 선생님들은 전원 필기시험에 합격하고 기능직 두 분만 불합격하였다. 그 뒤 몇 번의 시험에서 기능직도 필기시험에 합격했지만 교장 선생을 위시한 선생님들이 기능시험에서 모두 낙방했는데, 기능직 두 분은 모두 영광의 면허증을 취득하는 경사가 있었다. 필기엔 꼴등이었지만 기능시험엔 수석을 차지한 셈이다. 그리고 몇 주 후 선생님들도 하나, 둘 면허증을 취득해 가는데 어쩐 일인지 우등생인 교장 선생님만 연속 불합격하여 직원들이 민망해하던 차, 친목회 석상에서 너무 긴장하고 조심스러운 성품 탓인 것 같으니, 좋아하는 약주를 적당히 들고 응시하심이 어떨까 하고 건의하여 이를 긍정적으로 받아들였다.

"허허. 그래볼까?"

그날은 직원 모두 응원 차 시험장에 갔다. 교장 선생님은 술을 얼큰히 드신 후 차에 오르셨다. 대담하고 자신감 있게 제동장치도 콱 밟고, 클러치도 재빨리 밟으며 윙 하고 달리더니, 그날 면허증을 들고 기뻐하셨다.

이튿날 교무실엔 큰 글씨로 '경축 교장 선생님! 세계 최초 음주운전 면허 취득! 경찰청 등록 제1호'라고 써놓고 방과 후 축하 친목회 겸 잔치를 벌였다.

쾌청하게 물 흐르듯 운전 문화가 정착되어가고 있지만, 아직도 가끔 음주 측정으로 정체가 될 때, 나는 그때 그 시절 '음주 운전 면허'가 떠올라 속웃음을 짓는다. 교장 선생님은 요즘에도 그 음주 운전 면허증 잘 활용하고 계신지 모르겠다.

(2009. 06. 03.)

# 경청 · 난청 · 피청

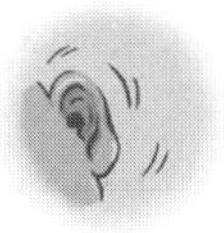

"물고기들이 한가롭게 노닐고 있군. 저게 그들의 즐거움이겠지?"

"자네가 물고기가 아닌데 어찌 그 즐거움을 아나?"

"자네는 내가 아닌데 어찌 내가 물고기의 즐거움을 모른다고 하나?"

"자네가 물고기가 아니니까 그들의 즐거움을 알 수 없다는 것이지."

"그 말은 즉 내가 그들의 즐거움을 알고 있다는 것을 이미 알았다는 이야기일세."

위 글은 장자莊子의 추수편秋水編 '물고기의 즐거움 토론' 내용이다. 자신의 논리만 옳다고 생각하고 남의 이야기를 듣지 않으려는 사람들에게 '자신의 논리에 스스로 묶이지 말 것'을 당부하는 글이다.

한때 '마음을 비웠다.'는 용어가 유행어같이 떠돈 적이 있었다. 텅 빈 마음이란 아무것도 생각하지 않겠다는 것이 아니라 '편견과 고집을 비우고 접어둔다.'는 의미라고 한다.

요사이 귀를 막고 사는 사람들이 더 많은 것 같다. 특히 길 가다 보면 젊은이들은 음악을 듣거나, 핸드폰 통화를 하기 위해 귀를 틀어막고 다닌다. 다른 사람의 이야기는 아예 들으려고도 않는다. 버스 안에서 행선지나 정차지를 물으면 대답하는 이가 없고, 쳐다보면 눈을 지그시 감고 묵묵부답이다. 경로석에 앉았다고 잔소리를 할까 봐 그러는 것일까?

나는 가끔 가는귀를 먹었냐는 핀잔을 듣는다. 작은 소리로 소곤대거나 소음이 있는 곳, 너무 빠른 소리는 잘 알아듣지를 못한다. 병원에 한 번 가 볼까 한다. 실버프래너Silverplaner 교육에서 '나이 들면 들어도 못 들은 척, 꼭 들으려고 하지도 말라.'고 하였다.

인간의 감각기관 중 가장 민감하고, 가장 먼저 발달하며, 최후까지 그 역할을 다하는 것이 청각기관이란다. 사람이 듣지 못하면 벙어리가 되고 잘 듣지 않으면 발표력과 사고력이 떨어지며 지적능력도 쇠퇴한다고 한다.

학생들이 부모님 선생님 말씀을, 정치하는 분들이 국민의 소리를 듣지 않거나 듣기 싫어하고, 못들은 체한다면, 그 학생과 정치가의 지적 수준도 낮아지는 것은 아닐는지. 요즘 젊은이들과 대화를 나누다 보면, 걸핏하면 세대차 운운 하며 어른들의 말을 한 귀로 흘러 넘기는 습성이 있다. 잔소리로 생각 말고 좀 진지하게 들어주고 생각해 본 뒤에 할 말은 해야지 무조건 듣지도 않으려는 풍조는 바람직하지 않다.

그러고 보니 나만 가는귀를 먹은 건 아닌 듯하다.

정부도 국민들과 의사소통이 잘 안 되는 것 같다. 잘 들리지 않는지難聽, 안 듣는 것인지避聽, 국민들의 불평불만이 언론에 보도되지만 반응이 없고 여·야 간에 편 갈라서 시끄럽게 하는 모습이 곱게 보이지만은 않는다.

경상남도 도청 앞에서는 60~70대 할머니들이 알몸 시위를 했다는 둥, 용산에서는 의경들이 시위대를 쫓아가 방패로 뒤통수를 갈겼다는 둥, 사제들이 폭행을 당했다는 보도(가톨릭뉴스. <지금 여기>)를 보고 의견이 분분하다. 무리하게 진압하라고 악역을 시켜놓고 불쌍한 졸병만 몰아 부치고 책임지는 사람이 없느냐고 분개하기도 한다. 젊은이는 귀를 막고, 지성인은 입을 닫고, 시국선언은 들은 체도 않는다. 공무원이 시국선언을 하면 중징계를 하겠다는 엄포요, 언론의 당파성과 중립성을 훼손시킨다는 미디어 법은 왜 그리 국회에서 통과시키려고 하는지? 그 법으로 언론의 입과 귀를 단속한다면 지금보다 더 조용해지겠지?

성격이 형성되는 과정에서 서로 믿고 이해하는 신뢰와 불신은 아이가 태어나면서부터 시작된다(Erikson, Frued)고 한다. 성장과정에서 맞벌이부부, 수유문제, 과잉보호, 방임육아 등 부모와 가정의 소홀과 불찰 때문에 심화되지 않을까? 남의 이야기를 충분히 듣고 이해하며, 서로를 믿는 마음가짐, 그리고 자기중심성을 탈피한 배려와 원만한 성격형성은 유아기부터 길러져야 한다는데…….

상담에서는 '경청'을 가장 중시한다. 무조건 들어주고 긍정적인 관심과 수용하는 자세로 의사소통을 하고, 서로 정보를 공유해야 한다. 괴리를 분석, 수정하는 일은 최후에 할 일이라고 한다.

'이명박과 오바마의 공통점이 하나 있다면 둘 다 한국말을 못 알아

듣는 것'이란다. 오바마는 한국어를 모르니까 그렇고, 이명박은 '알아들으려 하지 않는다.'고 비아냥대는 말이다. '국민의 소리를 경청하는 정부(한겨레신문-김어준)'가 되었으면 하는 바람이다.

1933년 '전쟁 발발 원인은 무엇이며, 전쟁 종식 방안은 없는가?'라는 아인슈타인박사와 프로이드 박사 간에 편지글이 교환된 적이 있었다고 한다.

기록에 의하면, '인간의 사회적 삶에는 수많은 갈등과 알력이 존재하나 그 해결책은 수용적 경청傾聽과 공감적共感的이해를 바탕으로 한 의사소통만이 해결의 열쇠'라 하여 경청을 강조했다고 한다. 두 사람 간의 편지글은 오늘날에도 우리에게 많은 뜻을 시사하고 있다.

알고도 듣지 않으려는 태도避聽와 무조건 못 들은 체難聽하는 자세를 버리고, 서로를 배려하는 따뜻한 마음으로 이야기를 잘 듣고傾聽, 역지사지의 심정으로 의사소통을 이끌어낸다면 답답한 가슴, 어지러운 마음에 밝고, 훈훈한 기류가 감싸이련만……. 그게 이루어지지 않아 안타깝다.

(2009. 06. 27.)

# 나의 길 인생길

길에는 4단 7정四端 七情이 있다. 길에는 걷는 사람들의 마음이 있고 만나는 사람, 뒤따르는 사람들의 마음이 이어진다. 오늘도 길을 간다. 이 길이 인생길이다.

길은 끝이 없는 것이 특징이다. 걷는 길 가는 길도 목표 지점이 있을 뿐 끝이 없다. 인생길도 지향점과 삶의 목표가 있을 뿐 끝을 헤아릴 수 없으며, 마음의 길(희망, 바람)도 그러리라. 길은 처음 개척한 사람이 있고, 그 길을 따라 가는 수많은 사람이 있다. 그렇다고 처음 개척한 사람의 의도와 깊은 뜻을 그대로 생각하거나 따라 가는 사람이 몇이나 될까?

옛말에 '길이 아니면 가지를 말고 말이 아니면 듣지를 말라.' 했다지만 과연 나는 그 '길과 말'의 심오한 뜻을 생각하며 가는 사람, 듣는 사람인가?

삶의 기로에서 우리는 순간마다 선택을 하며 그 먼 길을 간다. 애초에는 빈손으로 그 길을 따라 걷다가 나이가 들면서 하나 둘 쌓였던 욕심들이 영혼을 무겁게 짓누르는데도 머뭇거리다가 끝내 내려놓지 못하고 힘들어 하며 간다.

무거운 마음을 비워야 가벼워질 수 있음을 알지만 쉬운 일이 아니다. 오늘 하루 숨을 쉴 수 있음에 감사하면서도 돌부리에 걸려 다치면 원망스럽고 흔들리는 마음이 육신의 끈에 매달려 시시때때로 달라진다. 삶은 늘 육신과 영혼이 하나 되지 못하고 삐걱거린다.

그 길에서 마음으로 보고 들어야 하는 맑은 영혼의 소리보다는 보이고 만져지고 들리는 쪽을 향하여 우리는 먼저 고개를 돌리기도 한다. '눈에서 멀어지면 마음에서도 멀어진다.'는 옛말처럼 선악의 구별도 양심의 소리가 아니라 그때그때 상황에 따라, 각자의 주관적 이해관계에 따라 어느 순간 사랑이 증오로 변하고, 진실과 거짓이 교차되어 돌아오는 현실을 많이 보아 왔다. 실체는 없고 말만 떠도는 길에서 삶은 더 모호해지고 아주 자연스럽게 빈껍데기만 남았다. 삶의 길 위에 나뭇잎처럼 흔들리는 그 우스꽝스러운 육신 때문에 어디선가 질식당하고 있을 영혼은 우리를 왜 애타게 부르는 것일까?

길은 어느 한곳에서 다른 곳으로 오갈 수 있게 땅 위에 일정한 너비로 만들어진 선일 따름인데, 사람이 살아가는 길도 일정하게 만들어진 '숙명의 길'이 아닐까? 사람은 시간과 공간을 거치는 과정인 이 길을 오가며 수많은 생각과 수많은 일들을 느끼고 경험하며 살아간다. 또 그것이 인생의 길임을 느끼게 된다.

사람으로서 당연히 지켜야 할 도리, 그것이 길이다. 내가 지금 걷고 있는 길이 나의 인생길이요, 지금까지 걸어온 길이며, 가려고 하는 길이고, 지금 내가 갔으면 하는 미래의 길이며, 가야할 희망의 길이기도 하다.

길은 처음부터 있던 것이 아니라 누구인가 걷고 그 뒤를 따라 걸어야 길이 된다고 했다. 내가 지금 가는 길은 누가 앞서서 갔고, 또 누가 뒤따르는 것일까? 첫눈이 천지를 뒤덮은 들판에 누가 제일 먼저 발자국을 냈을까? 이 길이라도 내가 먼저 발자국을 남기고 싶지만 한편 두렵기도 하다. 인생에 새 길을 내는 것 같아서……. 길에는 추억도 많고 험난함과 행복도 많다.

내가 가고 있는 길에 대하여 새삼 생각해 보기도 한다. 우리가 가는 길을 여정旅程이라 하고 돌아오는 길은 귀로(歸路 : 반성)라고 한다. 갈 때는 꿈과 포부, 프로그램과 상황에 대처할 궁리를 하며 간다면, 돌아오는 길에는 한 일, 겪은 일에 대한 반성과 또 다른 미래를 계획해야 한다.

그렇다면 우리의 길은 항상 중요하고 바쁜 길이 될 것이요, 고갯길과 굽잇길은 그 의미를 더해 준다고 본다. 올라갈 때 힘들다고 주위를 돌아보지 않고, 내려올 때 쉽다고 소홀히 하면 어떤 결과를 초래할지, 굽잇길 돌아갈 때 살피고 조심하지 않으면, 무슨 사고가 날지 모르는 것이 길이요, 인생임을 생각해 본다. 앞을 향한 마음속에는 앞날을 생각하기에, 길을 가는 것은 위치를 이동하는 것이 아니라 인생을 움직이는 것이기도 하다.

길은 다양하다. 흙으로 된 논두렁길과 밭두렁 길, 시골길이 있는가 하면 아스팔트길, 시멘트길 그리고 철길도 있다.(다양하고 험난한 길) 때로는 계단(신분상승)도 오르고 내려야 한다. 그리고 그 길들의 갈래

와 넓이, 길이도 각기 다르다.(당시 상황과 사회) 그것이 다 인생길이라고 생각하고 다양한 길을 어떤 마음과 자세로 걷고, 대처해야 할지 마음속으로 그려보고 생각하며 살아야 하는 인생길이다. 나는 과연 무엇을 어떻게 생각하며 걸어왔던가? 아무래도 내가 가고 있는 길은 논두렁 밭두렁을 헤매다가 시멘트 길에 주저앉지 않았나(?) 하는 생각이 든다.

나의 길 그 끄트머리쯤에 와 있는 지금, 가던 길을 잠시 멈추고 뒤돌아보건만, 내가 온 길을 모르듯 갈 길도 알 수 없다. 지금 여기까지 왔는데 어디까지 어떤 길로 갈 것인가?

(2009. 11. 11.)

四端七情 : 本性과 心理的 作用
仁(測隱之心) 義(羞惡之心) 禮(辭讓之心)智(是非之心)
喜怒哀樂愛惡慾 喜怒憂思悲敬恭 喜怒憂懼愛憎慾

• 人生에서 永遠히 한 번밖에 안 오는 것
時間(Time), 말 (Words), 機會(Opportunity).
• 人生에서 가장 高貴한 것
사랑(Love), 친구(Friend), 자신감(Self confidence).

# 유혹에 대한 상념想念

나는 일상생활에서 접하는 일들을 처리하면서 어떻게 하는 것이 가장 현명한 방법인가에 대하여 고민한다. 그리고 그 일이 나 자신과 깊은 관계가 있을 때, 나 중심의 갈등에서 헤어나기 위하여 심리적으로 고민하기도 한다. 때로는 '이것쯤이야.'하면서 심리적 부담을 털어내면서 내 맘대로 처리하고는 마음이 개운치 않은 적도 있다. 쌓아온 덕이 부족하여 의식주에 대한 유혹, 권세와 명예에 대한 유혹, 신앙과 신념에 대한 유혹을 뿌리치지 못하고 고민하며 살아가고 있기 때문이다.

나는 항상 마음속으로는 굳은 신념을 지니고 살자고 다짐하면서도, 생각과 마음과 행동이 뒤따르지 않아 뉘우치고, 그러고도 잊고 지나는 세월이 많아 후회스럽기도 하다.

'유혹'은 '꾀어서 정신을 혼미하게 하거나 좋지 아니한 길로 인도한다.'는 뜻이고, 흔히들 유혹에 넘어가다, 빠지다, 벗어나다, 뿌리치다, 물리치다로 표현하고 있다.

파스칼[佛]은 '인간은 태어날 때부터 빈 구멍을 하나씩 가지고 태어난다.'고 말하고, 살아가면서 그 구멍을 권력, 부귀, 영화, 지식과 덕으로 메우려 하나, 환락 방탕 쾌락, 영예의 유혹에 밀려 결국은 공허, 무상, 외로움 속에서 살다 간다.'고 하면서 '빈자리 빈 구멍은 하느님만이 채울 수 있다.'고 했다. 그래서 종교가 필요하다고 했던가.

우리가 어렸을 적엔 사람의 됨됨이를 '신언서판身言書判'으로 가늠했다고 한다.

우선 나의 편견부터 생각해 보았다. 낯선 사람을 소개받으면 제일 먼저 얼굴과 체구부터 보기 마련이고, 그 다음으로 먼저 알고 싶은 것이 학벌, 집안, 직장과 월급 그리고 다시 얼굴을 보면서 궁금한 것을 묻기 마련이다. 그 사람이 갖춘 덕과 언행, 취미와 특기, 습관, 인간미, 교우관계 등은 항상 뒷전이다. 그렇게 물질에 대한 욕구와 유혹을 은연중 버리지 못하고 사람을 평가하는 척도에 넣고야 마는 것이다.

'어허 그 사람 참 훤칠하니 잘생겼네 그려. 더구나 명문대학 나와 좋은 직장에서 월급도 많이 받고, 좋은 아파트에, 고급 승용차도 있다며?' 가장 듣기 좋은 소리이리라.

'아하, 그 사람 참 성실하여 봉사활동에 적극적이고 취미와 특기도 다양하며, 여러 사람들이 좋아하는 젊은이라데. 교우관계도 좋고 사람됨됨이가 훌륭하여 덕을 갖추어 직장에서도 촉망받는다며?' 과연 어느 젊은이에게 마음이 더 쏠리는가. 그냥 넘기지 말고 솔직하게 곰곰이 생각해 볼 일인 것 같다. 요즘엔 추구하는 것과 욕구, 유혹은 느는데 판단력과 열정은 식어가고, 인품은 왜소해지며, 여가시간은 늘었지만 마음의 평화는 줄어드는 세상이다.

살아가면서 '사랑받고 인정받고 싶은 것'은 인지상정이다. 사회생활을 하면서 사랑받고 인정받기 위해서 어떻게 행동하고 어떠한 마음으로 살아왔던가? 한때 나도 덕이 부족한 탓으로 세파를 원망한 적이 있었다. 갑작스런 정년 단축에, 교장 임기제로 가계는 안정되지 못했는데 퇴직해야 할 상황에 몰려 고민했던 것이다.

그때는 내 나름에는 모든 자격과 여건을 갖추고 있다는 허황된 생각으로 현직 연장을 위한 전직을 희망했고, 그것도 아니 된다면 좀 더 여건이 좋은 임지를 바랐건만 상대적으로 대우받지 못해 속상한 적이 있었다. 그땐 상응한 대우를 받지 못했다는 불만도 있었다.

그런데 '내가 이렇게 하면 인정받고 대우해 주겠지.'하는 나만의 생각을 버리지 못하고 항상 뜻대로 이루어지지 않으면 불평과 불만을 하며 스스로 스트레스를 받고, 누구건 탓할 대상을 찾았던 것 같다.

그저 내 생각과 기댈 상대의 생각이 같을 것이라고 속단하고, 내가 노력한 만큼의 대가를 꼭 받겠다는 경제논리로 사랑과 인정을 추구하며 살았던 것이다.

문제해결을 위하여 내 나름대로 최선을 다하고, 그리고 간절히 기도하면서 하느님까지도 내 논리대로 움직여 주시기를 기대하면서, 인간이 조정할 수 있는 기계적인 하느님으로 생각했던 적은 없었던가.

'이것쯤이야.'하고 자신도 모르게 우를 범하면서 후회와 갈등을 해본 적은 없었던가,

우리는 많은 사람들이 갖고 싶은 유혹[物慾]에 몸부림치고 있음을 보아 왔다. 남이 많이 먹기 전에 내가 먼저 먹어야겠다고 식탐食貪하는

사람, 남들이 많이 가져가기 전에 내가 더 많이 가져야겠다고 욕심 부리는 사람 등. 요즘엔 세상 모든 것이 내 것인 양 남의 소리는 못 들은 척하면서 내 마음대로, 내가 생각한 대로 행하려는 심보, 인간의 마지막 유혹인 권력을 탐하고, 이에 얽매어 몸부림치고 있는 경우를 종종 본다.

유혹은 언제 어디에서나 부딪히는 것이며 무서워하거나 피해야 할 상대가 아니라고 생각한다. 다만 이를 대하는 마음이 문제인 것이다. 이리 끌리고 저리 몰리며 허둥대다가 유혹에 이끌리어 우愚를 범하는 일도 있다. 일이 저질러진 뒤엔 가슴 아파하면서 *'내 우물쭈물하다가 이렇게 될 줄 알았지…….'하기 마련이다.

삶의 과정에 많은 유혹의 강을 건너야 한다지만, 사소한 유혹에도 흔들리지 않아야겠다고 다짐해 본다. 그 다짐 자체가 유혹받지 않기를 또 다짐하면서, '유혹을 없애달라고 할 것이 아니라, 유혹에 빠지지 않게 해 달라.'고 기도해야겠다.

(2010. 02. 28.)

---

* (영국의 극작가 '버너드 쇼'의 <墓碑銘>)

2부

# 나이테

# 나이테

인생에는 다섯 가지 나이가 있다고 한다. 시간과 함께하는 달력 나이, 건강 수준을 재는 생물학적 나이, 지위나 서열의 사회적 나이, 대화해 보면 금방 알 수 있는 정신적 나이, 지력을 재는 지성의 나이, 그 중 시각적으로 젊게 보이는 나이에 대하여 말하고자 한다.

나는 친구들로부터 '동안童顔'이라는 칭찬을 듣고 나면 왠지 기분이 좋다. 그런 날이면 내가 더욱 젊어진 것 같아 거울을 한 번 더 보는 버릇이 생겼다.

어느 날, 오랜만에 만난 친구가 "자넨 나이를 거꾸로 먹나? 오히려 젊어지는 것 같아." "속이 없어서 그렇지. 미라가 속이 없으니 몇천 년도 그대로라고 하지 않던가."라고 대꾸하면서도 싫지는 않았다.

요즘은 남녀노소 가릴 것 없이 젊고 예쁘게 보이기 위해 성형에 열을 올린다는 기사를 가끔 본다. 예로부터 '신언서판身言書判'이라고 얼굴과 첫인상이 사람을 가늠하는 첫 번째 요소라 했다지 않던가. 또한 얼굴은 나이를 판단하는 나이테 역할을 하고 있음을 느낀다.

어렸을 적에는 서로 나이를 많이 먹었다고 우기고 다투던 때도 있었다. 왜 그렇게 나이를 먹고 싶어했던지. 내가 벌써 칠순이 되어가니 정말 세월은 유수와 같다는 말이 실감난다.

1970년대 초 전주 남초등학교에서 연구주임을 할 때였다. 연구학교 장학지도가 수시로 있었는데 당시 모장학사가 방문하여 교실을 순시하자고 했다. 내가 그분을 수행하면서 교실을 순시한다는 연락을 하려고 좀 앞서 갔는데, 뒤에 오시던 분이 보이지 않아 되돌아가 보았더니, 장학사가 6학년 교실 복도에서 학생들을 훈계하면서 무릎을 꿇려 놓았다. 그때 무릎을 꿇고 손을 든 채 눈물을 흘리고 있는 사람은 학생이 아닌 6학년 담임교사가 아닌가?

깜짝 놀라 장학사께 여쭤보니 "아, 글쎄 쪼끄만 애가 저는 청소도 않고 큰 학생들을 톡톡 때리잖아?" 교육대학교를 갓 졸업하고 성적우수자로 초임발령을 받은 선생님을 학생으로 착각하신 걸 어이하랴.

요즘 나는 도서실에 가면 '늙음, 욕심, 행복, 노후생활'에 관한 책을 찾는다. 읽어도, 읽어도 지당한 말씀들이기 때문이다. 그런데 이 책을 읽고 내 마음과 생활습관을 고쳐갈 수 있을까? 하는 생각에 잠길 때가 많다.

내가 40대 초에 남원으로 교감 발령을 받았을 때, 머리칼이 허연 오재승 교장 선생님을 모셨다. 그 학교엔 정년을 앞둔 선생님과 교장 선생님, 육십을 넘긴 선생님들이 몇 분 계셨는데 애송이인 내가 바짝

긴장한 모습이 안돼 보였던지, 교장 선생님께서

"어이 젊은 교감, 나는 6·25직후 27세에 교장도 했네. 주눅 들지 말고 어깨 좀 펴."하고 격려 겸 훈계를 하신 기억이 난다.

그때가 엊그제 같은데 벌써 칠순이라니. 나이가 들면 얼굴에 주름이 생기는 것은 당연하고, 피부에 탄력이 없어져 눈꺼풀도 처지는 것이 삶의 연륜年輪이 쌓였다는 증거인데 그렇게 서운해 할 것이 뭐 있으랴. 사실 나이 드는 것을 늦추거나 막을 수는 없다. 젊음을 되찾고자 아무리 발버둥쳐 보았자 남는 것은 자신에 대한 심리적 상실감뿐, 오히려 더 늙게 만드는 것이 아닌가.

작년 동기동창회 모임에 나갔다가 나는 또 한번 젊어졌다. 몇몇 친구들이 악수를 나누며, 듣기 좋은 말로 "어이, 자네는 여기 끼어들 처지가 아닌 것 같아. 어떻게 되었기에 10년 후배가 여기 왔는가." "고맙네, 다 부모님 덕이지 뭐."하고 얼버무렸다. 그날 행사가 끝나고 헤어지면서 여자 동창 진숙이가 "어이 이 교장, 다음에 만날 땐 폭삭 늙어서 오게. 그렇잖으면 몰아낼 거야." "그래, 그 소리 들었으니 모두 더 젊어져서 만나세."하며 헤어졌다.

나이 들면 누구나 괜한 일에 짜증이 나고 특히 남의 잔소리는 듣기 싫으면서도 내 잔소리는 많다고 한다. 그리고 욕심이 많아져 괜히 야단치곤 하는데 그때 주름살이 는다고 한다. 늙지 않으려면 무엇인가 보람되고 자긍심을 가질 수 있는 일이나 봉사활동을 해야 한다. 요즘 내가 하는 일에 보람과 긍지를 갖기 때문에 젊게 보이는 걸까?

불행하게도 나는 교장 임기만료(8년)로 정년을 채우지 못하고 명예퇴임을 했다. 지금 생각하면 '원로교사'로 남지 못한 점이 후회된다. 첫째 정년 이후의 삶을 계획하지 못했고, 둘째 금전적 손해와 평생 지급될 연금액을 생각지 못했다. 그러나 천우신조로 '상담전문가 자격'을 취득했고, '교육컨설팅 전문위원'으로 위촉을 받아 교육청과 학교의 계획에 의해 '상담 자원봉사', '수업개선 컨설팅', '학생지도', '학부모 및 교사 연찬회' 강사로 활동할 기회를 얻었다.

나를 더욱 젊게 하는 것은 퇴직 후에도 현직 때와 같이 교육에 참여할 수 있음과 새로운 지식 전수를 위해 꾸준히 공부를 할 수 있기 때문이다. 요즘 선생님들은 내가 현직에 있을 때보다 수준도 높고, 열성적이며, 교육열이 대단하여 우리 교육의 앞날이 기대된다.

내가 1990년대 초 진안서초등학교 교장으로 부임했을 때, 나는 내 검은 머리를 하얗게 염색하려고 이발소에 여러 번 문의한 적이 있었다. 동안으로 인해 몇 번의 어처구니없는 일을 겪었기 때문이다. 얼마 전만 해도 학교장은 머리가 허연 나이 드신 분들이었기에, 교장 선생님을 찾는 손님들이 교장실에 앉아 있는 나는 본체만체, 교감 선생님이나 다른 선생님을 찾아가 교장을 찾는 촌극이 여러 번 있었다.

당시 정년을 앞둔 교감 선생님과 60대 선배 선생님들 몇 분이 계셨는데, 그분들만 찾았던 것이다. 늙지 않으려면 마음을 편안하게 다스리고 생활에 여유를 갖고, 긍정적인 삶 속에 사랑하고 사랑받는 마음이 중요하다고 한다. 나이 듦을 두려워 말고 자기 자신을 초월하며 잃어버린 과거에 집착하지 말고, 관심의 문을 긍정적인 곳에 두는 것이 젊음의 열쇠라고도 한다.

오늘에 만족하려 했다가도 곧 변심하는 게 사람의 욕심이다. 집착이 강해지면 갈 날이 짧아진다고 했다. 겉모습이 과연 나이테 역할을 할 수 있을까?

동안의 조건은 '긍정적인 삶', '사랑하고 사랑받는 삶', '생활의 여유', '집착의 초월'이라고 했는데 내 자신을 뒤돌아볼 때, 해당되는 것이 없어 보이는 내가 동안이라는 소리를 들으니 그저 쑥스러울 뿐이다.

언젠가 TV프로에서 교수 한 분이 하신 말씀이 생각난다.

세상에는 나이와 얼굴 모습에 차이가 나는 분들을 가끔 볼 수 있는데 그분들은 살아온 환경과 선천적인 체질, 그리고 본인의 마음의 자세가 많은 영향을 미친다고 하면서 생물학 나이가 가장 중요하며, 누가 건강하고 오래 살지는 살아봐야 안다고 해서 한바탕 웃었던 적이 있다.

(2009. 05. 28.)

● 첫인상(美 心理學 教授 Arbert meravian) : **대인관계에서 가장 중요한 첫인상은 3초 안에 결정난다고 하는데, 웃는 얼굴과 웃음 소리가** 93%**를 좌우한다.**

- **언어적 요소(내용)** : 7%
- **청각적인 요인(목소리)** : 38%
- **시각적 요소(외모 표정 태도)** : 55%

# 구수한 고향의 맛

언제부터인가 설날 고향 동네에 가면 만날 사람도 없고 옛날 모습도 찾을 수 없어 항상 텅 빈 가슴을 안고 돌아왔는데, 이번 설날은 모처럼 옛 친구들 몇을 만났다. 명절 때만 고향을 찾는 친구들이라 모처럼 만난 터에 옛이야기를 하다가 그때를 그리워하며 구수한 사투리가 나오자 누가 먼저라고 할 수 없을 정도로, 그때 상황을 다투어 재연하며 깔깔대며 즐겼다.

"오날은 공일잉께 핵교도 안 가고 또 비도 올랑게비니, 우리 모종밑에서 빼끔사리나 표치기 허게. 영숙이랑 영철이 용생이 준수랑 불러오게, 빨랑 따라 오랑게."

"영숙이랑 순이랑 우리들 지난번 모여 빼끔살이 참 재미있었지 잉.

너넨 할부지 나난 아부지, 영숙인 할매, 순이는 아줌씨 허고……. 생기팔 주서다가 음식도 차리고 흙이랑 풀이랑 까시 열매랑 주어다가 먹는 시늉도 하고, 참 재밋었는디 잉?"

(그때 우리들이 영숙이네 문 앞에 도착하니 하필이면…….)

"오늘 비도 올랑고 하는 디야! 그거 씰디도 없는 것 가꼬 맨날 맨지작 맨지작거리믄 밥이 나오냐 떡이 나오냐? 아따 벌떡 가따 버리고 가차만헌 곳에 가서 갈키낭구 한 줌 긁어 후딱 히가꼬 와. 밥 헐 때 쓸랑께……."

"아니랑게요. 엄니 낼까지 이걸 맹그러 가꼬 가지 않으면 우리 선상님께 혼난당게요."

"아따 그 지집애 말도 드럽게 안 듣네. 나무 쪼금 해놓고 또 두어참 지난 뒤, 나랑 댕겨 올 디가 있당께."

"그려유. 빨랑 맹글고 헐랑게요. 쪼끔만 기다려유."

(영철이네 수수울타리쯤 왔을 때, 그때 영철이 아버지 말씀이 들렸다.)

"야, 요놈 어저께 핵교 갔다 빨랑 와서 소 띠끼고 깔비라 했더니 왜 놀구 자빠졌남?"

"아닝 기라유. 핵교 끝나고 바로 왔는디유?"

"뭐시 어째! 내가 읍내 장에 갔다 옴서 봉께로 굴 바위에서 미욕 깜고 있드만, 그렇께 늦게 끝나서 왔다고 그짓말 혀? 잔소리 말고 지금 당장 소 깔 한 소태 비어다 노랑게, 뭘 꾸물거리고 있냐?"

"에이, 헤기 싫은 일 중 최고로 헤기 싫은 일이 오늘가치 가랑비 오는 날 깔 비러 가는 일인디……."

"영철아! 왜 부지렁 부지렁 서둘르랑께 고로콤 느시렁 느시렁 느림을 빼고 자빠졌냐? 비는 오고 맴은 바쁘고 애통터진다. 어서 혀!"

(영철이도 깔 빌러 갈낑게 다 틀려버렸고 용생이나 불러보자.)

"엇저녁 걸구들만 모였깐디, 잠깐 새에 배아지가 터지도록 싹 쓸어 먹어 뻰지더니 그때부터 알아 봤다. 겅게를 거쳐없이 쳐 먹어 싸터니 비아지가 아프다고 저 지랄을 허구 자빠졌구만……. 어쩐댜. 소화제라도 쪼끔 얻어다 멕여야 헐랑가 침을 맞쳐야 헐랑가……. 어어 삐죽삐죽 허고 울고 자빠졌네."

"저 앞뜸 이 의원께 가 봐얄랑개비여, 냉큼 침이라도 맞아야겠응게 빨랑 일어나랑게."

"야 느그들 어째 거기 서 있냐? 냉큼 와서 우리 용생이를 업거나 가래 끼고 의원한테 가장께."

"혹 띠러 왔다가 혹 붙이고 온다는 말이 있단디, 아이구 놀러왔다가 덤터기 썼네. 어쩌냐. 도와주어야제."

"준수야 너 내일 원족간담서. 후딱 와서 볼테기며 귀때기 밑이랑 이빠지랑 깨까시 씻고 가얄 거 아녀?"

"엄니 쪼끔 지달리랑 게요. 시방 난닝구 벗고 중우 벗고 있응게요."

"아이고 이노무 새끼 시궁창에서 미역 감고, 무신 놈의 장난을 험서 놀았간디 물때가 까맣고 요로콤 때꾸장물이 졸졸 흐른다냐."

그때 놀이로는 자치기, 구슬치기, 못 치기, 표 딱지치기 등을 많이 한 것 같고, 초등학교 다닐 때부터 나무해 오기, 가마니치기, 새끼 꼬기, 농사일 돕기를 했다.

(또 우리 아랫집에 사는 돌쇠네는 할머니, 어머니, 돌쇠아버지, 누나랑 같이 살았는데, 살림은 복잡하고 되는 일은 없으니 짜증나는 일뿐이라 가끔 싸움이 잦고 돌쇠는 학교에 가는 걸 무척 싫어했다.)

"야, 핵교 가고 옴서 신작로 댕길 땐 길 가상으로 댕겨야 혀, 조심

허는 수배끼 없응게."

"핵교 늦것다. 후딱 인나서 책보 챙겨 가꼬 핵교 댕겨 오니라 잉."

"핵교가 그러케 가기 싫냐? 핵교 중간치기 헐랴면 가다가 돌팍에 팍 걸려 가꼬 엎어져 뒈져 버려라."

"에미야, 그러케 험헌 말로 너무 되게 머라고 허지 말거라이."

"공요일 빼고 사나흘배끼 핵교 안 가고 맨날 칠복이랑 중간치기 헌다고 안 혀요?"

"상치밭에 똥 싼 개 나무라듯 너무 그릿쌌지 마라."

"선상님은 뭐 허간디 혼 좀 내 줄 것이지……."

"애들 갈키는 일이 어디 쉰 일이디아 오직 했으믄 선상님 똥은 개도 안 먹는다는 말이 있는 개비여."

한여름, 모정 위에서는 어르신들이 놀고 그 밑바닥에는 우리 꼬맹이들이 소꿉놀이를 하며 흙 놀이를 했는데, 나보다 재주들이 좋아 용생이는 구슬치기 선수요, 영채는 못 치기 선수, 준수는 표치기 선수였는데, 놀다 집에 가면 으레 공부 않고 놀기만 한다거나, 집안일 거들어 주지 않고 이제 왔다거나 산에 땔감 나무하러 어서 가라는 둥 부모님에게 심한 꾸중을 들은 기억이 난다.

"애기가 울면, 안 울게 달개비야지 내비 두면 되냐?"

"아닌디유. 여태까지 잘 보고 놀았는디 할머니가 옹게, 울었쌌는그만유."

"무어시 어쩐다고. 저기 고사티서 옴서 봉게 마냥 울게 노아 두더만 무어라구?"

"안그랐디는디유. 야가 배 고파서 우는구만유."

"야 요놈의 새깽이야, 울게 내버려두었다구 바른대로 말하지 않으믄

다리 몽생이를 확 분질러 버릴텅게 어서 바르게 말혀!"

"새끼 두 사래 꼬라 했더니 한 사래 반 꽈놓고 쬐끔허다가 쉬고 쬐금허다가 놀고 떼작떼작허고 자빠졌냐? 되게 허기 싫은 갑구나."

"어매 어매가 시킨 새끼꼬기 인재 거이 다 허고 쬐끔 남았응게, 숙제도 히야것고 하니 내일 허면 안 될랑가?"

"아따 되았다 되았어. 툭탁 허면 잘허지도 못허는 공부 핑계냐? 네 손등 쇄 때 좀 베끼고 깨까시 씻고 공부히라. 남지기는 내가 해뿌릴랑게."

(어느 때는 집안싸움이 잦았는데 '싸움구경이 제일 좋다.'고 애들이랑 할머니들이랑 왜 그랬는지 말리지는 않고 구경만 하다가 그 이튿날은 또 모였다 하면 그 흉만 보았다.)

"나가 느 집에 시집와 가꼬 느그 할매 시집살이에다 느그 애비 술노름 땜시, 어찌나 속을 썩었던지 뜬금없이 가슴애피가 생겨가꼬 이 고생인디 느그들꺼지……. 아이고, 다부순다, 부숴!"

"술을 쳐 먹었으면 조용히 자빠져 잘 일이지 띵깡은 무신 놈의 띵깡이디야. 더군다나 살림까지 때려부시고 개지랄헌디아."

"저, 저! 며느리 년은 서방 속을 박박 긁어 승질을 돋군당게, 눈구멍은 어따 대고 똑바로 쳐다본디아, 서방도 시어미도 몰라보는 아조 독한 년이구만."

"엄니, 그렇다고 신세타령 험서 돌쇠 애미랑, 오빠에게 분풀이허면 안 되지라우."

"허이구, 주둥이는 뚫렸다고 말은……. 남의 속을 뒤집어 놓게 웬 참견이야. 허고 댕기는 꼬락서니를 보면, 가짠허고 짜잔혀서 증말 못 본당께. 요놈의 가시내가 얌전히 있으면 곧 시집보낼 틴디 그새 못 참아서 밤마다 냄새 핑기고 어디를 쏘다니능기어 시방. 건너 집 영순이 같이 툭탁 허면 보따리 싸서 줄행랑칠 생각은 허지 말어!"

(우당퉁탕하고 싸우고 난 그 이튿날 오전)

"아따 그 돌쇠 아범, 에미 되게 억시데. 머리끄뎅이를 질질 끌고 게 버큼을 북적북적 냄서 악을 박박 쓰고 싸운디 질려 버렸당게."

"아무리 서방놈이 개지랄허고 그라드라도 에펜네가 참어야 허는 기어. 그리야 가정이 편안헌 기어 안 그랴?"

"밤새 시롱 서방 각시 이년 저놈 허고 쿵더쿵 쨍그랑 쌈박질허더니, 저놈의 눈텡이 좀 보랑게."

"느자구 없는 것들. 해가 중천에 떴건만 여태까지 자빠져 자고 인제 깼구만, 아이구 얼굴이 시퍼렁 둥둥 헌 것이 깽까도리 한 번 야무지게 헌 모양이구만."

"그랴도 좋다고 아참엔 히히덕그랴 참. 그렁게 부부 쌈은 칼로 물 베기랑게."

그 주인공들은 이미 옛날에 이사 가고, 돌아가시고, 그 후손은 어디 사는지 소식도 모르지만, 그래도 구수했던 사투리와 금방 혼나고, 싸우고도 금방 풀어졌던 기억은 오래오래 머릿속에 남아 주마등같이 떠오르며 그때의 추억이 가슴에 와 닿는 것은 무엇 때문일까? 사투리 속에는 그때가 있고, 정경이 있으며, 그 마음이 남아 있기 때문이리라. 서로 흉도 보고 흉내도 내면서, 모처럼 큰 소리로 웃으며 그때 그 모습을 더듬었다.

(2010. 02. 15.)

# 꾀복쟁이 친구

산소호흡기를 끼고 가쁜 숨을 헐떡이며 지그시 눈을 감고 있던 꾀복쟁이 친구야!

우리 죽어도 잊지 말자던 약속 지금도 기억하지? 그리고 죽어도 남에게 말하지 말라던 약속을 이제 죽을 때라 생각하고 말해 버릴까? 사실은 그거 아무것도 아닌 비밀인데 그렇게 단단히 약속했던 것은 참 웃겨. 그래도 약속은 약속이니 말하지 말아야겠지.

초등학교 1학년 때, 선생님께 손바닥을 맞고, 기합을 받으며 옷에다 오줌 싼 일을 말하지 말라 했었는데……. 어느 여름날 찌는 듯한 더위에 무엇이 좋다고 그랬던지, 이리 뛰고 저리 뛰다가 학교에서 돌아오는 길 방죽에서, 어깨에 둘러멘 책보를 동댕이치고, 바지를 훨훨 벗어부치고 흙탕물 저수지에 풍덩 뛰어들며 물장난을 쳤던 친구야,

지나는 사람이 훌렁 벗은 몸을 본 체도 않는다고, 돌멩이까지 던지던 개구쟁이였지. 그리고는 희희덕거리던 그 시절이 생각나니? 그날 물 때가 얼룩덜룩한 몸을 누나에게 들켜서, 찰싹찰싹 등을 맞으며 울면서 등멱을 다시 했다고 말하며 깔깔대던 친구야,

'고통보다는 눈가에 웃음을 지으며, 죽음을 맞이하는 사람은 행복한 인생을 살고 가는 것.'이라고 했던가. 정신적 행복과 아름다운 추억은 육체적 고통을 초월할 수 있다는 뜻이리라.

그 생각이 나서 호흡기 낀 얼굴로 눈망울은 천장만 응시했나? 그 눈 속엔 죽을 때까지 말하지 말자던 약속이 생각난 모양이구나.

학교 갔다 오면 숙제도 않고 놀기를 좋아했던 우리 꾀복쟁이 친구야, 자치기, 구슬치기, 못 치기, 표치기를 하며 실컷 놀았지. 그땐 네가 언제나 제일 멀리 쳐냈고, 몽땅 따서 나누어 주기도 하고, 딱지를 따서 호주머니에 불룩하게 넣고 자랑하던 너는 항상 따먹기 선수로 엄지손가락이었지. 요즘에 그 솜씨로 야구, 당구, 볼링, 골프를 했으면 세계대회에서 금메달을 목에 걸고 또 엄지손가락을 들었을 거야. 놀다가 심심하면 이웃집 감 따먹겠다고 돌팔매질하다가 장독을 깨트리고 달아날 때, 제일 앞장서 도망가고 우리들만 잡혀가 죽도록 맞았지. 그러고도 너를 고발하지 않았다고 의리 있는 친구라 했던 너. 오줌이 마려우면 양지쪽 울타리를 향해 누가 멀리 나가는지 시합을 했는데, 그때 누가 일등을 했던가?

강건하고 힘센 너는 '낯선 이웃마을 불량배가 덤비면 내가 책임질 테니, 오늘 내준 숙제는 먼저 해서 보여 달라.'고 했던 너. 영어 단어장을 찢어서 나누어 외자고 했던 그 시절, 우리들에게 너는 정말 의리 있는 사나이요, 정의의 사도였지. 고등학교 시절 한때 유행이었던 앞이

마를 넓히려고 족집게로 앞머리를 뽑아 여기저기 퍼렇게 멍들고 여기저기 딱지가 져 모자를 꽉 눌러쓰고 다니며, 넓은 이마를 만들어 부러움을 샀는데, 지금은 그 훤칠한 이마가 너무 벗겨져 들머리에, 속알머리까지 없다고 놀림을 받으니 참 웃기는 일이지.

요즘 젊은 여자들 청바지 짝짝 찢어 입고 다니는 걸 보면서, 그때 모자를 칼로 이리저리 그어 꿰매어 쓰고 다니던 생각이 나네. 그때 자네가 입었던 나팔바지를 끊으면 요사이 유행하는 여자들 미니스커트 몇 명분은 될 거야. 교복에 넓고 두껍게 넣고 다니던 어깨 뽕은 잘 있는가? 그것 때문에 너를 '어깨'라 불렀던가? 사실 그렇게 넓지도 않은 어깨가 그때는 참 부러웠지. 그 옷을 찾아서 다시 쓸 곳이 없을까? 그래서 그런지 부럽게도 자네 주변에 세일러복을 입은 여학생들이 빙빙 돌았지. 그 중 이웃동네 예쁜 그 여학생과의 열렬한 사랑, 진실이었나, 뻥이었나. 꼭 지키자고 한 비밀이었지만 이제는 말할 수 있겠지?

꾀죄죄한 나에게 멋 좀 내고 다니라 했는데, 먹고 살기 어려운 때라 어떻게 멋을 내는 줄도 모르는 나보다 분명 너는 한 수 위였던 것 같아. 고등학교를 졸업할 무렵, 흰 눈이 살포시 내린 어느 날 저녁, 우리는 영춘이네 사랑방에 모여 닭서리를 모의하고, 캄캄한 밤에 솔밭 아래 외딴집을 찾아 너는 닭을 잡으러 가고, 나는 다복솔 밑에 숨어 기다리는데, 닭소리가 나더니 잠시 후 허연 물체가 살금살금 다가오기에, 네가 흰 닭을 안고 오는 줄 알고 흰 닭을 잡았느냐며 안으려고 손을 내밀자, 털은 털이었는데 갑자기 싸리비로 머리통을 후려쳐 혹이 생겼었잖아?

주인 할아버지의 하얀 수염이 흰 닭인 줄 알았지 무언가. 그날 닭은 커녕 머리통에 혹만 달고 한없이 도망가면서 투덜대던 기억나나? 지금은 '도둑'인데 그때는 먹고 살기 힘든 때인데도, 그저 장난꾸러기 놀음으로 웃어넘기던 시절이니, 인심도 후했지. 자네와 약속을 깨고 비밀로 하자던 그 이야기를 몇 년 전, 그 할아버지 문상을 가서 아드님께 실토하고 한바탕 웃었네 그려.

어려웠던 보릿고개를 넘기고 난 뒤, 술 한잔에 시 한 수로 세월을 달래자며 잔을 부딪칠 때, 막걸리에 시 한 수가 떠오를 리 있었겠나? 한 잔 한 잔 부딪칠 때마다 쓸데없는 안주 감을 만들어 흉보다가 자랑하다가, 의미도 없는 제 흥에 겨워, 너무 많이 먹고 그날 밤 실컷 토한 기억만 남았네. 자네는 그날 시 한 수 읊었던가? 나는 속만 쓰렸다네. 이젠 죽어도 잊지 말자던 약속, 죽어도 남에게 말하지 말라던 약속, 그런 비밀을 간직할 필요가 없겠지? 그래도 약속은 약속이니 말하지 말아야 할 텐데.

꾀복쟁이 친구야!

이제 너와 나의 삶도 얼마 남지 않은 모양이다. 누구보다 건강했던 네가 먼저 산소호흡기를 끼고 감기는 듯한 눈으로 지그시 쳐다보는 걸 보면서, 나에게도 곧 그런 시각이 다가올 것 같다는 생각이 드는구나. 삶은 '꿈을 안고 왔다가 꿈을 다 펴보지도 못하고 간다.'는데 친구는 어땠나? 친구만 알고 있는 비밀이겠지. 그 꿈의 크기와 속은 자신만이 간직하는 것이니까. 먼저 가거들랑 많은 이야깃거리를 만들어 놓았다가 만나서 또 재잘거리자꾸나. 시간은 잠시도 쉬지 않고 흘러가는데, 꾀복쟁이 친구와의 옛일은 가끔 내 마음을 흔드는구나. 독실한 천주교 신자였던 너는 지금쯤 천당에서 주님의 품에 안겨 행복한 미소를 머금고 굽어보겠지.

(2010. 12. 04.)

# 빵구의 어린 시절

해방의 기쁨을 맞은 후 어느 해쯤일까? 마을엔 꽹과리 소리가 자지러지는 요란한 축제(?)가 벌어지고 있었다. 그 자리에 네 살 정도의 소년이 풍물소리에 맞춰 덩실덩실 춤을 추고 어른들은 귀엽다고 박수를 치고 어우러지고 있었다. 보암리 쑥골댁 어르신 회갑잔치에, 많은 친지들이 모여 축하도 해주고, 어려운 시절이라 이웃도 대접하는 날인 것이다.

그때 그 자리에서 어리광부리고 칭찬받으며 푸짐한 선물을 받은 꼬마가 있었다. 그 꼬마의 머리 한가운데는 한 일자(一) 모양의 흉터가 있었다.

'저 구신이는 태어날 때부터 1등을 새기고 나와 누구든 도저히 따라잡을 수 없대.'

당시 머리를 빡빡 깎고 다니던 때라 멀리서 봐도 흉터는 선명히 보여 놀림을 받기도 했다. 그 흉터는 세 살 때 어머니와 누나가 디딜방아로 보리쌀을 찧을 때 방아 통에서 튀어나온 낱알을 쪼아 먹으려고 방아 밑에 모여든 귀여운 병아리를 잡으려고 들어갔다가, 머리를 찧어 깨진 흉터로 약도 없는 시절에 된장으로 나은 거라 했다.

초등학교 시절 나는 별명이 몇 개 붙어 다녔는데 하나는 '새옹개(새우)'요, 두 번째는 '구신이'요, 세 번째는 '신구 빼구'였다.

새옹개는 신체검사 결과 구흉鳩胸으로 가슴이 두꺼워 구부정하게 보이기도 했지만, 기를 못 펴고 어깨와 가슴을 웅크리고 다니는 습관 때문에 생긴 별명일 터이요, 구신鬼神이는 이름을 거꾸로 부르며 놀렸다. 빼구는 '귀여운 강아지' 이름으로, 당시 놀리는 말로 부르던 말이다.

왜 그랬던지 친구들이 별명을 불러도, 나는 그 의미도 모른 체 흔쾌히 대답하며 아무렇지도 않은 듯 지내다 보니 재미없고 지쳤는지 점점 횟수가 줄었다.

3~4학년 때에 나는 할아버지께 한문을 가르쳐 달라고 졸라, 한자 두 자 익혀가다가 대견스럽게 여긴 조부께서 시제時祭에 데리고 가서, 홀기笏記 읽는 법을 구경시키더니 집에 와서 홀기와 기제사 요령, 그리고 축문까지 가르쳐 주시기 시작하였는데, 그 참뜻도 모르고 열심히 외웠다. 한자가 좀 까다롭고 읽는 법이 노래하듯 운율이 있어야 하고, 또 제사 모시는 어른들 동작과 제물 순서에 신경을 써야 하니 여간 어려운 게 아니었지만, 그 이듬해부터는 매년 시제나 제향祭享 시엔 불려나가 홀판笏板도 읽고 축관 노릇도 한다고 하여 많은 칭찬을 받은 바 있으며, 제사 후에 나누어 주는 음식은 몇 배를 받아 온 적도 있었다.

내가 결혼 후 애들과 아내의 손을 잡고 고향을 방문하니, 들판에서

일하던 친구가 반가움에

"야, 신구 빵구야, 오랜만이다, 이따 만난 술 한잔 사라!"

아들과 아내가 내 얼굴을 멍하니 보았다. 나는 계면쩍게 웃으며 "참 자식들, 나이 들어도 역시 시골 친구들이라 순수해." 하고 얼버무렸다.

나는 초등학교 6학년 때 몇 개월간 따돌림을 당하고 지낸 적이 있었다. 초등학교 입학해서 졸업할 때까지 반장이요, 전교 회장이었던 내가 왕따로 지냈다는 것은 이해가 안 가겠지만, 가난에 쪼들리고 힘없는 노모 슬하에 혈혈단신인 나를, 얕잡아 본 경쟁자가 그냥 놔둘 리 없잖은가. 그러나 내가 너무 우쭐대고 상대방을 배려할 줄 모르는 겸손치 못한 성격은 아니었는지, 그래도 학급 친구 대다수는 나를 동정하고 눈치껏 격려해주고 위로해 주는 일도 많았다. 그때는 담임선생님이 야속하기도 했다. 하소연하면 그저 그때뿐이고 며칠간만 조용하다가 다시 시작되는 괴롭힘, 시키는 대로 하는 멍청했던 졸개들만 혼내고 조종한 학생은 뒷전에서 콧노래를 부르거나 위협적인 눈초리로 노려보곤 했었다.

그래도 나는 지금 아이들같이 마음에 큰 상처를 입지 않고 지낸 것 같다. 놀림받고, 별명 부르고, 트집잡고, 모퉁이로 끌려가 몰매를 맞거나, 병신 같은 애들 두어 명이 함께 덤벼 싸우 게 하는 둥, 시기질투로 가득 찬 힘센 친구의 비겁한 행동이 계속되었지만, 잘 견디며 반장 노릇도 잘했고 공부도 항상 앞서 갔다.

지금 생각하니 아무리 시달려도 자신의 정체성을 잃지 않고 버틴 듯하다. 남들은 진학을 위해서 과외공부를 했는데 가난한 나는 수업이 끝나면 일찍 돌아와 집안일을 거들었고, 그래도 시험만 보면 앞서가니 얼마나 약이 올랐을까? 내가 교직에 있어 보니 제일 골치 아픈 것이 학급 왕따 문제다. 왕따 문제는 쌍방의 여러 가지 문제가 얽힌 현상으로 교사들은 아주 귀찮게 여긴다. 지금 같으면 장기간 상담을 통해 선도할 수 있으나 그때는 더 어려웠으리라.

왕따 이유야 어떻든 간에 피해자는 오랫동안 마음의 상처를 입거나 인생행로에 영향이 미칠 수 있으므로 교육 공동체가 힘을 합쳐 이해시키고 잘못된 매듭을 풀어가도록 지속적인 선도가 요청된다고 본다.

내가 질투대상이 되었던가 보다. 왕따 사건은 졸업식장에서 받은 영한사전을, 길목을 지키던 졸개들에게 뺏기어 찢기고, 물속에 던져지고야 결말을 고했다.

그 뒤 오랜 세월이 지나, 상급학교에 다닐 때 좀 껄끄럽기는 했어도 언제 그랬냐는 듯이 동기 동창으로 만나고 서로 웃으며 지내게 되었다.

최근 KBS 연재만화 <꼬비꼬비>에 나오는 '빵구'는 주인공의 어려움을 해결해주는 착한 같은 반 친구란다. 놀림과 별명도 긍정적인 해석과, 받아들이는 방법에 따라 피해 의식을 줄일 수 있다.

'꼬비' 친구 '신구 빵구'의 옛이야기는 세월이 흘러 나 혼자 응어리진 사연이지만, 오늘의 청소년 문제와 같이 생각하는 뜻에서 50~60년 전 사연을 반추해 봤다.

(2009. 06. 20.)

# 삶 그리고 시험

요즘 교원평가를 실시한다고 발표하자 말들이 많다. 나는 20년 전에 '교육은 평가받아야 한다.'는 논문을 <연구월보>에 실었다가 여러 친구와 선배들에게 몰매를 맞은 적이 있다. 너무 앞서갔던 모양이다. 그 당시 교장 연수를 마치고 나오니, 교육연구원으로부터 원고 청탁을 받았는데 내용은 '교원평가' 특히 교원의 최대 업무인 '교사의 수업은 평가 받아야한다.'고 하는 주제였다.

교육의 성과가 유형有形으로 나타나지 않고 또 평가자가 누구이며, 그 평가 척도가 객관성을 유지할 수 있을까도 의문시 된다. 그렇다고 모든 분야에서 평가분석이 이루어지고 있는데 교육만 안주하고 있을 수 없다는 의견도 많다. 교육의 질, 학력의 수준을 한층 더 업그레이드시키자면 무엇을, 어떻게 하든 평가분석이 필요하다는 의견도 만만치 않다.

평가의 내용과 방법은 달랐지만 학창 시절엔 지필 평가가 주종을 이루는 수많은 평가(시험)를 겪어야 했다. 나도 24년간이나 시험에 시달렸다. 초등학교, 중학교, 사범학교까지 12년, 늦깎이로 직장에 다니면서 계절제교육대학, 야간대학, 방송통신대학 그리고 대학원까지 12년, 그 외에도 틈틈이 연수(평가), 승진시험, 자격시험 등……. 아마 내가 겪은 시험(평가)만도 헤아릴 수 없을 것 같다.

그 중에서도 가장 기쁨을 가져다 준 시험은 초등학교 1학년 때 받아쓰기 100점과 사범병설중학교 입학시험인 것으로 기억된다.

초등학교를 졸업하고 상급학교 진학에 엄두를 못 낼 즈음, 사범학교 시험은 특기特期요, 떨어져도 1, 2, 후기까지 다른 학교 진학이 가능하며 입학성적이 좋으면 '입학금 면제 특대생'으로 학교에 다닐 수 있다는 선생님의 권유로 첫 경쟁시험에 응시했다.

구름처럼 모여든 학생들이 8대 1이네 10대 1이네 하는 판국에 시골 자그마한 학교에서 혼자 시험 보러 간 촌뜨기는 기가 팍 죽었다. 어떻게 시험시간을 채웠는지 당최 정신이 없었다.

발표 날이 안 왔으면 하다가도 빨리 왔으면 하고, 떨리는 가슴을 졸이며 기대해 보았지만 합격한다 해도 입학금과 학비도 문제고, 통학도 문제이며, 어려움이 첩첩이라 걱정스럽기는 마찬가지였다. 하늘의 별따기인 '입학금 면제 대상'으로나 뽑혔으면 하는 기대도 해 보았다.

드디어 발표 날이 되었다. 가면서부터 내내 가슴은 떨렸다. 발표장에서 두려움을 참고 고개를 들어 명단을 보니 입학금 면제대상(10등 이내)에는 들지 못하고 겨우 합격자 명단에 이름이 들어 있었다. 집으로 돌아오면서도 마음은 두근두근하여 어떻게 말씀드려야 할지 망설여졌다.

기어들어가는 소리로 어머니께 합격했다고 말씀드렸더니, 반가워하면서도 한숨을 쉬며 걱정을 하셨다. 입학금 걱정, 학비와 통학비 걱정, 내 마음은 그렇다 치고 어머니의 심정은 어떠하셨을까? 차라리 떨어졌으면 속은 상했겠지만 걱정 하나는 덜었을 것이다. 너무도 빨리 등록금 마감 날이 왔다.

"우리 막둥이는 꼭 가르쳐야 하는디……."

어머니는 여러 곳으로 수소문했으나 입에 풀칠을 하기도 어려운 판국에 가능하겠는가? 저녁 무렵 온 식구들이 침울한 분위기인데, 사범학교 서무실에 근무하신다는 왕산리 집안 어른[福純大夫]한테서 내일 일찍 학교로 나오라는 전갈이 왔다. 또 마음이 떨리고 두근거렸다. 어인 일일까? 시험 볼 때 시험지 뒷면에 계산하고 안 지웠는데 그것이 들통이 난 건 아닐까? 등록을 안 했다고 야단치는 건 아닐까? 별의별 생각이 다 났다. 그때 왜 희망적인 생각은 못했을까?

이튿날 새벽부터 어머니를 모시고 사범학교에 가서 대부를 찾으니, 서무실에서 교무실로 안내되었다. 선생님들이 10여 분 계시는데 한 분이 자리에 앉기를 권하더니 "축하한다. 이번에 돈이 없어 등록을 못했다면서? 2등과 9등으로 합격한 두 학생이 서울 명문교에도 합격해서 등록을 포기했기에 교칙에 따라 차 순위로 합격한 학생에게 등록금을 면제하기로 했다."고 하는 게 아닌가. 나와 어머니는 그 자리에서 기쁨의 눈물을 흘렸다. 내가 몇 등인가 알고 싶지도 않았다.

가장 고충이 컸던 시험은 중·고등학교 시절 통학하면서 치른 시험이었다. 새벽 5시 30분에 통학차를 놓치고 땀을 뻘뻘 흘리며 3~4시간을 달려 교실에 들어서면, 첫 시간 시험이 끝나기 15분 전쯤 되었다.

나는 시험지를 비 오듯 흐르는 땀으로 적시며, 겨우 몇 문제를 풀면 감독 선생님은 시험지를 걷어 가시는데 어쩔 것인가? 쉬는 시간에 땀과 눈물을 닦고 다음 시험을 준비한 적이 6년 동안 몇 차례나 있었다.

언제였던가. 영어시험 때 공부를 전혀 못해서 다급한 김에 자습서를 빌려, 시험범위 내에서 중요하다고 생각한 몇 구절을 외웠다. 그런데 공교롭게도 그 구절 해석이 출제되어 술술 적고 콧노래를 불렀는데, 웬걸 그 이튿날 영어 선생(潘선생)께서 호출하였다. 이번 영어시험은 내가 1등인가 보다 하며 의기양양하게 가 보았더니, 선생님은 만면에 웃음을 띠시며 확 가위표를 그어 놓은 시험지를 내놓는 게 아닌가?

"야, 이 녀석아! 외워 쓰려면 제대로 써야지 출제하지도 않은 뒤 구절까지 써 놓으면 어쩌란 말이야? 암기력이 가상해서 50점 만점에 20점 주마!"

그리고는 손바닥 열 대를 때렸다.

현직에 있으면서 대학, 대학원에 진학하려면 가장 고통스러운 것이 영어시험이었다. 사립에 비해 학비가 반액인 국립대학을 고집하자니 언제나 영어시험을 통과해야 하기에 몇 차례 낙방도 했다.

시험에서 제일 기억에 남는 것이 교감 승진시험이다. 당시 교육 경력 20년 이상 승진 순위 평점에서 3배수에 해당하는 교사가 선발되어 시험을 치르고, 그 성적에 따라 정해놓은 수만큼 합격시켜 자격강습을 시켰는데 당시 나이 드신 선배님들에겐 큰 고충이었다. 오전에 180분(90분×2) 객관식, 오후 180분 주관식, 꼬박 하루를 시험에 시달리는데 특히 객관식보다 주관식에 어려움을 더 느꼈다.

내 앞에서 시험을 보는 환갑을 넘기신 선배는 시험 볼 때 볼펜을 손가락에 끼어 고무 밴드로 꽁꽁 둘러매고 있었다. 왜 그랬나 하고 궁금했으나 물어 볼 수도 없었다. 알고 보니 수전증으로 손이 떨려 글씨를 쓸 수가 없어 그랬다고 한다. 객관식은 그래도 그런대로 괜찮은데 주관식은 통 쓰지 못한 것을 보고 몹시 안타까웠다. 그 정도면 보여주고 베끼라 해도 어려울 것 같았다. 그렇다고 그분이 경륜으로 보나 무엇으로 봐도 교감 직을 수행 못하실 분 같지는 않았는데……. 어느 선배 말씀대로 공부할 땐 혼자 끙끙대는 것보다 몇 명이 조를 짜서 서로 묻고 토의하며 하는 것이 좋은 방법이었던 것 같다. 이를 일러 '自知는 晩知고, 補知는 早知라.'했던가?

그 뒤로 고시는 없어졌지만, 나는 그 덕(?)에 40대 초반에 과속 승진하고, 속도위반에 걸려 직급정년으로 남보다 일찍 퇴임하게 되었다.

시험하면 따라 다니는 커닝 수법들. 시험 때에 단 한 번도 시도해 보지 않은 사람이 있을까, 그 수법이 너무나 다양해서 그것도 경험이라고 그 수법을 알고 시험 감독을 하니 커닝 예방에 도움이 되었다. 대학원에서 학위논문을 쓸 때, 나는 다섯 차례 심사를 거쳤는데 두 번째 심사 때는 그렇지 않아도 형편없는 영어실력에 원서(영문)를 통한 인용이 미흡하다고 혼쭐이 났다. 당시 잉크로 쓴 원고를 비 오는 날 창밖으로 내던져 범벅이 된 젖은 원고를 눈물을 훔치며 주섬주섬 주운 때도 있었다.

그래도 심리학 공부를 한 덕에 상담심리전문가가 될 수 있었다. 내가 치른 최종 시험은 퇴직 후, 임상심리사, 청소년 상담사, 심리상담사 자격시험이다. 그 시험에 응시하기 위해 전문서적 20권을 구입하여 도서관에서 공부하고 평생 가보지 못했던 서울대, 서강대, 이화여대로 3회에 걸쳐 시험 보러 갔더니 65세 넘은 사람은 한 사람도 없었다.

그것이 마지막 시험일까? 혹시 앞으로도 또 시험 기회가 주어질까? 내가 치른 시험은 아마 1,000번도 넘을 것 같다.

시험을 치를 때마다 나는 생각했다. 이 시험 성적이 힘든 나의 문제를 속 시원하게 해결해 줄 수 있을 것인가. 인생에 어떠한 영향을 줄 것인가. 시험이 경쟁사회에서 유일한 평가 방법일까. 시험 때마다 희비의 쌍곡선을 가슴속에 묻어야 했다.

어떻게 생각하면 인생살이 자체가 시험의 연속인지도 모른다.

(2010. 01. 10.)

# 희망의 씨앗

희망의 씨앗은 절망과 두려움 속에서, 또는 수많은 상처 속에서 싹튼다. 꿈을 이룬 사람들은 수많은 상처에서 성장을 찾고, 두려움을 딛고 희망을 키웠다.

내가 어렸을 적 외롭고 두려울 때면 같은 처지로 가난하고 외롭게 살아가는 영구 형을 생각했다. 형은 먼 친척이었지만 나보다 다섯 살 연상으로 초등학교만 나와 낮에는 일하고 밤에는 공부하는 주경야독의 본보기로서 존경의 대상이었다. 비가 와서 일을 나가지 못하는 어느  날 싸리문을 밀었다. 불러도 대답이 없기에 되돌아오려는데, 인기척이 나서 돌아보니 방문을 열고 들어오라고 했다. 방문을 열고 들어서니 창문은 담요로 가려놓고 방안엔 등불을 켜 놓았다.

어린 나를 무척 예뻐해 주었던 형은 그 어려운 환경에서도 용기를 잃지 않고 희망을 가지고 공부하면서 나에게도 많은 용기를 주었다. 나야 그래도 군대 간 형님 한 분이 있고, 가난을 이겨내고 꿈을 갖도록 도움을 주는 어머니와 누나가 있었다. 하지만 형은 병든 가족을 돌봐야 하는 처지였다.

시계도 없는 때였지만 낮이건 밤이건, 시간이 어떻게 가는지 모르게 모든 창을 가리고 공부하며 심지어 요강을 한구석에 덮어놓고 용변을 보는 등, 시간을 무척 아끼는 것 같았다. 잠시지만 공부하는 요령, 시간 관리, 희망과 목표에 대하여 이야기하다가 돌아온 적이 있다.

그 뒤 초등학교 학력밖에 지니지 못한 그 형은, 보통고시에 합격하고, 체신청을 거쳐 검찰청에 근무하면서 계속 공부했다. 생활이 곤란한 형은 들판에서 자운영과 쑥을 뜯어다가 쌀겨를 섞어 개떡을 쪄 먹고, 변비로 고생하기도 했고, 겨우 밀가루를 구해서 멀건 죽을 몇 끼 먹으니, 뱃속이 편할 리 없어 변소에 자주 갔었다. 그 무렵 고시高試응시 2교시에 살살 아프던 배가 꾸르륵 소리를 내더니, 와락 쏟아지는 설사로, 시험을 포기하고 뒤통수에 싸늘한 눈총을 맞으며 나온 적도 있었다. 그 뒤 체신공무원으로 근무하면서 고등고시 예과에도 몇 번 통과했지만, 시험을 통해 법원 사무직으로는 최고 직위를 거쳐 퇴직한 기념비적인 인물이다.

더욱 놀라운 것은 가슴을 때리는 슬픔이, 작은 보람과 성취로 치유되었다는 점이다. 절망의 늪은 실낱같은 희망에서 힘과 용기를 얻고, 참기 힘든 환경을 과감히 헤쳐나가는 용기는 한 가닥의 마음에서 싹텄다. 나도 살면서 두려움과 외로움을 느낄 때마다 그 형을 생각하며 견디었다.

미국 애틀랜타 야구장의 구두닦이 흑인 소년이, 야구공은 온통 실로 꿰맨 그 상처 때문에 굽이치며 멀리 빨리 날아간다는 사연을 듣고, 자신의 불우한 환경을 야구공과 비교하며, 상처는 부끄러운 자국이 아니라 성장의 자국임을 깨달아 '코피 안 난 날'이 없이 피나는 노력으로 7대 유엔 사무총장이 되었다. 노벨 평화상을 수상한 가나의 '코피 아난'의 이야기는 언제 들어도 감동적이었다. '환한 웃음의 노인[商標]'을 볼 때마다 65세에 고물차 한 대로 닭튀김 장사가 되어 꾸준한 연구로 새 맛을 창조하여 '켄터키 프라이드치킨(KFC)' 체인점을 선물한 KFC의 창시자 커널 센더스의 그 정신을 생각하지 않을 수 없다.

어려운 처지를 큰 영광으로 바꾼 순간의 예지와, 굽히거나 좌절하지 않고 다시 일어선 입지전적인 인물들을 생각하며 힘과 용기와 희망을 갖고 일어선다면 못할 일이 없을 것이다.

우리가 어렸을 적에는 왜 그렇게 추웠고, 콧물도 침도 많이 흘렸던가? 항상 콧물 흐른 자국이 남아 있었고, 손등 발등은 때가 더덕더덕 찌고 쩍쩍 벌어졌던 기억이 난다. 더운물로 씻고 씻어도 금방 그랬다.

그 대표적 인물 칠규가 육일목재소 사장이 되어 내 앞에 나타났다. 얼마나 놀라운 일인가? 초등학교 몇 학년 때였던가. 수업 시간 중 영양실조로 교실바닥에 넘어져서 집으로 돌아간 뒤 일주일 동안 학교에 나오지 못했던 칠규가 졸업 후 대관절 어디서 무엇을 하고 살았는지 몰랐다.

그런데 말끔한 양복을 차려입고 커다란 쌍기통 오토바이를 몰고 내 앞에 나타났다. 헤어진 지 30년 만이었다. 가정 사정으로 초등학교 졸업 후 떠돌다가 목재소에서 심부름꾼으로 일하던 그는 성실성 하나로 기술자들의 사랑을 받고, 전문적인 기술을 모두 전수받아 그 분들이 나이 들어 퇴직하자 총 감독이 되고 사장의 외동딸과 결혼하여 그 사장 자리를 물려받았단다. 항상 겸손한 그는 학력도 없고, 재주도 없으며, 언변도 좋지 않았다. 하지만 그저 성실성 하나로 모든 이의 사랑을 차지하고 그들의 권유로 야간 중·고교를 거쳐 한국방송통신대까지 나온 최고의 기술자요, 경영자며, 덕망가인 사장이 되었다. 수십 년간을 아침 6시에 일어나 11시에 잠든다고 하는 육일(6·11)목재소 간판은 사장님의 근무시간이었단다. 모든 여건이 칠규보다 좋았던 나는 그동안 무엇을 했던가? 그렇다. 때늦은 후회지만 틀림없이 '성실성' 하나에 가는 길이 엇갈렸구나 싶다.

나폴레옹 힐(1883~1970)은 '우리에게는 가난, 건강, 상실, 늙음, 비판과 질책, 사랑, 상실, 죽음에 대한 두려움이 상존한다면서, 이를 극복하는 길은 끈을 놓지 않는 희망과 기대하는 미래의 가치에 있으며, 두려움이란 기대하는 일이 생각대로 이루어지지 않을 것 같은 마음에서 생기는 현상으로 그 두려움은 간절한 희망에 대한 씨앗이다.'고 말했다.

우리가 살아가는 중에 두려움과 절망 그리고 슬픔은 항상 따라 다닌다. 만약 그것이 없다면 희망도, 기쁨도, 성취도, 용기라는 단어도 없으리라. 그래서 희망의 씨앗은 두려움, 절망, 슬픔 속에서 작고 실오라기 같은 가닥으로 찾아온다는 것이다. 그런 희망이 있기에 행복하고 가슴 벅찬 환희를 품고 인생을 살아가는 것이리라.

(2010. 12. 14.)

# 삶과 돈

'어느 재력가가 삶을 마감할 즈음 외아들을 불러 "이제 내 생을 마감할 때가 가까웠나 보다. 내 남은 재산을 물려줄 테니 이제 너도 좋은 여자 골라 행복한 가정을 꾸리도록 해라." 아들은 그 많은 재산을 같이 쓰며 행복을 같이할 여성을 물색하여 고르고 골라 집에 데리고 와서, 아버지께 인사시킨 뒤, 이튿날 아침에 보니 그 여자는 계모가 되어 있었다.'는 이야기다.

돈에 의해 신분 관계가 바뀌고 '돈을 꾸어주는 사람은 그냥 주는 것이라 생각해야 하며, 금전 거래는 바닥 없는 바다 같은 것이라, 심도 명예도 빠져서 떠오르지 않는다.

—(조지허버트 & B.프랭클린)

친구들 도움이 오히려 빚이 된 나의 처지는 누구를 원망할 것인가?

1970년대 중반, 가까운 친구들은 맞벌이들이라 어느 정도 기반을 닦았건만 나만 집도 없고 어렵게 사는 걸 안타깝게 생각한 가까운 친구들이 당시 유행했던 100짝百叺짜리 쌀계米契를 조직하여 제일 먼저 나를 주어 작은 아파트라도 하나 사도록 했다. 그 다음부터는 정부미 가격으로 거출하도록 했는데 엎친 데 덮친 격으로 쌀값은 매년 치솟고 이자 부담은 늘어 내 월급으로는 도저히 당해내지 못해 빚더미에 올라앉게 되었다. 여유가 전혀 없는 처지인 내가 빌려다까지 꾸어주고, 받지 못한 두 번의 '돈 놀이' 여파가 지금까지 아니 평생 동안 내 생활에 영향을 미치고 있다. 퇴직연금을 전액 신청하지 못하고 일부는 현금으로 지급받아 빚을 갚았기에 반 토막 연금생활을 하고 있다.

당초 돈을 빌려 줄 땐 그분들도 신용 있고 누가 봐도 믿을 만하며 그럴 처지가 아니었다. 한 분은 아내 여고 동창생으로 평소 가까이 지냈으며 장사수완이 있어 사업을 늘려가고 있었다. 한 분은 저명한 의대 교수요 개업의로 부부의사였으며, 가족의家族醫나 다름없이 의지하고 지내던 처지였다. 그러나 빌려간 뒤에는 역시 '양심도 명예도 버린 채 날 잡아 잡숴!'였고, 아내는 종이쪽지 한 장도 받아 놓지 않았었다. 지금의 가치로 계산해 보면 그 액수가 5천만 원은 넘는 것 같다.(당시 쌀값과 봉급 수준)

수저 한 벌, 쌀 한 톨 유산으로 물려받은 것 없이 박봉의 교사 시절(초임 : 쌀 3가마 값)부터 결혼 후 아들 셋을 대학까지 가르쳤다. 돈 없어 배우지 못했던 한을 풀고자 직장생활하면서 13년간을 야간과 계절제로 대학과 대학원을 다녀야했기에 항상 적자생활에 허덕였다. 그런 남편을 돕겠다고, 대선배[李喜彩] 선생님이 무이자로 빌려준 쌀 50

가마(당시 봉급 8개월분)를 이용하여 이자라도 받아 살림에 보태겠다고 아내가 나선 것이었다. 믿었던 여고 동창에게 뜯기고, 설상가상 그 선배님이 갑자기 고인이 됨으로써 우리는 빚을 얻어서라도 갚아야 했다. 이를 해결하는 데 걸린 기간이 12년이다. 믿을 만한 의사선생님께 카드 깡 해서 빌려준 돈 100만 원(당시 봉급 수 개월분), 갚느라고 수년, 한 많은 세월을 경제적 어려움에 시달린 것은 정말 운명의 장난이었던가? 세상물정 모르고 너무도 순진했던 아내를 탓하며 짜증스럽게 살아왔다.

우리 사정을 모르는 바는 아니었지만 어찌 되었든 그분들은 부도가 나서 유치장 가고 파산(신용불량자)하였으니 내 복에 이자 놀이하고 살 팔자는 아니었던 것이다.

전에 모셨던 이형남 교장 선생님께서 "이 교감은 여러 복을 타고 났어도 돈복은 없으니 탓하지 말고 있는 복이나 잘 간직하세요."라고 한 말이 실감나는 인생이었다. 신세타령을 하고 나니 가슴에 엉킨 매듭이 다소 풀린 듯하다.

그 옛날 김 삿갓은 '돈'에 대하여 어떻게 생각했을까?

> 周遊天下 皆 歡迎(주유천하 개 환영)
> 천하를 돌아다녀도 모두 너를 환영하고
> 興國 興家 勢不經(흥국 흥가 세불경)
> 나라도 집안도 흥하게 하니 네 세력이 가볍지 않구나.
> 去复 環來 來復去(거복 환래 래복거)
> 갔다가는 다시 오고 왔다가는 또 가며
> 生能 捨死 死能生(생능 사사 사능생)
> 살 자를 죽이기도 하고 죽을 자를 살리기도 하는구나.

千里行裝 付一柯(천리행장 부일가)
천 리 길 행장을 한 단장에 의지하고
餘錢七葉 尙云多(여전 칠엽 상운다)
제발 너만은 주머니 속에 깊이 있거라.

돈 싫어하는 사람이 있을까? 돈이 인생사의 진정한 목적이 아니고, 살아가는 데 유용할 뿐이라지만 돈의 위력은 지대하다. 돈은 만능열쇠이고 도깨비방망이이다. '유전 무죄, 무전 유죄'라는 말은 예나 지금이나 변함이 없는 것을 보면 알 수 있다.

흔히 원만한 직장생활의 조건으로 3박자를 갖추어야 한다고 했다. 실력, 인간관계, 성실성이라고 했는데 실력을 제외하면 배경 재물이 큰 비중을 차지하는 세상이라는 것을 내 처지에서도 깊이 실감한 적이 있다. 법정 스님이 '돈이란 우리들 마음이 평온하고 기쁨이 차 있을 때, 하는 일이 즐거울 때 자연스럽게 따라오는 에너지와 같은 것으로 돈을 수량으로 보지 말고 우주의 흐름, 에너지의 흐름으로 보아야 하며 돈을 쫓아다니지 말고 돈이 따라 오도록 해야 한다.'고 했다. 돈이란 원래 이기적이고 돈 되는 곳으로 사람들은 몰려다니며, 특성상 흐르게 되어 있다는데, 그 뜻은 수긍이 가나 당초 감을 잡을 수 없는 것은 돈을 가까이 할 계기가 없어서일까?

우리나라 속담에 '돈만 있으면 귀신도 부리며, 돈 있으면 개도 명첨지'라고 했다. 영국 속담엔 '돈은 훌륭한 하인이자 나쁜 주인'이라는 말도 있다. 돈이 인생사의 진정한 목적이 아니라고는 하지만 돈의 위상이 혼란스럽게 다가온다.

당신이 하수구 옆을 지나가다가 하수구에 500원, 1,000원, 10,000원, 50,000원, 10만 원, 100만 원 뭉칫돈을 빠뜨렸다면 각

각 돈 액수에 따라 당신의 마음은 갈팡질팡, 수수방관, 우왕좌왕, 이판사판, 자포자기, 사생결단 중 어떤 상태가 될까?

생각해 보면 마음으로는 돈을 초월한다 해도, 돈(액수)에 대한 심리적 갈등과 집착욕은 어쩔 수 없는 것이 우리의 인생인가 싶다.

어렸을 적에 돈 이야기만 나오면 "야 우리 집에서는 돈이라면 징그럽단다. 왜 그러냐 하면 우리 집 상대 할아버지께서 아주 부자였는데 동전을 모아 천장에 매달아 놓고 주무시다가 어느 날 그게 하필 머리에 떨어져 돌아가셨단다. 그래서 그 후부터 우리 집에서는 돈이 원수라 하여 가까이 하지 않아 가난한 거래."라고 말하는 친구가 있었다.

또 '옛날 부자로 살던 선조들이 적선을 할 줄 몰라 지금 후손이 가난하게 산다.'는 말도 있다. 정말 우리 선조가 돈벼락 아니면, 적선이 부족하여 내가 이 고생을 하는 걸까?

돈의 노예로 살지 말고 짐승처럼 벌어서 정승처럼 쓰라고 하는데, 어떻게 쓰는 것이 정승처럼 쓰는 것이며, 나누어 갖자고 하면 과연 쉽게 나눌 수 있을까? 난 아직 자신이 없다.

요즘 세상엔 매관매직, 남에게 눈물을 흘리게 하거나 투기로 번 더러운 돈도 죽을 때 관 속에 넣고(?) 가겠다는 사람이 많은 세상이다. 법정 스님의 유훈이 절실한 때이다.

(2009. 12. 12.)

# 하루 그리고 인생

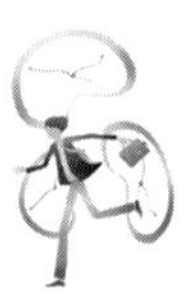

"급히 대학병원 응급실로 이송해야겠습니다."

담당의사의 다급한 소리에 정신이 아뜩해짐을 느끼며, 힘이 확 빠지는 것 같았다.

2006. 06. 06. 현충일 오후 5시경, 갑자기 열이 나고 감기가 심해져 가까운 병원을 찾았다. 휴일이라 이리저리 헤매다가 겨우 '다 사랑병원 응급실'로 갔다. '까짓 고뿔쯤이야.'라고 생각했는데 하필 휴일에 열이 심했다. 7~8명의 환자진료가 끝나고 순서가 되어 문진을 거쳐 간단한 진찰을 하더니 혈액검사를 해 보자고 했다. 2시간 정도가 지나자 보호자를 찾아서 혼자라 했더니 앰뷸런스를 대기시키라고 하면서 집으로 연락하라는 것이었다. 얼마나 위급하면 보호자를 찾고 응급차를 동원할까? 그때부터 불안감이 엄습하고 가슴이 답답해졌다. 무엇이 잘못되었는가? 마음을 가다듬고 병명이 무엇이며

어디로 가느냐고 묻자 운전사는 전북대병원 응급실로 간다고 했다. 은근히 겁이 났다.

그 와중에도 마음속으로 내 나이를 헤아려 보았다. 65세, 옛날 같으면 상노인이다. 예부터 아홉수가 위험하다고 했는데 아직 69세는 안 되었으니……. 집에 연락하니 애들이 왔다. 내 차로 응급실에 입원한 뒤부터는 몸과 마음이 쇠진하여 그저 침대에 누워 있다가, 휠체어를 타고 이리저리 끌려 다니며 검사, 촬영, 진찰을 계속했다. 얼마나 시간이 지났는지 모른다. 밤엔 양손에 수혈바늘이 꽂혔는데 아프고 감각이 무뎌졌다. 아들들이 손을 주물러 주었다.

피곤해서 잠시 눈을 붙인 뒤 비몽사몽 간에 눈을 떠보니 응급실 내 침대 주변에서 온 식구들이 걱정스럽게 나를 바라보고 있는 게 아닌가? 무엇이 어째서 무슨 병으로 그러는지 아무도 이야기해 주는 사람은 없었다.

누워 있으면서 최근 며칠 동안의 일들을 곰곰 생각해 보았다. 지난달 내 생애 처음 경사(혼사)를 치르고 그 뒤처리, 교육컨설티너(교원연수, 수업개선 지도) 위촉을 받아 활동하면서 중·고등학교에 나가 상담자원봉사활동을 했다. 그 준비, 자료작성 등으로 때로는 밤늦게까지 바쁘게 지내서 그런지 감기 증상으로 20여 일간 여기저기 시너 군데 병원을 찾은 적이 있었다. 그리고 엊그제는 종중 시제時祭에 다녀오다가 졸음이 와서 서곡공원에서 잠시 쉬었다 온 것밖에 없다.

나는 10년 전부터 고혈압 약을 복용하고 있고, 4, 5년 전부터는 당이 있어 매월 진료를 받고 투약관리를 하는데 병원에 갈 때만 되면 며칠 전부터 음식도 주의하고, 한 시간 전쯤 건지산을 돌며 혈압과 당뇨를 줄이려고 애를 쓰는 습관이 있었다. 그 말을 듣고 의사 선생님은 웃었다. 그래도 진료할 때 혈압과 당뇨가 정상이라면 마음이 안정되고 기분이 좋다.

그러나 이번만은 그냥 지나칠 일이 아닌 성싶었다. 이튿날부터는 더 바빴다. 본격적으로 혈액암 병동인 9층에 입원시켜 놓고 각종 검사와 여러 차례의 촬영을 했다. 의사들끼리 나를 뉘어놓고 무슨 의논을 하는지, 꼭 실험실에 온 것처럼 불안하고 궁금했다. 몸에 백혈구 수치가 낮다고 했다.

나도 암 환자가 된 것일까? 아니야, 그럴 리가 없어. 무슨 암 환자야? 더구나 백혈병이라니……. 갑자기 가슴이 답답해지고 머릿속에 혼란이 오더니 힘이 쫙 풀렸다. 불안이 온몸을 휘감았다. 마음이 무거워지더니 점점 모든 걱정이 사라지고 체념상태가 되었다.

입원한 지 20일, 주치의가 입을 열었다. 이젠 병이 잡혔단다. 병명[疑診]은 급성 신부전증腎不全症. 면역력 결핍으로 감염 가능한 병은 '패혈증, 재생 불능성 빈혈, 골수암…….' 등이라고 했다. 그토록 위급한 증상이라 온 가족과 친지까지 놀라게 했구나 하는 생각이 들었다.

병은 예고도 없이 왔다가 갑자기 떠나기도 하는 모양이다. 건강이 어느 정도 회복이 되니 내 병의 상태도 알 수 있구나 싶었다. 짐작건대 주치의는 독성약물로 내장을 중독시키고, 혈액순환 과정에서 백혈구 수를 떨어뜨린 것이다.(정상은 피 8,000~6,000/㎣인데 내 상태는 최하 2,700/㎣) 골수와 임파선 조직검사 결과 선천성이 아님을 알게 되고, 수혈을 계속하면서 순환과정을 정밀 검사하여, 약물로 중독된 장기를 세척하면서 치료에 임하였다고 하였다. '휴, 나도 모르게 갈 뻔했네, 그려.' 내 입속에서 터져나온 말이다.

1개월 뒤 퇴원할 때는 덕택에 비만체중이 68㎏으로 줄고 고혈압은

완전 정상(고110~저80)이어서 투약을 중지해도 좋다고 하였다. 살다 보면 몇 번은 병고로 고생한다는 말을 들었지만 나도 모르는 중병으로 한 달간 입원하면서 많은 걸 느끼고 배웠다.

사람이 태어나서 살아가는 궁극적 목적이 무엇일까. 살기 위해서 먹고 살면서 부귀영화와 권세공명을 향하여 줄달음치는 것이 아닐까. 한편 생각하면 이 모든 행보가 부질없는 욕심이며 그 욕구를 충족한 사람이 과연 행복한 사람일까 하는 생각이 들기도 한다.

사람이 나이 들면 죽음을 향해 한 발짝씩 다가가는 것이 인생행로라지만 빨리 달려갈 필요도 없고, 그렇다고 일부러 천천히 가겠다고 병실에 누워 있는 것도 결코 바라는 바는 아닐 것이다. 보통걸음으로 여기저기 구경하면서, 제 명까지 살다가 건강하게(고생 않고) 생을 마감하는 게 인생의 행복이라고 했다.

하루는 내 삶의 축소판이 아닐까? 인생이란 아침에 깨어났다가 저녁엔 잠의 늪으로 빠지는 탄생과 죽음의 술래잡기다. 그래도 아침은 기쁨이어야 하고 밤이면 나도 모르게 고이 잠들어야 한다. 하루에도 우리가 알지 못하는 사이 수십 번 생사의 갈림길을 거쳐야 한다. 그러면서도 하루가 그저 즐겁기만 하길 바라며 사는 것이 인생인 것을…….

병원에 있을 때 위암으로 입원하셨던 지인 한 분이 "인간의 평생 식사량食量은 먹는 횟수와 1회 양이 다를 뿐 모든 이가 같다고 하는데, 과식하는 자는 그 횟수가 줄 것이며, 소식하는 자는 오래오래 먹어야 하니 누가 오래 살 것인가?"라고 하셨다. 자신도 나이에 걸맞게 먹지 않아 위장병에 걸렸다며 껄껄 웃었다. 나도 약물과용 탓이라니 할 말이 없다.

요즘도 몇 달에 한 번씩 검진을 받는데 다른 데는 이상이 없는데 아직도 신부전증과 관련된 클리아틴 수치가 좀 높다고 한다. 그렇다고 너무 과민하면 좋을 게 없으니 마음 편히 지내면서 의사의 지시에 따르면 된다고 한다. '나 우물쭈물하다가 이렇게 될 줄 알았네.'라고 한 영국의 극작가 '버너드 쇼'의 묘비명을 생각해본다. 눈 크게 뜨고 정신 바짝 차리고 살아야겠다. 인간의 삶은 자체가 병상일지요, 하루가 인생의 축소판이려니 싶다.

# 추억을 정리하면서

이젠 고희古稀가 되었으니 쌓인 추억을 손질할 때가 되었다. 그러나  생각만으로는 도저히 정리할 수가 없어, 추억이 될 자료를 차분하게 정리하는 것이 좋을 것 같았다. 그 무렵 이사를 하게 되었다. 살던 아파트가 30년이나 되었으니, 새로 지은 집으로 이사하자는 성화에 못 이겨, 크기는 먼저 살던 집의 ⅔밖에 안 되는데도 분양가는 1⅔나 더 주고 이사를 했다. 이사할 때마다 웬 짐이 그리도 많은지 버리고 또 버려야 했다. 그동안 살면서 필요 없는 것들은 쓰레기로 분류하여 내놓아야 했음에도 미련 없이 버리질 못했다.

공직公職 40년의 자료들, 참고 도서들, 심지어 젊었을 때 나이 들어 한가하면 읽으려고 들여놓은 고전과 명작, 전집류들이 먼지를 둘러쓰고 누렇게 바랜 채 수북하게 쌓여 있었다. 이사할 때 제일 무거운 것이

책과 사진첩이고, 명패와 기념패, 커다란 액자들이다. 이 모두 추억의 산물이요, 귀중한 자료인데, 이제는 쓰레기로 취급되어 기증하거나 없애야 할 처지가 되었다. 아파트 어느 구석에서도 반가워 하지 않고, 처박아둘 곳도 마땅치 않다. 측은하게 여길 사람도 없다.

이제 이 추억을 하나하나 지워가야 할 처지가 되었다. 그래도 귀중하다고 생각되는 것 몇 개를 남기고 읽지 않는 책, 자랑스럽지 않은 명패, 걸 데 없는 액자를 버렸다. 책은 학교 도서실이나 가까운 도서관에 기증하고, 액자들은 내가 근무했던 학교에 찾아가 손 비비며 교무실, 교장실, 연구실에 걸어주었다. 1980~90년대에 유행처럼 번져 자리 옮길 때마다 새로 만들어 증정받은 패, 그때는 자랑스럽고 영광으로 알았던 봉황 무늬의 교감, 교장 명패, 전근 때마다 낯간지러운 문구로 조각한 대리석, 오석, 향나무, 금동 감사패, 기념패, 공로패……. 취임이나 학위 취득할 때 받은 축하패들을 골라 부수고 쪼개서 내버리는데, 그 쓰레기를 치우는 데만도 한나절을 보냈다. 사진은 또 왜 그렇게 많이 찍었던지 사진첩만 30여 권, 간직하고 싶은 추억이 담긴 그림만 추려 10권으로 만드는 데 일주일이 걸렸다.

쓰레기를 정리하다 보면 지금도 남들이 볼까 봐 가슴 설레게 하는 꿈 많았던 젊은 날의 수많은 사연과 잊혀져가는 비밀(?)들이 접힌 채 나오기도 한다. 그런 잡다한 쓰레기들을 골라내어 찢고 태우는 일도 그리 가벼운 일이 아니었다.

사람은 모두 크건 작건 비밀을 간직하고 산다. 어떨 때는 비밀이 내 가슴을 포근하게 해주고, 어떨 때는 가슴을 두근거리게도 한다. 남에게 내놓고 이야기할 수 있는 일은 비밀이 아니다. 어떤 분은 '삶을 마칠 때 빙긋이 웃으며 눈을 감는 것이 가장 행복한 마감'이라면서 그

'빙긋함 속에는 혼자만이 알고 있는 아름답던 추억과 비밀'이 있기 때문이라고 말한 바 있다.

요즘 엄연한 불법 사실을 숨기려고 컴퓨터 디스크를 지웠다고 난리인데, 그런 분들의 사무실과 서재의 쓰레기통을 뒤지면 무엇인가 단서가 나올 법하다. 원래 조심스러운 사람이 하잘 것 없는 쓰레기 처리에는 소홀하다는 말이 있다.

아파트에 이사 오신 분의 신분을 제일 먼저 파악하는 사람이 쓰레기 치우는 분이요, 그 집 속사정을 파악하는 자료가 쓰레기 속에서 나온다고 한다. 쓰레기통이 "우리 주인은 이런 고민과 갈등을 낙서하다가 구겨서 내버렸고, 약 봉지와 약병 그리고 택배 영수증도 들어 있으니 나는 알아."한다면 수긍하지 않을 수 없을 것이다. 한 술 더 떠 온 식구의 생활상, 습관, 심리적 갈등, 고민, 건강상태, 기호식품 그리고 거래처와 주고받는 선물까지 알기 마련이다.

사람들은 이러한 것들에 무관심하다가 일이 생기면 그때서야 놀란다. 인간은 사용하다가 필요 없고 값이 없다고 여겨지거나, 부패하여 악취를 풍기는 것, 원하지 않는 것을 쓰레기로 버린다. 용도폐기하거나 보존 기한 또는 유통기한이 지난 것도 쓰레기로 버린다.

인간만이 쓰레기를 만든다. 인간은 더 갖고 싶고, 더 편하고 싶으며, 더 나은 것을 찾아 발버둥친다. 더 많이 먹고, 더 움직이고, 더 많이 만든다. 그 욕심 때문에 쓰레기를 많이 생산한다. 쓰레기를 없앤다는 것은 아름다웠던 비밀과 추억은 남겨두고, 짐스럽거나 욕심이 지나쳤던 추억을 지우는 일이다.

인간도 삶을 다하면 육신은 소각(화장)하거나 폐기처분(매장)하고 시신이나 장기를 분리수거(기증)하거나 재활용한 뒤, 영혼은 조물주께 돌아가는 것이 아닐까?

나는 지금까지 추억을 간직한 이 쓰레기들을 지니고, 때로는 자랑스러워했고, 때로는 우쭐대면서 남의 눈에 건방지게 보이거나 불쾌한 인상을 주었을지도 모른다. 그러한 추억을 정리하고 나니 마음이 홀가분해진다.

추억을 정리하고 잔재를 없애고 보니 어쩐지 허전하다. 우리 사회도 추억을 정리하듯 해로운 일들을 모두 수거하여 찢고, 태우고, 부수어서 없앨 수만 있다면, 이 사회가 더 밝고 맑아지지 않을까?

(2010. 09. 14.)

# 통회痛悔

'내가 어떤 사람'인지 스스로 묻고 자신을 돌아볼 때도 있어야겠다고 생각합니다. 내가 살아가는 동안에 좀 더 바르고 옳게 살겠다고 다짐했으면서도, 생각과 마음과 행위로 죄를 많이 지었기 때문이며, 앞으로도 생각과 행위가 다른 어리석음을 범할 것이기 때문입니다.

나는 누구인가 스스로 물으라.
자신의 속 얼굴이 드러나 보일 때까지
묻고, 묻고 물어야 한다.
건성으로 묻지 말고 목소리, 속의 목소리로
귓속의 귀에 대고 간절하게 물어야 한다.

해답은 그 물음 속에 있다.

— 법정 스님의 ≪산에는 꽃이 피네≫에서

그렇습니다. 나는 누구인가를 스스로 묻고, 그 해답을 찾아야겠습니다. 사람들은 가슴을 '마음'이라고 하는데, 마음은 허파를 말하는 것일까 심장을 말하는 것일까 아니면 생각하는 뇌를 말하는 것일까? 내가 '나'이면서 내 마음을 눈으로 볼 수 없고, 만질 수도 없는데 나를 지배하려 드는 내 마음은 내 안에 있는 것일까 아니면 저 공허한 하늘에 서성이고 있는 것일까?

나는 지금까지 감정을 조절하지 못해 화를 냈거나, 핑계대고 거짓말을 했거나 필요 없는 걱정에 마음이 편치 못한 때가 많았습니다. 나의 감정을 컨트롤하지 못하고 오래오래 후회한 적이 있었지만, 그리고도 또 잘못을 범하기도 했으니, 왜 생각과 행동이 따로 노는 생활을 했던가 반추해 봅니다.

우리의 뇌는 새로운 감정을 만들어낼 수도 있고, 감정을 컨트롤할 수도 있다지만 감정을 컨트롤한다는 것은, 문제된 감정을 사라지게 하는 것이 아니고, 일어나는 몇 가닥의 감정을 어떻게 선택하느냐 하는 것입니다. 감정은 의지와 무관하게 일어나는 것이 아니라, 자신이 가진 뇌 속의 정보를 바탕으로 스스로 선택되는 것이기에, 감정을 컨트롤할 수 있는 사람에게 감정이란 두렵고 어려운 대상이 아니라고 합니다. 자제력이 있는 사람은 듣기 싫거나 억지소리를 듣지 않고, 파괴적인 감정에 휘말리지 않으며 잘 흥분하지 않고, 남을 모욕하거나 증오하지도 않기에 그런 분은 '정신적 귀마개'가 있는 분이라고 합니다.

매일 좋은 감정과 좋은 만남을 창조하기 위해 자신의 뇌에서 일어나는 감정을 직시해 보고 반추해 보면, 감정도 선택할 수 있다는 것을 깨닫게 된다고 합니다. 감정의 문제는 각 개인의 프라이버시에 관계되는 것이고 스스로 자신을 드러내는 것이기 때문에 내 생각과 상대가 생각하는 것의 괴리를 이해하고 수용하는 것이 중요할 것 같습니다. 그것만 알아도 삶에 큰 깨달음을 얻는 것일 테니까요.

결혼을 할 때 사람들은 말합니다. '변치 않고 사랑하겠다.'고. 많은 사람들 앞에서 맹세를 하지만, 시도 때도 없이 변하고, 또 변하는 마음을 아무도 눈으로 확인할 수 없습니다. 자신까지 속이는 그 마음을 변치 않게 관리할 수 있는 방법은 없을까. 그런 사람은 정말로 위대한 사람이 아닐까. 하루에도 수십 번 아니 수백 번씩 변하는 마음이지만 오늘만이라도 나는 내 마음을 지키고 싶습니다.

나는 '마음을 열고 살아야지.'하면서도 실상 마음을 닫고 삽니다. 지금까지 내 자신의 마음을 활짝 열고, 남을 대해 본 적이 얼마나 있었던가. 말로는 내 마음을 열어야 남도 마음을 열어주겠지 하면서도 별 볼일 없는 자존심 때문인가, 성격 탓인가 남이 나를 보고 어떻게 생각할까 두려웠습니다. 내 마음은 꼭 닫아놓고 상대의 마음이 열리기만 기다린 적이 있었습니다.

마음으로는 정직하자고 다짐하면서도 가끔 얕은꾀를 내기도 했습니다. 내가 얼마나 정직하게 살아왔는가 눈을 감고 생각해 봅니다.

나는 약속을 하고 나서 지키지 못하고 핑계를 찾기도 합니다. 그리고 거짓말도 했습니다. 자기를 정당화하려는 거짓말은 남을 의도적으로 속이고 있다는 죄책감에서 왜곡 편향심리를 자극하고 거짓말은 거짓말을 잉태한다는 사실을 뻔히 알면서도 잠시나마 '자신의 부정적 생각과 후회, 상실감'을 보호해야 한다는 생각으로 좌우명을 팽개치기도 했습니다.

나는 참아야 한다고 하면서 화를 내고는 마음속으로 '스트레스를 풀었다.'고 자위합니다. 옛 잠언에 '어리석은 자는 화怒를 드러내고 지혜로운 자는 화怒를 억제할 줄 안다.'고 했지만 그것이 맘대로 된다면 성인군자라고 핑계를 댔습니다.

화와 비관이야말로 제일 먼저 극복해야 할 적敵이기에 마지막 순간까지 낙관주의를 잃지 않으려고 노력하지 않으면 최악의 비관주의가 조금씩 현실로 나타나기 때문에 서로 믿고 기대하고, 웃으며 살도록 노력해야 한다고 했습니다. 최악의 상황에서도 희망찬 미래의 끈을 놓지 않으려는 노력이야말로 인간을 다시 일어서게 할 수 있는 힘이기 때문이며, 긍정적 낙관주의는 항상 우리에게 새롭게 시작할 수 있는 용기를 심어주고 나아갈 방향을 분명하게 제시해주기 때문입니다. 나는 솔직하지 못하고 위선적이며 오락가락 줏대가 없습니다.

나는 흔들리고 괴로워하면서 여기까지 왔습니다. 남을 용서하지 못하고 이해하지 못하고 비판하고 미워했습니다. 왜 그리 마음의 문을 닫아걸고 더 사랑하지 않고 더 베풀지 못했는지. 서로 아끼고 사랑해도 짧고 짧은 허망한 세월인 것을. 미워하고 싸워 봐야 서로 마음에 상처만 깊이 담고 갈 텐데. 채울 때 적당함이 없고 먹을 때 그만이 없습니다. 우리네 욕심은 한도 끝도 없다지만, 내 마음 내 분수를 적당한 그릇에 담고 행복이라 느끼며 살아야겠습니다.

인생을 살면서 동화 속 주인공같이, 연속극 스토리같이 사는 것이 내 최대 행복한 삶인 것으로 착각했습니다. 그러나 나누지 못한 삶을 살지라도 지금 누군가를 만날 수 있음에 감사하고 웃음을 안겨줄 수 있는 고향 같은 포근한 친구가 있기에 오늘도 행복한 미소를 지어봅니다. 어진 사람은 캐묻지 않고 일정한 거리를 둔다고 하니 상대의 승낙 없이 프라이버시를 침해해서는 안 되고, 침묵의 권리를 존중하며, 알고 싶은 것을 캐묻지 않고 기다릴 줄 아는 여유가 필요하다고 합니다. 수용과 존중을 해주는 사람 앞에서는 자신을 드러내게 된다고 합니다.

마음속의 게으름, 안일, 불신, 원망, 거짓은 퇴출시키고 감사, 열정, 사랑, 희망, 자신감을 키워야겠다고 다짐하면서 잘못된 마음은 버리고 새 마음을 품어야겠습니다. 마음의 쓰레기를 버리지 않으면 인생사에 많은 문제가 파생할 테니까. 인생길 가다 보면 서로 만나 웃기도 하고 울기도 하고 그러면서 사는 거지. 그래서 오늘은 이렇게 청개구리로 살며, 통회하면서 또 내일을 품고 있습니다.

(2010. 01. 25.)

3부

# 풋고추 절이 김치

# 풋고추 절이 김치

"엄마, 저 왔어요!"

환하게 웃으며 들어오는 며느리로 인해 집안 분위기가 확 달라진다. 지금까지 우리 집엔 아들만 셋, 모두가 사내들이라 다정다감한 온기를 느낄 수가 없었다. 날만 새면 왁자지껄, 우당탕탕, 몰려다니며 집 안을 아수라장으로 만들었다. 심한 개구쟁이다 보니 아무리 주의를 주고 야단쳐도 순간뿐이다.

아이들이 커 가면서 사내들의 방은 항상 난장판이었다. 대화 한 마디 없이 방문을 닫고, 무얼 하는지 들어갔다가는 후다닥 뛰쳐나간다. 아내는 혼잣말로 투덜대거나 짜증을 내면서 온종일 청소하고 정리 정돈하느라 정신없이 시간을 보낸다, 하숙생 같은 식구들의 교통정리는 항상 아내의 몫이었다.

그러다 아이들의 나이가 드니, 저마다 일거리를 따라 떠나버리고 텅 빈 방만 남았다. 적막한 방에 아이들이 돌아오면 화기가 돌다가 며칠 지나면 또 침묵만이 흐른다. 이렇게 20년을 지낸 우리 집에 새로운 기운이 돌게 된 것은 금쪽같은, 딸 같은 며느리를 맞이하면서부터다.

아들이 서울에 있으면서 결혼을 했다. 서울에서 살던 아들이 연고지를 따라 전주로 직장을 옮기면서 아들 내외는 주말부부로 견우와 직녀가 되었다.

며느리는 참 상냥하고 애교가 많다. 멀리 떨어져 있지만 문안 전화도 자주하고 '어머니', '엄마!'하는 소리가 스스럼없이 나온다. 그 소리가 그렇게 듣고 싶었는지 며느리 전화만 오면 아내는 목소리부터 변한다.

내성적이고 말이 적은 아내는 마음은 있지만 용기가 없어 밖으로 표현을 못하는 편이다. 그런데 상냥하고 정이 넘치는 며느리의 성품에 아내는 마음의 문을 활짝 열고 며느리와 죽이 척척 맞게 대화를 한다. '풋고추와 절이 김치' 같다. 며느리가 저리도 좋을까, 도대체 무슨 말을 저렇게 주고받는 것일까?

며느리의 전화가 없으면, 몹시 궁금해 하다가는 무슨 구실이라도 만들어 먼저 전화를 건다. 통화를 하고 나서야 마음의 평화를 찾는 것 같다. 며느리로 인해 우리 집 분위기는 확 달라졌다. 며느리 사랑은 시아버지라는데 우리 집은 반대다.

아들이 서울로 올라가는 날에는 아내는 어김없이 내 눈치를 살핀다. 며느리에게 가고 싶어서다. 미리미리 시장을 보고 잠을 설치면서까지 좋아하는 반찬을 만들어 놓는다. 서울에 가면 머리도 말끔해지고 마음이 홀가분해지며 즐겁다고 하니 할 말이 없다.

여자들이 친정에 가면 무엇이든 물어온다는 말은 들어봤지만, 시어머니가 며느리 집에 가면서 무얼 그리 바리바리 챙기는지. 친정어머니인가, 시어머니인가 헷갈릴 때가 있다.

며느리가 내려오는 주말엔 더 바쁘다. 반찬 준비하랴, 쇼핑계획 세우랴, 좋은 곳으로 나갈 준비하랴, 색다른 외식거리 찾으랴. 내 자가용도 덩달아 바쁘다.

오늘은 아내가 유달리 바삐 서둔다. 무엇을 하는지 살그머니 주방을 곁눈질해 보니 요리책까지 이리 폈다 저리 폈다 하면서 식혜를 만드는 것 같다. 지난번 며느리가 왔을 때 식혜가 먹고 싶다고 했던 말이 생각난다. 그렇다고 무슨 생각을 저리 하며 혼자 중얼대며 바쁘게 서두는 것일까?

요즘 여자들은 '시'자 들어간 시금치도 안 먹는다는데 우리 며느리는 친정이 지척지간인데도 특별한 경우가 아니면 친정 부모를 뵙고 오라고 해도 가는 일이 드물다. 시댁이 친정보다 편하다는 것이다.

사람은 '주는 정 받는 정, 가는 정 오는 정'이라더니 한 사람이 온 식구를 즐겁게 해주는 건 무슨 정일까?

며느리 식성은 나와 비슷하다. 내가 좋아하는 음식을 즐겨 먹고 가끔 준비도 해온다. 이것저것 가리지 않고 먹는 것도 닮았다. 잘 먹는데 몸매가 간들간들하고 약해 보인다. 가끔 저 몸매로 손자 하나 안겨 줄 수 있을까 은근히 걱정이 된다. 이번에 내려오면 내가 선수를 쳐서 맛있는 외식을 해야겠다.

"엄마, 저 잘 도착했어요."

며느리 도착 소식에 아내는 또다시 상냥한 여인이 된다. 마치 연애를 하는 사람 같기도 하다. 다정다감하게, 때론 소곤소곤 통화를 하다가는 흐드러지게 웃는 걸 보면 희한하다. 헤어진 지 얼마나 되었다고 무슨 비밀 이야기가 저리도 많은가. 고부간에 저리도 할 말이 많을까. 전화만 오면 그저 즐거워하는 아내다. 시어머니 생긴 조왕에 며느리가 생긴다더니 며느리 생각에 푹 빠져 있던 아내가 이번 모임에 가서는 남들처럼 며느리 자랑 좀 해야겠다고 연습을 한다. 친구들이 모였다 하면 며느리, 딸, 사위의 별별 자랑과 험담을 다 하지만 듣는 편이고, 말을 한 적이 거의 없기 때문이란다. 막상 입을 열려니 틈을 주지 않아 자랑을 한 마디도 못했단다.

아내는 40여 년을 살아온 나에겐 그렇게 다정다감하게 대해 준 기억이 없다. 우리가 젊었던 시절에는 그저 먹고 살기 바빠서, 무지개 같은 꿈과 재미있는 프로그램을 펼칠 기회도 없었다. 아내의 꽁꽁 얼어붙은 마음을 헤아리지 못한 내 탓이 클 것이다.

나이가 들면, 아내는 남편에게 못다 한 사랑을 자식에게 준다던가. 아내가 며느리에게 주는 사랑은 아마 젊은 시절 나에게 지녔던 '사랑과 정성'을 이제야 간접적으로 표출하는 것이려니 싶다. 그렇게 생각하니 내 마음도 한결 편해진다.

아내와 며느리가 만나 하는 말과 행동을 보면서 아들과 나는 사사건건 시비를 걸며 고부간에 이간질을 하려고 안간힘을 쓰지만 아내와 며느리는 장난기 어린 농담으로 받아들인다.

"에이, 오빠는! 왜 그래!"

"놀부 노릇 좀 어지간히 해요."

이런 아내와 며느리의 관계가 '풋고추 절이 김치'처럼 오래오래 변함없기를 바랄 따름이다. 이것이 놀부 부자가 바라는 마음인가.

(2009. 02. 15.)

# 기다림

오늘이 어머니 기일이다. 언제나 기다림에 지쳐 한숨만 쉬시던 어머니를 찾아 큰집으로 향하는 버스를 타려고 정류장을 향해 가는 길이다.

머리를 스치는 어머니의 모습이 오늘따라 뚜렷한 영상으로 떠오른다. '어머니'를 떠올릴 때면 으레 어머니의 한숨소리가 귓가에 맴돈다.

첫 딸을 고이 길러 결혼을 시켰더니, 얼마 안 되어 만주 간도로 이민을 가버리고, 그 뒤에 38선이 가로막혔다. 6·25가 터지고 기다리던 소식이 끊긴 지 어언 40년……. 죽었는지 살았는지 소식도 없는 딸은 맨 먼저 어머니의 가슴에 못을 박았다.

그 후 의지하고 살던 지아비마저 전쟁 후 창궐한 전염병으로 병사하고, 대학 다닌다고 얼굴 맞대기조차 어렵던 큰아들은 졸업을 앞두고 최전선 포화 속 연기가 멈출 무렵, 당시에 누구나 두려워하며 임관을 회피하는 '하루살이 소위'가 되어 간 뒤 소식마저 끊겼다.

들리는 소리라곤 '총알이 새 소위, 새 소위 하며 날아다닌다.'는 소식뿐. 기다림에 지치고 지쳐, 이제는 모습도 기억에서 가물거린다고 되뇌던 어머니. 허전함을 달래려는 듯 불혹에 얻은 막둥이를 옆에 꼭 끼고 밭일을 하다가 먼 산에 꿩 날아가는 소리만 들려도 깜짝 놀라 일어서서 주위를 살피며 일어서곤 하셨다. 우편배달부의 자전거 소리만 들려도 혹시나 하며 언덕배기를 넘어 멀리 보이지 않을 때까지 고개를 돌리지 못하시던 어머니. 그 기다림을 누가 가늠할 수 있으랴. 약속도 없고, 기약도 없는 기다림. 기다림에 지친 한을 풀기라도 하듯 가끔 먼 산을 바라보고 눈물을 훔치며 멍하니 서 계셨다. 그럴 때 엄마의 치마끈을 잡아당기면 신경질만 내시던 모습 때문에 내 마음은 짜증으로 얼룩졌었다.

엄마의 마음엔 '오늘에나 무슨 소식이 있을까? 언제 전쟁은 끝나나, 어떻게든 살아만 있어 다오. 언젠가는 만나겠지.'하는 간절한 소망과 함께 스스로를 위로하며 세상을 사셨던 것 같다.

내가 성인이 되어 대학시험을 보고 나오는 자식을 기다리면서야 어렴풋이 그때 엄마 심정을 더듬을 수 있었다.

기다림은 늘 마음을 설레게 하고 고뇌와 사색과 상념을 동반한다.

그때를 생각하며 걷다 보니 버스정류장에 도착했다. 이미 몇 사람이 있었으나 서로 눈도 마주치지 않고 말없이 기다린다. 너나 할 것 없이 초조한 듯 시계를 보고 있다. 옆의 젊은이는 약속시간이 지났나 보다. 핸드폰을 꺼내 전화를 거는 둥 바쁘다. 안절부절못하는 것을 보니 연인을 기다리는 것 같다. 택시가 저쪽에서 오고 있다. 젊은이가 급히 손을 들었으나 그냥 휙~지나가 버린다. 젊은이의 마음은 어떠했을까. 그 택시도 예약이 있거나 급한 용무가 있는 거겠지.

시계를 자꾸 들여다보지만 차는 오지 않고 시간만 흐른다. 차가 한 번 거르는 것일까, 오다가 경미한 사고로 지체되는 것일까, 내가 도착하기 전에 이미 지나가 버린 것일까. 이런저런 궁리를 하는데 멀리서 차가 온다. '이제야 오는구나.' 안도의 숨을 몰아쉬었지만, 점점 가까이 오는 걸 보니 관광버스다. 옆에 있던 학생도 서성이고 있다.

학창 시절 시험 보러 가는 날, 기차가 연착하여 가슴 졸이며 서성대던 생각이 난다. 시간은 자꾸 가는데 차는 오지 않고……. 신작로로 나와서 지나가는 차를 붙잡고 사정을 했지만, 모두 거절당했다. 어쩔 수 없이 지나가는 트럭에 매달려 통사정을 했지만 사정없이 손을 떼어 내는 바람에 달리는 차에서 떨어져 무릎과 팔에 상처를 입은 적도 있었다. 그때를 생각하면 인정사정없는 운전수와 겁 없는 소년이었던 것 같다.

구급차가 앵~~소리를 내며 쏜살같이 지나간다. 급한 환자가 탔겠지, 그 환자는 얼마나 애타게 기다리다 가까스로 온 구급차를 타고 병원으로 가는 중일까?

내가 탈 차는 왜 아직도 오지 않는 것일까. 애타게 기다리던 기회가 오지 않았던 때처럼 애타는 심정으로 나는 아직도 정류장에서 버스를 기다리고 서 있다.

만날 수 있는 기다림, 만날 수 없는 기다림, 이 모든 기다림은 결국 기다리다, 기다리다 마음속에 묻어야 할 기다림인지도 모른다. 그래서 기다림엔 매력이 있는지도 모른다. 그래서 기다림은 마음을 설레게 하고 접을 수 없는 것인가 보다.

기다림이 있는 곳에 꿈과 희망이 있고 평온이 있다. 누군가를 평생 기다리다 생을 마감한다면 그 또한 행복을 품고 갈 수 있겠지. 그 기다림 속에는, 연인이나 가족, 친구도 있으리라.

사람들은 '만나면 마음을 편안하게 해주는 사람을 기다린다.'고 한다. 기다림 속엔 꿈이 있고 이야기가 있고, 그리고 그 마음속엔 그림자가 있다. 인생사는 마냥 기다리고 기다리는 기다림의 연속이다. 기다림 속에서 살아가는 것이 인생인 것 같다.

(2010. 03. 21.陰.02.06.)

# 못난이 삼 형제

신혼 때 아내와 같이 쇼핑을 나갔다가 소품점에서 '못난이 삼 형제' 인형을 샀다. 인형이 귀엽다거나 꼭 쓸모가 있어서 욕심냈던 것은 아니다. 세 인형 모두 사내아인데 개구쟁이 같고 얼굴은 깨 곰보며, 주먹코여서 우스꽝스런 몰골이었다. 당시 우리가 살던 셋방에는 그 인형을 진열해 놓을 만한 공간도 없었다. 그저 사다가 높은 책장 옆구리에 놓아두었다. 툭하면 인형이 방바닥으로 떨어지니, 좁지만 아내 경대 한쪽에 진열해 놓았던 기억도 있다.

직장을 옮겨 다니고, 쫓기듯 셋방살이 이사를 자주 하는 바람에 그 못난이 삼 형제는 언제 어디서 없어졌는지 기억도 나지 않는다. 그러는 사이 우리 집에는 진짜 못난이 삼 형제가 태어났다. 옛 속담에 한

뱃속에서 태어났어도 아롱이다롱이라고 했던가? 사내아이들은 나면서부터 말썽꾸러기였다. 겨우 기어 다닐 때부터 틈만 나면 어디로 기어가서 물건을 뒤집어놓고, 때로는 틈새에 끼어 낑낑거리며 울고, 올라갈 곳만 있으면 잡고 올라가다 쿵하고 떨어져서 울었다. 조금 더 자라자, 연년생끼리 꼭 달라붙어서 이리저리 헤매고 다니다가 일을 저지르고는 혼날까 봐 서로 손가락질을 하며 일렀다.

좀 나이가 들자 꼭 붙어 다니고, 따라다니면서 여차하면 한쪽을 울렸다. 누가 잘못했는지 판가름할 수 없다. 애들은 싸우면서 큰다더니 학교에 다니면서부터는 형 말이 부모 말보다 더 위력이 있을 때도 있었다. 그래도 천방지축 어질러 놓고 부수고 엎어놓는 것은 마찬가지였다. 어질러 놓은 물건을 다 치우려면 한나절이 걸렸다.

큰애는 1972년도 11월 유신헌법에 대한 국민투표를 하던 날에 난산難産으로 태어나 엄마를 근 한 달 동안이나 입원하게 했다. 자라면서 말이 늦고 너무 순해서 걱정했더니 말보다 글에 관심이 많아 네댓 살쯤 되어 글자에 관심을 갖더니, 간판 이름도 묻고 책을 보고 읽으려 해서 기특하게 생각했었다. 그런데 어느새 그림책을 읽고 나중에는 어설프지만 독후감도 쓰며, 그림일기도 쓰기 시작하였다. 식구들은 신동 하나 낳았다며 은근히 기뻐했다.

학교에 들어가서도 성적이 좋았다. 그런데 한 가지 더 특기가 생긴 것은 틈만 나면 만화를 그려 만화책도 만들었다. 창의적이거나 줄거리 있는 것은 아니고 그저 제가 좋아하는 만화 주인공 서넛을 선정하여 복사하듯 그려서 서로 대결시키는 내용이었지만, 그림도 잘 그려 교내는 물론 전라북도, 전국 대회에 가서 입상한 적이 있어 담임과 가족을 기쁘게 했다. 자라면서 공부도 열심히 해서 최우수상 아니면 우등상을 받아왔다. 그리고 고등학교에 들어가서는 영재 반에 편성되어 기대가 컸는데, 고등학교 2학년 후반기에 들어서면서 성적이 하향곡선을 그었다. 그 까닭을 알려고 했으나 원래 말수가 적고 내성적이라 통 입을 열지 않았다. 사춘기 청소년에게 너무 윽박지르면 안 된다기에 우선 적당히 훈계하고 말았다. 왜 그랬을까? 지금도 궁금하다. 그 뒤 지방 국립대학을 졸업했지만, 전공도 진로개척도 실망적이었다. 학창 시절의 기대가 물거품이 된 것도, 정체성을 잃은 것도 운명이겠거니 하고 체념했지만 아직도 아쉽다.

둘째 아들은 연년생으로 1974년 1월 우리 부부의 결혼 3주년 기념일에 낳았다. 출생연월일시가 호랑이 3개가 겹쳤다 해서 작명에 어려움이 많아 몇 군데를 돌고 돌아 지었다. 어려서부터 유달리 호기심이 많아 이것저것 만지고 일을 저지르기도 하였다. 어떤 때는 엎어놓은 항아리 속을 들여다보려고 목을 디밀었다가 끼어서 놀라는 등 성깔이 급해 울기도 잘했다. 좀 커서는 의협심이 많아 차를 타려고 열을 지어서 있는 곳에서 새치기를 하는 어른을 발견하고, 쫓아가 끌어내다가 나를 망신시킨 적도 있었다. 욕심도 많아 멋있고 눈에 드는 것이 있으면 사달라고 떼를 쓰기 일쑤라 많은 애를 먹었다.

형이 1학년에 입학한 뒤 교실까지 따라다니다가 감기로 결석하자, 몰래 가방을 둘러메고 형 자리에 앉았다가 애들이 놀려대니 교단으로 도망가다가 우당탕 넘어져 웃겼다며 선생님이 내 앞으로 데려오기도 했다. 1학년에 들어가서는 이름도 거꾸로 쓰고, 받아쓰기에 빵점을 맞고 입을 쩍 벌리며 손가락을 아래에 대고 자랑하는 철부지였다. 생각보다 말과 행동이 먼저 오는 것 같아 좀 불안했지만 활발한 성격, 욕심 많고 의욕이 충만한 점은 맘에 들었다.

초등학교 때 전교 어린이회장 후보로 나가 소견발표장에서 슬리퍼를 벗어 쾅! 연단을 때리며 '이 신발이 다 닳도록 최선을 다해 뛰겠다.'고 해서 폭소로 인기를 얻어 당선된 바도 있다.

특출하진 못해도 평범한 둘째는 제 꿈을 이루고 있다. 평소 법관이나 신문 기자가 되겠다고 큰소리를 치면서, 신문방송학과를 지원하였으나 낙방하고 법대를 나와, 기어코 신문사 기자를 거쳐 현재는 방송국 기자로 있으니 큰소리 값을 한 편이다.

셋째 아들은 1978년 11월 연구학교 공개발표 날 낳았다. 아내가 산통이 시작되었다고 해서 안절부절못하고 있었다. 더구나 그날은 전주시내 학교로 와서 모처럼 연구학교 연구주임이 되어 공개보고회를 하는 날이었다. 준비는 했지만 어떻게 보고회를 가졌는지 정신없이 치르고 황급히 병원에 갔더니 막 출산한 아기가 울지를 않는다고 하였다. 내가 아기 궁둥이를 때리자 간호사 얼굴에 오줌줄기를 뿜어냈다. 오줌벼락을 맞은 간호사는 기겁을 하고 의사와 나는 웃음보를 터뜨렸으며 아기는 '응애'하고 울었다.

막둥이는 역시 귀여운 것일까? 형제간의 나이 차가 있어서인지 커가면서 사랑을 독차지하며 형들의 보살핌을 받았다. 꼬마 인형같이 예쁘고 귀여웠으나 공부는 아예 신경을 쓰지 않았다. 학창 시절 형편없는 성적으로 꼬맹이 소리를 듣고 울먹이며 걱정스런 학창 시절을 보냈는데, 그래도 고교 시절 선생님들에게 인정을 받아 늦게나마 특기를 찾아 영문학을 전공하더니 전공을 살려 외국계 회사에 근무하고 있다.

'못난이 삼 형제'는 이름대로 정말 못난이 삼 형제답게 자랄 때부터 천방지축이었다. 개성이나 성격도 다르고 공부하는 것도 판이했다. 삼 형제를 키우면서 수월성 발양도 중요하지만, 각자 자아정체성을 찾고 긍정적 자아개념을 길러주어 건전하고 튼튼한 심신을 갖도록 하는 것이 더 중요하다는 것을 느꼈다.

(이 글은 '못난이 삼 형제 출생과 성장자료'로 남기고 싶어 썼다.)

(2010. 10. 21.)

- 유신헌법 투표하던 날

(壬子年辛亥月丙辰日丁酉時 陰:1972.10.16. 陽:11.21.)

- 우리 결혼 3주기 날

(甲寅年丙寅月丙寅日戊戌時 陰:1974.01.03. 陽:01.25.)

- 연구학교 공개 발표 날

(戊午年癸亥月壬午日癸酉時 陰:1978.10.28. 陽:11.28.)

# 조강지절糟糠之節

늦은 여름 불볕더위 속에서 비지땀을 쏟으며 반백이 된 여인과 소년이 가마니를 이고, 지고 철교를 건너가고 있었다.

그때 저 멀리서 기적 소리 요란한 화물열차가 달려오고 있는데, 다리를 다 건너려면 아직도 수십 개의 침목을 더 건너야 한다. 두 사람은 당황하여 어쩔 줄을 모르고 마음만 바쁘지 발길은 떨리고, 비틀비틀 엉금엉금 헛발을 디뎌 금방 까마득한 다리 아래로 내동댕이칠 것 같은 위기에 정신없이 침목을 건너뛰어 땅에 발을 딛고 짐을 내동댕이치는 순간, 요란한 기적소리와 함께 기차는 지나갔다.

그 무렵 일요일이면 예외 없이 어머니와 나는 집에서 삼십 리(13㎞)가 넘는 익산시까지 날 새워 짠 가마니를 이고 지고 철길을 따라 팔러

다녔다. 그때 그 철길 다리를 나는 가끔 눈여겨봐 왔다. 임피역에서 오산역 중간쯤에 꽤 긴 다리가 두 개쯤 있었던 걸로 기억된다.

위험한 데도 철길을 따라 간 것은 양쪽 들판에서 타작하는 분들이 가마니를 찾기도 하고, 가장 빠른 길이었기 때문이다. 이고 지고 간 가마니를 다 팔고 나면, 허리띠를 졸라매고, 알사탕 몇 알, 엿가락 두어 개로 굶주림을 달래며 집에까지 걸어왔다. 그래야 칼국수로 배를 채우고, 학용품 살 돈도 생겼다. 그 시절을 생각하면 가장 생각나는 분이 어머니시다.

어머니는 1900년에 성산면 도암리(창감) 평강채씨 상철相哲옹의 2녀로, 이름은 양례良禮,良女다. 자녀들을 일본 와세다 대학에 유학시킬 정도로 풍요로운 가정에서 자랐고 인근에서는 소문난 아담하고 예쁜 아기씨로 20세 때, 이웃마을에 사는 유학자인 전주이씨, 익안대군 17세손 헌제憲濟옹의 장손으로 한 살 아래인 내자 우자來佑, 忠來이신 아버지와 혼인하셨다. 당시 증조부께서는 연제문인淵濟文人으로, 인근 향교와 서원에서는 모르는 분이 없을 정도로, 호마胡馬 잡히시고, 문장가요 호방한 성격에, 고집 세고, 성질이 급한 분이셨다고 한다.

당시 당쟁과 서원 철폐의 난세 속에서, 문벌과 유생들 간의 알력과 일제에 항거한 독립투사[郡誌,鄉校誌 參照]로, 퇴폐한 관리[縣監]와의 불화가 겹쳐 수차례 옥고를 치르고 보석으로 풀려나, 이미 가산은 탕진되고, 가세가 기울던 때였다.

내가 철들 무렵쯤엔 우리 집은 가난에 쪼들리고 있었다. 논 세 마지기, 손바닥만 한 텃밭, 물려받은 산이 서너 군데 있었다고 하나 칠순 시아버지를 모시고, 학구열에 불타 고학하는 큰아들과 고사리 같은 딸 둘, 그리고 막내, 모두 여섯 식구가 살기에는 버거웠다. 온 가족이 어머니의 치맛자락만 당기고 있었으니, 생계를 혼자 책임지셨던 것이다.

당시 식생활은 쌀겨, 보릿겨, 술 찌꺼기, 쑥, 자운영과 나무껍질을 먹던 조강지절이 얼마간이었던가. 명문가 종손이라지만 이름뿐. 형님은 고학하느라 집 안에서 뵙기 힘들었고, 누나와 나를 학교 다니게 한 교육열이 대단했던 우리 어머니, 열 살 무렵 아버지께서 돌아가시고 쉰 살 넘은 어머니 혼자 칠순 시아버지를 비롯하여 여섯 식구를 책임지고 있었으니 오죽했으랴. 어머니는 친정집을 자주 드나들었다. 임피 읍내를 지나 덜컥 다리 너머, 논틀 밭틀 산 고갯길을 몇 개 넘어서야 외갓집에 갈 수 있었는데도 쉬어간 기억이 없다. 지금 생각해 보니 군산과는 가까운 곳이었다.

외가는 그때도 부자였다. 그곳에 가면 쌀밥을 먹을 수 있고, 누룽지와 과일 등 모든 것이 풍성했다. 집에 돌아올 때는 아무리 멀고 무거워도 몇 보따리를 이고 지고 왔으며, 어느 때는 짚을 산더미만큼 이고 와서 밤새워 새끼 꼬고 가마니도 짰다. 누나들은 새벽과 오후 늦게 이십 리가 넘는 김제 청하 갯벌까지 걸어가서 해초를 뜯어오고, 쑥과 쌀겨를 섞어 죽을 쑤어 먹었다. 양조장에서 얻어온 쇠자라기(소주찌꺼기)를 달여 먹고, 벌겋게 취한 채 흔들거리며 학교에 가던 때도 있었다.

지금 생각하면 흙과 모래가 섞인 겨를 쑥과 섞어 개떡을 쪄먹고 어떻게 살았던가? 그렇게 어려웠던 길고 긴 보릿고개를 어떻게 넘어왔던가? 아스라하다.

배고픔은 나라님도 어쩔 수 없었던 것 같다. ≪세종실록≫에 보면 '친경한다고 소 끌고 밭 갈다가 비가 쏟아지자 배고픔을 못 견뎌 밭 갈던 소를 잡아 국 끓여 먹었다.'는 일화도 있다. 어머니는 42세에 완전 늦둥이인 나를 낳으시고 천연두를 앓아 생사의 갈림길을 헤매셨고, 그 고운 얼굴까지 험해지셨다. 그래서 젖 한 번 물려보지 못했다고 한탄하시며 항상 곁에 두고 어디든 데리고 다니셨다.

아버지께서는 6·25직후 내가 열 살 될 무렵 서해안을 휩쓴 장질부사로 돌아가셨다. 얼굴도 모르는 큰누나는 나를 낳을 무렵 결혼해 만주 간도로 이민 가셨으며, 형님과 나는 띠 동갑으로 열두 살 차이다.

그래도 어머니는 우리에겐 일보다는 공부를! 실망할 땐 용기를! 가풍을 강조하시며 "창감 댁 아들 공부 잘한다."는 동네 사람들의 칭찬을 들으면 며칠이고 밥 안 먹어도 저절로 배가 부르다고 하셨다. 어머니의 마음고생이 많으셨으리라.

먼 이국땅에서 생사를 모르는 큰딸, 자식들을 못 먹이고 못 가르치는 괴로움, 가세가 기울자 엎친 데 덮친다고 먼저 떠난 지아비, 지난 일을 돌아보며 자식과 며느리 그리고 손자들의 효성을 가까이 할 즈음엔, 연로하여 그 재롱을 보기도 전에 가셨으니 더욱 그립다. 지금쯤, 그렇게 홀어미가 키운 자식, 손자들을 어떤 모습으로 그려보고 계실까? 오늘날 풍요로움을 즐기는 후손들은 그 시절 그 이야기는 전혀 실감하지도 못하고 생각하지도 않으려 든다. 그때 생각을 더듬는 나도 이젠 많이 늙었나 보다.

옷소매를 잡고 눈물바람 하시던 어머니를 뿌리치고 전국 무전여행을 떠났던 일, 총각 때 자취집에 오셔서 하루 내내 혼자 계시도록 하고, 늦게까지 동료와 어울리다 들어왔던 일, 고운 신식 며느리를 얻었다고 좋아하셨건만 흡족하고 즐겁게 모셔보지 못한 한恨, 그리고 또, 또, 이 모든 것이 조강지절의 회상곡일까, 덧없는 사모곡일까.

(2009. 03. 25.)

# 플러스 기념일

사람은 태어나서 생을 마감할 때까지 세 번의 기념일이 있다. 이는 마음대로 날을 정할 수 없고 조물주가 점지해 주시는 것이니 탄생, 결혼, 죽음이 그것이다. 이 모두 현대문명에서는 조절할 수 있다고 하나 사람 마음대로 정확한 시각까지 정할 수는 없는 것이며 특별한 경우가 아니면 자연에 맡길 따름이지, 조절하는 일은 드물다.

자기의 결혼일은 몰라도 생일, 죽는 날을 미리 예측하며 살아간다면 어떠한 일들이 일어날까? 우리는 흔히 생일을 귀빠진 날이라고 한다.

내가 어릴 때는 의식주 해결에 급급할 때라 잘하면 죽 대신 보리밥이라도 먹는 날이 생일날이었다. 내 생일날은 왜 그리 춥고 눈도 많이 내렸는지. 내 생일날은 가끔 공휴일이었다. 조물주가 내 생일날을 공휴

일로 만들어주었나? 지금 생각하니 겨울방학 중이었고 성탄절 무렵이라 가끔 교회에 찾아가 재수 좋으면 눈깔사탕이나 떡을 얻어먹고 잘 알아듣지 못했지만 목사님 말씀을 듣고 찬송가를 부르고 왔던 기억이 난다. 생일날이 성탄절이었던 것 같다.(지금도 양력 12월 25일과 겹친다.)

일반적으로 어릴 때 생일은 부모님이 알아서 챙겨준다. 철모르는 꼬마는 뭐 사 달라, 뭐 해 달라, 보채고 졸라대기도 하지만 철이 들면서는 은근히 기다리는 날이다. 어떤 선물들을 줄까. 성인이 되면 스스로 생일을 기념한다. 그때도 부모님은 자식들 생일을 잊지 않는다. 자녀는 그걸 아는지 모르는지, 결혼하면 자기들 부부의 생일 축하하기 바쁘고, 자녀를 낳으면 자녀 챙겨주느라고 부모님 생신 챙기는 것은 뒷전이 된다.

결혼기념일은 처음엔 형제자매, 부모님의 축하도 받으나, 세월이 지나면 당사자 외엔 점차 잊혀진다. 세월이 가면서는 자녀들이 기억해 주기도 하겠지만, 생활 여유가 있는 가정에서는 여행을 가기도 한다. 제사일[忌日]이야 누가 알랴. 그날을 자식들은 기억해 주겠지 하는 기대 속에서 살아간다. 그 외에도 우리에겐 일 년에 몇 번의 명절과 석탄일, 성탄절이 있는데 우리 가정엔 이런 날과 교묘하게 겹치는 기념일이 있어 소홀하게 되거나, 겹경사 축하를 받는다. 우선 내 생일이 성탄절과 겹치고, 부친 기일이 석탄일과 겹치는데 어떤 면에서는 기분 좋고 편리하다.

우리 둘째 애는 기념일에 불평(?)이 많을 것이라 생각된다. 제 생일은 부모 결혼기념일과 겹치고, 며느리 생일은 추석날과 겹치며, 저희들 결혼기념일은 어버이날과 겹친다. 생일, 결혼기념일, 기일, 명절이 겹치는 '플러스 기념일'이 된 것이다. 집안 행사에 묻혀야 하나, 축하받아야 하나, 이것도 조물주가 점지해 주신 일이겠지. 어렸을 적에는 제 생일이 부모 결혼기념일과 겹친 줄도 모르고, 그날만 되면 케이크도 있고, 외식도 하고, 잘하면 여행도 가고, 하면서 그걸 모두 '생일축하'라고 해서 그저 좋기만 했겠지만, 요즘엔 '어쩌다 생일, 결혼기념일이 어른들을 모셔야 하는 날이 되었나? 어른들 챙겨드리고, 명절 보내고 나면 우리는 뭐람?' 하겠지.

그래서 금년엔 아내와 뜻을 모아 두 사람의 생일과 결혼기념일을 축하해 주기로 했다. 케이크와 선물도 준비했다. 그들의 생일을 축하하는 것인지, 우리 부부가 즐기는 것인지 알 수 없었지만 화기애애한 시간이 되었다.

"야 너희들 결혼기념일 여행 어디로 갈 거니? 축하하는 의미에서 우리도 동행할까?"하고 슬쩍 떠 보면 '어이구, 주책이야. 어버이날이니 그냥 있을 수도 없고, 속 터져. 끼어 드려야지 어째, 우리끼리 허니문은 물 건너갔구나.' 하겠지.

요즘엔 갈수록 숭조사상도 쇠퇴되고 있다. 어떤 친구는 조상들 기일을 없애고 명절 때 차례로 대신해야겠다고 한다. 벌써부터 '훗날 내가 죽으면 화장해서 강이나 바다에 뿌리고, 기일도 기억하지 말라.'고 후손에게 유언하련다고 하며 '죽으면 무얼 아나? 자손에게 고생만 시키지.' 하는 사람도 있다. 어떻게 보면 후손과의 연을 끊고 홀가분하게 가겠다는 뜻인 것 같기는 하나, 어쩐지 허전하다. 어느 쪽이 옳은가의 문제가 아니라 최근 매장문화와 사회풍조가 결국 이 판국까지 몰고 온 듯하여 씁쓸하다.

우리 집에서는 호랑이 같은 종손 장형이 계셔서 기념일(기일, 생일,

명절)은 철두철미하게 지킨다. 특히 화장이나 기제사 통합은 말도 내놓을 수 없으며 주자가례朱子嘉禮에 따른다.

생일날엔 온 가족이 모여앉아 성장과정이나, 결혼식장에서 실수를 연발하여 폭소를 자아냈던 일 등을 이야기하며 즐기고, 식구들은 그때 그 일화 발굴을 위해 스냅사진과 족보를 내놓고 장황히 설명한다. 또 생일날이 되면 지난 생일날에 약속(계획)한 일을 이룩하지 못한 그럴듯한 이유(핑계)를 찾느라 진땀을 빼는 경우도 있다. 막둥이는 막 태어나 안고 나오는 간호사 얼굴에 힘찬 오줌을 갈겼다는 탄생비화, 둘째는 서너 살 때 의협심과 고집으로 어른들을 난처하게 하거나, 여러 사람을 웃겼다는 이야기, 가족들은 사진첩을 들추면서 먼저 보려고 야단법석이다. 선영 기일에는 조상에 대한 덕담과 어른들의 생애, 그리고 그 시대적 배경 등을 회고하는 시간을 갖거나 산소 가꾸는 일(계획)도 협의하는 것이 일상화되어 있다.

이 풍습이 먼 훗날까지 이어질 수 있을까?

기념일의 먼 훗날을 상상해 본다. 그때도 후손들이 기념일을 기억해 주고 '우리 부모, 할아버지 할머니께서는 어떤 삶을 사셨고 어떤 분이셨다.'고 말하며 평가해 줄까? 자손들이 잊고 지날지 모르니 플러스 기념일이 된 것은 퍽 다행한 일이 아닐까 하는 여운을 남겨본다.

(2009. 06. 11.)

# 대꼬바리

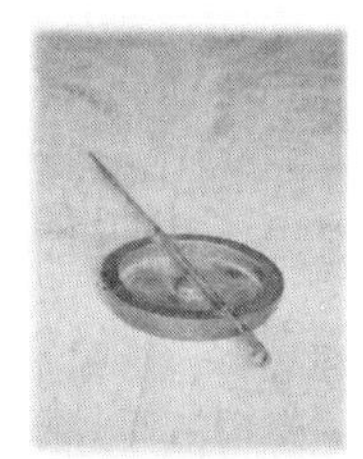

대꼬바리 속에는 할아버지의 애환과 사연 그리고 우리가 모르는 비밀이 숨어 있다.

'땅, 땅, 땅, 어흠.' 문간방에서 놋쇠 재떨이를 두드리는 소리와 기침이 안방으로 옮겨지면, 어머니와 누나는 금방 알아차리고 부엌으로 나가면서, 누나에게 "애야, 몇 분이신지 나가 보아라." 하셨다. 틀림없이 사랑채에 손님이 오셨다는 신호요, 무얼 준비하라는 신호였다.

끼니가 어려웠던 시절이었지만 그래도 나는 괜히 신바람이 나고 좋았다. 사랑채에 손님이 오시면 흔히 먹어보지 못한 맛있는 음식을 맛볼 수 있었고, 어떤 친구 분은 가끔 알사탕도 선물로 주셨기 때문이다.

할아버지께서는 별로 말씀이 없으시고 헛기침이나, 장죽의 대꼬바리로 재떨이를 두드려 신호를 해서 나를 부르거나 심부름을 시키셨다.

그때 우리 집은 할머니와 아버지까지도 돌아가시고 쉰 살이 넘은 어머니가 칠순의 홀시아버지 시중을 들고 있었다.

형님은 군대에 가셨고, 남자라고는 막둥이인 나뿐이었다. 손님만 오시면 할아버지는 나를 꼭 나오라고 하여 큰절을 시키셨다. 사랑채 대청마루엔 놋쇠 재떨이와 화로가 있었고, 장죽과 담배쌈지, 술상과 어른들의 대화가 있었다.

이런 날이면 언제나 어르신께 인사를 하고 나서야, 밖으로 나가 놀거나, 아니면 잔심부름을 하게 되었다. 손님이 오셨을 때 어른들끼리 일어나 서로 큰절을 나누는 걸 보면서, 이상하다고 생각했다. 이미 호號도 부르시고 얼굴을 맞대고는 무슨 또……. 인사가 끝나고 앉으면 서로 담배를 권하시면서 미리 썰어 놓은 담배를 장죽에다 손으로 꾹꾹 눌러 채웠다. 작은 화로에 대꼬바리를 대고 담뱃불을 붙여서는 빼끔거리는 입모양도 우습지만, 여러 차례 빼끔빼끔 하다가 제법 많은 양의 연기를 입 밖으로 내보내는 모습을 물끄러미 보며 신기해 한 적도 있었다. 구수한 담배 향기 속에서 서로의 근황을 묻고 시국담을 나누거나 좌담을 하셨다.

지금 생각해 보니 그때, 신기하기도 하고, 궁금하기도 한 신호 중에서 담뱃대(대꼬바리)로 재떨이를 두드리는 소리가 어릴 적 내 귀에는 다 똑같은 소리로 들렸다. 그러나 어머니와 누나들은 용케도 그 신호들을 구분하여 알아차리고 척척 일을 처리했다. 재떨이 두드리는 소리는 할아버지와 어머니 사이에 통하는 비밀신호였던 것이다. 당시에는 큰소리로 부르기 전에는 사랑채에서 안방으로 연락할 방법이 없었다. 더구나 쉰이 넘은 나이 든 며느리를 마구 불러댈 수도 없었으리라.

그 재떨이 두드리는 소리에는 손님이 몇 분 오셨으니 술상을 준비해라, 밥상을 준비해라, 숭늉을 내 와라, 상을 치워라, 손님 가신다는 등, 사랑방의 지엄하신 뜻이 담겨져 있었다. 할아버지가 출타하시지 않는 이상 집 안의 모든 식구는 사랑방에 귀를 기울이며 살아야 했던, 일방통행식의 근엄한 사랑방 문화가 아니었나 싶다.

담배가 백해무익하다고 하지만 담배를 약초라고 생각하기도 하였다. 이익은 그가 저술한 ≪성호사설≫에서 "가래가 목에 걸려 떨어지지 않을 때, 소화가 되지 않아 눕기가 불편할 때, 한겨울에 찬 기운을 막는데 담배를 피우면 좋다."고 했다. 담배는 야누스가 준 선물이라고 하기도 한다, 당시엔 담배가 각성제 역할을 하였으며, 노인들의 치매(알츠하이머, 파킨스병) 완화와 예방, 그리고 장죽의 설대와 대꼬바리에서 채취한 담배 진(니코틴)과 담배는 지혈제로 사용하기도 했다.

나도 서너 살 때 누나와 엄마가 보리방아를 찧는 디딜방아 밑에서 낟알을 쪼아 먹고 있는 병아리를 잡겠다고 들어갔다가 머리를 세게 찧어 출혈이 낭자할 때 할아버지 대꼬바리에서 꺼낸 담배 진과 담배 덕택으로 목숨을 건졌다고 한다. 할아버지께서는 금쪽같이 아끼시던 장죽과 대꼬바리를 갈아 끼운 적도 있었다. 장죽이 동강난 사연이 있었기 때문이다.

종조부께서는 보릿고개 시절에 굶주림을 참을 수 없어 장손이자 형님인 할아버지의 인감도장을 가져다 선산 일부를 팔아 버린 사연이 있다. 그 사실을 알고 불같이 화를 내며 애꿎은 장죽을 재떨이에 쾅쾅 두드리며 한탄하시다가 장죽도 부러지고 대꼬바리도 금이 갔다. 그 때문에 '깐치멀' 최 첨지 집에 가서 구해오라는 심부름을 한 적도 있다.

훗날 할아버지와 어머님을 다시 뵙게 된다면, 그때 대꼬바리 두드리는 신호의 비밀을 자상하게 여쭤보아야겠다.

'호랑이 담배 피던 시절'이란 말 속에는 신분제의 굴레 속에서 생활하던 민중들의 향수와 그리움이 짙게 담겨 있듯이 할아버지의 장죽, 대꼬바리엔 조손祖孫 교육과 출필곡 반필면出必告 反必面의 예절교육과, 구수했던 이야기보따리가 숨어 있으며 희로애락喜怒哀樂과 애환哀歡 그리고 대꼬바리만이 알고 있는 차임 벨 같은 기능의 비밀이 숨어 있었을 것이다.

(2010. 03. 31.)

• 대꼬바리 : 담뱃대[長竹]는 입에 물고 빠는 물부리, 그리고 그 사이를 연결하는 길고 가는 설舌대로 되어 있었는데, 끝에는 담배를 담아 태우는 담배통(대꼬바리)이 있다. 설대가 긴 것은 장죽[長竹], 설대가 없거나 짧은 것은 곰방대[短竹]라 불렀다. 어른[老人: 兩班]들은 언제나 장죽을 쓰시고, 젊은이[良民]들은 곰방대를 썼다고 한다.

• 호랑이 담배 피던 시절 : 담배가 전래될 무렵에는 남녀노소 관계없이 담배를 피울 수 있었으나, 차차 법으로 양반과 천민, 어른과 아이들은 피울 수 없도록 규제했기에 그 옛날의 향수를 나타낸 말.

# 영묘원永墓園

'무딘 날, 조선낫 들고/엄니 누워 계신 종산에 간다./웃자란 머리 손톱 발톱 깎아드리니/ 엄니 '그놈 참 서러운 서른 넘어서야 철 제법 들었노라고/ 무덤 옆 갈참나무 시켜/ 웃음 서너 장 발등에 떨구신다/ 서산 노을도 비탈의 황토 더욱 붉게 물들이며/'오냐'그렇다고 고개를 끄덕이시고…….

－이재무의 <벌초> 본문 중에서

'벌초'를 생각하면 어머니 생각이 난다. 나는 막둥이로 태어나 어머니 사랑을 많이 받으며, 한 많았던 어머니의 인생에 다소곳이 고개를 디밀고 살아왔다. 그래서 그런지 산소에 가면 어머니 묘소에 오래 더 머물곤 한다. 선영 어느 분이건 그런 사연 없는 분 있겠는가만, 내가 평생 모셨던 어머니였기에 옛 생각이 새롭다.

벌초란 묘소를 정리하기 위하여 무덤의 잡풀을 베어서 깨끗이 하는 일이다. 조상에 대한 후손들의 정성의 표현으로 '금화벌초禁火伐草'라고도 했다는데 다음 세대는 어떨지 몰라도 우리 세대까지는 중요한 집안 행사요 8촌 이내의 친척들이 모여 풀을 깎고 묘소를 정리하면서 선조의 덕을 기리고 친족 간의 화합을 도모하는 날이다.

오늘은 우리 가족이 '영묘원' 벌초하는 날이다. 10대조부터 한곳에 모시니 참 좋고 편하다. 입구에는 새까만 오석에 다음과 같이 새긴 지석誌石이 있다.

> '이곳은 태조 고황제의 3남이신 익안대군의 11세손 광국 공 이하 조상님이 순위대로 안장되어 있는 성지다. 선조님들 묘소가 질서 없이 흩어져 있어, 이를 정리하기로 가족회의를 거쳐 서기 2001년 6월 3일 여기에 이장을 하게 되었다.
>
> …(중략)…
>
> 11세손 이하 선고를 합장하여 모시었으니 존영께서는 오래 편안하시길 바라며, 후손들은 조상을 높이 받드는 한결같은 마음으로 그 뜻을 기리겠습니다.
>
> 서기 2010년 7월 7일
>
> 후손 일동

형님은 6대를 외아들로, 그리고 5대는 형제로만 이어온 종손이다. 다행히 양자도 없고, 곁가지 하나 없는 순수혈통을 자랑하지만, 8촌 이내 친척이 다 모여도 몇 명 안 되는데 먼 곳에 살아, 다 모여야 겨우 5~6명이 전부다. 그래서인지 숭조사상이 투철하여 익안대군 총 종회장을 두 번이나 역임하셨고, 이곳 종산에 '영묘원永墓園'을 조성하여 10

대조 할아버지부터 모두 쌍분으로 13기를 모시게 되었다. 몇 년 전만 해도 묘역이 여기저기 흩어져 있어 벌초하는 데 일주일을 헤매고 다녔고, 성묘도 이틀이나 걸렸다. 이젠 아담한 '가족공원 묘원'이 조성되어 한나절이면 모두 끝난다.

모두 책임을 완수하고 갈참나무 옆 노송 그늘에서 땀을 식힌다. 가을의 풍요로운 들판과 푸른 산, 파란 하늘 사이로 솜털구름이 다양한 모습을 만드는 자연의 품속에서 막걸리로 목을 축이고 있다. 이때다 싶어 형님은 조상숭배, 선조님의 정담과 믿거나 말거나 한 전설적 일화에 열을 올린다. 처음엔 진지하게 듣던 젊은이들은 이야기가 길어지자 우이독경, 먼 산만 바라보고 있다. 내가 "형님 그만하시지요. 애들이……." 그러자 "그래도 해야겠네." 마지막에는 "벌초하는 데 제일 중요한 것은 '마음'이요, 친족 간의 화합이라네." 이 말에 확실히 고개를 돌리고 알아들었다는 '박수'를 쳤더니 모두 손뼉 치며 한바탕 웃었다.

문득 지난주에 만났던 친구 말이 생각났다. 평소에 조상숭배니, 성묘 벌초에 회의적인 친구였는데 생각이 바뀌었단다. 그도 그럴 것이 자식과 친척은 여럿인데, 수년간 명절 때, 제사만 되면 급한 일이 생겼다는 둥, 교통사정이 어렵다는 둥, 핑계와 구실로 집을 찾을 생각을 않는단다. 이제 어른이 된 자식들에게 매번 호통을 칠 수도 없고 혼자 벌초하고 혼자 제사지내다 "나는 자식들에게 짐을 주지 않기 위해 죽으면 화장하여 강물에 띄우고 제사도 지내지 말며, 명절 때 성묘나, 차례 지내러 올 생각은 하지 말라."고 선언했단다. 그런데 이번에는 무슨 바람이 불었는지 6남매 거의가 사전 약속을 했는지 손자들까지 거느리고 몰려왔단다. 어이없어하는 부모를 끌고 종산 잔디벌판에서 이리 뛰고 저리 뛰면서 벌초가 아닌 가족화합파티를 열었다고 한다.

그 뒤 '추석 때는 못 와도 후손들이 함께 모이는 벌초행사는 필요하고, 그러자면 화장하더라도 묘는 있어야겠구나.'하는 생각을 했다고 한다.

벌초를 하면서 우리나라의 매장 문화에 대한 말이 나왔다. 현 매장 방법 이야기부터 화장, 수목장, 수장 그리고 납골당 이야기와 미래의 묘지 형식과 평장형식, 봉분과 지석에 관한 이야기도 나왔다. 모두 미래를 위한 최선의 개선 방법을 찾자는 것이다.

벌초를 한다는 것은 단순히 묘지를 정리하는 것뿐 아니라, 선영의 뜻을 이어받아 친족 간의 정을 더욱 두텁게 하고, 선조들의 삶을 더듬어 보는 데 의의가 있다. 그리고 선조들의 훌륭한 삶을 이어받고, 그분들이 바라는 뜻대로 살도록 노력하는 것이 우리가 가꾸어야 할 꿈이 아니겠는가.

(2010. 09 .20.)

# 잃어버린 퇴침

우리 집 다락방엔 번질번질 기름칠한 것 같은 퇴침이 있었다. 그것을 보면, 할아버지께 종아리 맞던 기억이 새삼 떠오른다. 그때 왜 종아리를 때리려면 꼭 그 퇴침 위에 올라서게 했을까?

나는 할아버지 앞에서 종아리를 걷어올리고, 퇴침 위에 올라가 회초리로 호되게 맞은 일이 있다. 한 번은 할아버지가 아끼시던 라디오를 고장을 낸 때이고, 또 심부름 시키신 일을 잊어버리고 실컷 놀다 왔을 때다. 불같은 회초리가 어찌나 아프던지 깡충깡충 뛰면서 울었지만 용서가 없었다. 내 나름대로 핑계댈 말이 있었지만 할아버지께서는 말도 꺼내지 못하게 하셨다. 나만 혼난 것이 아니다.

그 무렵 이웃집 순이 누나는 더 심하게 맞은 적이 있었다고 했다.

농사일을 하다가 급한 일로 공부하는 딸을 찾아간 아빠를 보고도 모른 척하며 불러도 도망갔고, 더구나 친구들한테 아빠를 머슴이라고 말했던 일이 들통났기 때문이다.

말없는 퇴침은 알고 있었을 것이다. 꾸중하시는 분의 고뇌와 맞는 사람의 마음속 눈물을…….

언제인가 숙부님은 할아버지 퇴침을 보시며, 여기에 '할아버지의 꿈과 애환'이 있었다고 하시었다. 그때는 그 말이 무엇을 뜻하는 줄 몰랐으나 할아버지가 돌아가신 후에야 알게 되었다.

할아버지께서는 젊어서부터 인근에 이름난 한학자였으나, 결국 목수로서의 생을 마감하셨다. 증조부께서는 성미가 급하고 대쪽같이 곧은 선비요, 한학과 유학에 심취한 한량이었으나, 당시 유학자들의 문파파쟁門派派爭에 휩쓸려 갑자기 가세가 기울고, 병을 얻어 돌아가셨다. 이에 할아버지는 주위 사람들의 만류도 멀리한 채, 한학공부를 버리고, 술도 끊고, 글공부 대신 목수 일에 관심을 가지게 되었다고 한다.

그때 심정을 누가 알랴. 대대로 물려받은 커다란 집을 넘기시고 두 채의 사랑채를 헐어, 텃밭에 집을 마련하셨는데, 한 채는 동생(종조부)에게, 한 채는 작은아들(숙부)에게 주시고, 당신은 금방 찌그러져 가는 초가집으로 이사를 하셨단다. 장손으로 태어나 몰락한 가정에 호구지책을 해결해야 할 책임 때문이었을까?

그 속마음을 누가 헤아릴 수 있으랴. 그 뒤에 할아버지는 인근에 소문난 도목수로 여기저기 초빙받아 일을 하셨다고 한다. 그 뒤 가끔 연장 그릇을 챙겨 출타하시면, 수삼 일, 또는 달포씩 들어오지 않다가 오실 때는, 푸짐한 양식과 목재 몇 개씩을 가져 오셨다. 그렇게 수년, 목재가 하나둘 쌓이면 할아버지께서는 내 집을 손수 짓겠다는 생각이

셨나 보다.

그러나 몇 개씩 모아 놓은 목재가 하나둘 없어지게 되었다. 계속되는 가뭄에 보릿고개에, 더욱이 시끄러운 세상[戰爭] 탓에 목재를 팔아 끼니를 연명해야 했기 때문이며, 속 태우며 모으셨던 목재를 가끔 도둑을 맞기도 했단다.

그래서 결국 집을 마련하고자 한 할아버지의 꿈은 사라지고 만 것이다. 그래도 끝까지 아끼던 대들보로 쓰실 상량 목을 남에게 넘길 때는, 당신이 직접 가셔서 일을 하시고, 아쉬움에 이 목침(퇴침) 하나를 깎아 오신 것이다.

서랍이 있는 목침도 아니요, 자수 퇴침도 아닌 소나무로 깎은 이 퇴침은, 이렇게 탄생하였다.

할아버지께서는 나이가 들어 목수 일을 할 수 없을 때에는, 틈틈이 마을사람들에게 한학(천자문, 명심보감)을 가르치는 훈장이 되셨다. 그리고 게으르고, 공부 않고 약속을 지키지 않는 젊은이들을 퇴침 위에 올라서게 한 후 종아리를 치셨다. 세상을 한탄하면서, 화나실 때, 스트레스 해소를 위해, 쾅쾅 마루를 치던 퇴침, 그 퇴침은 집안의 흥망성쇠와 조부님의 애끓는 한을 알고 있으리라.

몸이 불편하실 때도, 돌아가시기 전까지 꼭 베고, 끼고, 옆에 두시다가 퇴침만 남겨두고 가셨는데, 무언의 교훈을 전해주던 퇴침이 언제부터인가 보이지 않았다. 꼭 할아버지의 꿈이 사라진 것만 같아, 오늘도 큰집 다락방에 올라가 할아버지를 생각한다.

(2010. 04. 30.)

# 아이스케키

한여름 대야 장날, 새벽부터 서두시는 엄마의 치맛자락을 붙들고 3㎞정도나 떨어진 시골 장까지 엄마를 따라 갔다. 보폭이 짧아 따라가기에도 힘든 터에 여기 기웃 저기 기웃, 왔다갔다 장난까지 하며 따라가니 엄마는 나를 부르랴, 빨리 가랴, 얼마나 마음이 바쁘셨까.

나는 대여섯 살 무렵까지 엄마를 졸졸 따라 다녔다. 엄마는 밭에서 싱싱한 채소를 뽑아 머리에 이고 시장에 가서 파셨다. 그렇게 적은 돈이라도 쥐어야 학용품도 사주고, 살림에도 보탤 수 있으니 길을 재촉하셨다.

어머니는 '집 안에서 얌전히 놀 것이지 왜 꼭 붙어 다니느냐.'고 하셨다. 그러나 다리야 고달팠지만 가는 길이 재미있었다. 장에 가면 신기한 것도 보고, 맛있는 것도 사 주시니 재미가 쏠쏠했다. 또 아이스케키가 먹고 싶어 울고불고 했던 때가 생각난다. 장에 가는 사람들이 하나 둘 늘었다. 무거운 짐을 가득 실은 마차를 끌면서 헉헉대는 황소, 땀을 줄줄 흘리며 리어카를 끌고 가는 아저씨, 연방 이마의 땀을 훔치는 엄마를 따라 가노라니 다리가 아팠다.

이른 아침이 지나자 한여름 햇볕은 점점 따가워지는데 길가에 자리 잡은 엄마의 채소 함지박은 줄어들지 않았다. 값을 묻고 지나가는 아낙네만 있을 뿐 팔리지 않았다. 어느새 해는 중천을 넘어 오후가 되었다. 겨우 함지박의 채소가 반절쯤 팔렸을까. 더위와 허기에 지쳐 주변을 빙빙 도는 내가 안타까웠던지, 어머니는 제 값도 받지 않고 상점에 넘기셨다.

갈증과 더위에 시달리다 보니 내 눈에는 '아이스케끼'만 들어왔다. 그땐 나무젓가락에 얼음을 얼려서 나무통 속에 넣어 메고 다니며 팔았다. "아이스케키!"라고 외치면 아이들이 우르르 몰려와 졸졸 따라다녔다. 시원한 아이스케키가 간절히 먹고 싶어, 엄마 치마끈을 당겼다. 하나씩 먹고 누나에게도 하나 갖다 주자고 떼를 썼다. 어찌나 단단한지 반쯤 먹고는 입속에서 녹여 먹으려다가 누나 생각에 함지박 밑에 깔린 신문지 조각에 돌돌 말아 살짝 숨겼다.

우리 이웃마을에 사는 윤철이 형은 학교만 끝나면 아이스케키 통을 메고 "아이스케키, 아이스케키, 얼음과자!"하며 시장을 누비고 다녔다. 심지어 시장 이웃마을과 우리 마을까지도 돌아다니며 얼음과자를 팔았다. 언젠가 그 윤철이 형에게 아이스케키 하나를 사서 막 입에 물었는데, 얼음이 땅에 떨어졌다. 울상이 된 나를 보고, 녹아 작아진 것이라도 하나를 더 준 그 형이 고마웠다. 나도 크면 아이스케키 장사를 하면서 시원한 얼음과자를 실컷 먹고 싶었다. 나는 누나를 놀라게 해 줄 일이 몹시 즐거웠다. 마음은 구름 위를 걷는 것처럼 집으로 돌아가는 발걸음이 가벼웠다.

누나는 언제나 나에게 따뜻이 대해주고, 맛있는 것을 보면 나부터 챙기는 다정다감한 보호자였다. 며칠 전에도 그랬다. 그 무렵 가위 소리만 들어도 아이들은 정신이 없었다. 엿을 사 먹진 못해도 가위 소리를 졸졸 따라다녔다. 어쩌다 부스러기 엿이라도 주면 아이들이 몰려와 줄을 섰고 입맛을 다셨다. 쭈그러진 양재기와 찢어진 고무신, 고물을 갖다 주고 바꿔 먹던 엿이 어찌나 달고 맛이 있었던지. 어울려 놀다가도 가위 소리만 나면 우르르 집으로 달려가 집 안을 다 뒤졌다. 엿과 바꿔 먹을 만한 것은 이미 바닥이 났고, 겨우 녹이 새까맣게 슨 헌 수저와 젓가락을 찾았다. 엿장수가 멀리 갈세라 정신없이 뛰어가 엿과 바꿨는데, 오늘따라 다른 애들보다 엿을 훨씬 많이 주어 나는 신바람이 났다. 마루에서 맛있게 먹다가 누나에게 들키고 말았다. 누나는 내가 건네주는 엿가락은 본 척도 않고 무엇을 주고 엿을 바꿔 먹느냐고 물었다. 새까맣게 녹슨 수저라고 했더니 깜짝 놀라 황급히 엿장수를 찾아가서 헌 수저 한 벌을 도로 찾아왔다. 알고 보니 결혼 답례품으로 받아, 아끼고 아끼는 은수저였던 것이다.

누나가 재와 볏짚으로 싹싹 닦아 내놓으니 번쩍번쩍 빛이 나는 새 수저였다. 엄마께 꾸지람 들을 뻔한 나를 구해 준 누나에게 아이스케키를 갖다 주고 싶었다. 아마 그날이 작은누나 생일이었던 것 같다. 당시 형편에 생일이라는 말만 했지 끼니도 제대로 챙기지 못하는 보릿고개였으니 생일일랑 잊고 사는 것이 마음 편한 시절이었다. 아침에 엄마께서 오늘이 영자 생일인데……. (陰 7월 11일) 하시던 생각도 났다.

집에 와서 내려놓은 함지박에서 몰래 꺼낸 신문지 뭉치엔 물에 젖은 종이와 나무젓가락만 남고 아이스케키는 찾을 수가 없었다. 윤철이 형은 어떻게 하나도 안 녹고 우리 동네까지 가져 왔을까? 누나에게 자랑도 하고 누나와 나누어 먹으려 했는데……. 누나의 실망한 얼굴이 겹쳐 더욱 짜증이 났다. 그때 그 상황을 지금까지도 누나에게는 말조차 하지 못했다.

오랜 세월이 흐른 뒤 고학하던 그 윤철이 형은, 얼음이 잘 녹지 않는 아이스케키 통과 둥근 아이스케키 모양을 네모와 다각형 모양으로, 또 색상을 넣어 만드는 기술을 개발하여, 군산에서 가장 큰 제빙공장 상무가 되었다는 소문을 들었다.

지난번 '학교폭력 예방 연수회'에서 교수가 "나이 드신 분에게 여쭈어 보지요. '아이스케키'가 무엇이죠?"하고 물었다. 나는 자신 있게 "나무젓가락에 얼음을 얼려서 팔았던 거 아녜요?"했더니 연수생들이 '와그르르' 웃었다.

"어르신, 죄송하네요. 요즘 여기서 말하는 '아이스케키'란 여학생 치마를 확 들추는 것을 말한답니다."

세상 참 많이 변했구나. 그런 신조어新造語도 있었던가? 아이스케키. 그 말이 여학생 치마를 들추는 장난이라는 용어로 바뀐 것을 왜 모르고 살았을까? 혹시 종아리를 나무젓가락으로 치마는 아이스케키로 비유하여 종아리를 보려는 장난을 말한 건 아닐까? 인터넷을 뒤져 보니 '아이스케키'는 '여자 속옷 쇼핑몰'이란 상호도 눈에 띈다.

그때 그렇게 먹고 싶던 아이스케키. 세월이 지난 지금은 흔한 그 아이스케키조차 잇몸이 시려 마음대로 먹지 못한다. 금석지감이다.

(2011. 01. 25.)

# 사과의 날

지난달 말경 장수 사과 시험포에 사과를 따러 갔다. 늙으면 애 된다고 손자손녀가 없으니 나이 든 자식들 따라 '장수 사과 수확 체험행사'에 참여한 것이다. 장수군에서 도시민에게 3,300그루의 사과나무를 분양하고 수확 날짜를 통보하여 수확의 기쁨과 가족의 정을 맛보도록 한 것이다.

초가을의 시골은 볼 것도 많아 가을의 정취를 흠씬 느낄 수 있었다.

사과나무에 사과가 열렸습니다.
색깔이 다릅니다. 빨간 사과, 노란 사과, 푸른 사과.
크기가 다릅니다. 작은 사과, 보통 사과, 큰 사과.
모습이 다릅니다. 숨은 사과 드러난 사과, 수줍은 사과.

위치가 다릅니다. 높은 사과, 낮은 사과, 중간 사과.
모두 다르지만 다 웃고 있습니다.
동그란 얼굴로 방실방실 웃고 있습니다.
누구도 불평하지 않습니다. 아무도 부끄러워하지 않습니다.
참으로 행복한 결실입니다. 참으로 아름다운 가을입니다.

-<사과 이야기>(정용철)

우리 사과나무는 만지면 탁 터질 듯한 소녀의 빨간 볼 같은 사과를 가지에 주렁주렁 매달고 주인을 기다리고 있었다. 삼십이 넘은 아들과 며느리는 나이도 잊은 채 꼬맹이들같이 깡충깡충 뛰면서 좋아했다. 이런 기분 때문에 너도나도 체험행사에 참여하는가 보다.

윗가지에 매달린 사과는 나와 아들이 따고 아래에 매달린 사과는 아내와 며느리가 땄다. 천천히 사과 향을 음미하며 따는데 중간에 매달린 열매는 작은 호박만 한 것도 있어서 먹기 아까워 오래오래 보고 감상하고만 싶었다. 큰 사과 몇 개를 조심스럽게 딴다는 것이, 아내의 머리로 쿵!, "아얏! 유감 있으면 말로 하지……." 싫지 않은 불평이다.

'사과의 맛은 사과 자체에 있는 것도 아니고, 먹는 사람의 입안에 있는 것도 아니며 그 맛은 사과와 먹는 사람 간의 정에서 우러난다.' 고 했다. 이 사과 한 알 한 알이 한여름 뜨거운 햇볕을 견디고, 험한 비바람에 시달리며 단맛과 향기를 소중히 간직했다가 우릴 맞는구나 생각하니 가슴이 찡했다.

사과는 비타민 미네랄이 풍부하여 미용에 좋다. 영양도 풍부하나 산성이 많은 식품이라 아침에 먹으면 미인이 되고 보약이 되나, 밤에는 먹지 말라 했다.

근대 과학에 획기적인 전환점을 맞게 한 '뉴턴의 사과' 이야길 했더니, 귀담아 들어야할 애들은 "사회에서 써 먹지도 못하는 골치 아픈 미적분 공부 생각이 난다."고 두런거린다. 그때 그 과학자는 무엇을 골똘히 생각하다가 떨어지는 사과에서 깨달음을 얻었을까, 당시 약소국 독립 도화선이 되었다고 하는 스위스의 명궁 '웰리엄 텔' 이야기, 세상을 바꾼 '아담의 선악과(Apple)', '파리스의 황금사과(트로이와 헬레네)', '동화 속의 백설 공주' 그리고 '보는 이의 마음에 말을 건넨다.'고 하는 '세잔의 사과' 등 얽힌 사연을 모두 끄집어내어 그 의미를 묻고 즐기며 점심을 같이했다. 사과는 옛 유럽 및 중국에서 재래종인 임금林檎, 내奈라고 하였으며 16세기엔 개량되어 사과沙果, 査果라 하였다. 우리나라엔 처음으로 안평대군이 가져왔다 한다. 1892년 미국 선교사 '후렛차'가 본국에서 개량종을 가져와 대구 자기 집 정원에 식재한 것이 오늘날 대구사과의 원조라고 한다.

능금은 능금나무의 열매로, 지름이 4~5.5cm이며 10월에 노란빛을 띤 붉은색으로 익고 겉에 흰 가루가 덮여 있으며, 크기가 골프공보다 작거나 비슷하고, 현재 사과보다 작다. 지금의 사과는 능금을 품종개량해서 만들어졌다고 하니 지금 우리들이 먹는 것은 능금을 개량한 사과인 셈이다. 그래서 명칭이 사과보다는 '능금(Apple)'이 타당하고 정서적이며 보다 합리적인 명칭임을 주장하는 이들도 있다. 맛은 새콤달콤하지만 작고 상품성이 없어 따로 재배하지는 않으며 주로 분재로 이용하거나, 관상수나 가로수로 심고 있다고 한다.

사과를 보면 또 생각나는 것이 '사과의 날'이다. 나는 사과 먹는 날이 사과의 날인 줄 알았는데 10월 24일을 '시비 사과의 날'이라고 한다. 1024(?). 그 유래야 어떻든 사과도 먹고 어떤 시비가 있어 등 돌렸던 사람들이 사과의 날엔 서로 화해하는 날이 되었으면 한다. '서로 간의 오해는 세 번 생각하면 이해(5－3＝2)된다.'고 하니, 어찌되었든 우리가 사는 세상이 서로 확 트이고 밝고 명랑한 사회가 되었으면 하는 바람이다.

한 그루에서 세 상자 수확을 목표로 하고 모자라면 보충해 준다고 했다는데 우리는 다섯 상자를 따고도 남았다.

나는 지금까지 '내 탓'보다는 '네 탓'을 앞세워 가장 가깝다는 가족의 가슴에 이 사과 크기만큼, 다른 색깔로, 각양각색의 멍울을 맺게 한 일들이 많았다. 알량한 자존심으로 상대의 가슴에 생채기를 내놓고 며칠씩 말도 안 하고 지냈던 일이 생각난다. '씨앗은 썩어야 본분을 다할 수 있다.'고 했는데, 본분도 모른 체…….

이제 새삼스럽게 말로 사죄는 못할망정 곱고 예쁜 사과를 골라, 내 아내와 가족들에게 선물함으로써 무언의 사과를 해야겠다. 그렇게 마음먹으니 온 가족의 웃음소리가 한결 더 정겹고, 마음도 풍요롭다. 능금을 눈으로 코로, 혀로, 아니 마음으로 맛보았으니 '시비 사과의 날'을 뜻있게 보낸 것 같다.

(2009. 10. 24.)

4부

# 왕초보 교사

– 퇴임식 후 –

# 왕초보 교사

3월인데도 꽃샘추위가 기승을 부린다. 이맘때쯤이면 새록새록 추억이 스멀거린다. 1960년대 초 3월. 봄이 왔다고는 하지만 아직도 귓가와 볼 그리고 손끝이 몹시 시렸다. 교사 발령을 받고 임지를 향해 초조한 마음으로 버스에 올랐다. 학교는 어느 곳에 있을까, 어떻게 하면 잘 가르칠 수 있을까. 이 생각 저 생각에 잠겨 있는 사이 완행버스는 하얀 먼지를 뒤집어쓴 채 덜컹거리며 두 시간을 달렸다. 처음으로 '선생'이란 호칭을 달고 찾아간 곳이 'S초등학교'였다.

오랜 기간 오늘을 기다렸건만 막상 발령을 받고 부임하니 왠지 불안하고 두려운 마음이 들었다. 선배 선생님들의 소개와 학교 현황을 듣고, 6학년 2반 담임을 배정받아 학생들과 첫 대면을 하게 되었다. 어찌나 떨리고 두렵던지……. 내가 생각한 학생들은 교생실습 때 본 어리고 순진하며 귀여운 모습이었는데, 부리부리한 얼굴에 덩치까지 커서 당황했다.

그런 마음을 알았다는 듯 어느 선배 선생님이 훈수를 했다. “학생은 처음 대할 때부터 기선을 잡는 것이 한 해의 학급경영을 성공적으로 이끄는 지름길”이라고. 병아리 선생인 나로서는 어떻게 기를 꺾어 놓을지 앞이 깜깜했다.

우리 학급 아이들은 덩치도 크고 나이도 또래들보다 더 먹어 오히려 내가 압도당하는 기분이었다. 선생님들 말씀에 따르면 본교 학구는 산악과 이어져 있어서 몇 년 전까지만 해도 밤에는 공비가 출몰하고 낮에는 경찰이 평정하는 준 전시지역이라 했다. 그래서 학생들을 2~3년씩 늦게 입학시켜 학생들의 나이가 서너 살은 더 먹은 애들이 7~8명은 족히 된다고 했다. 내 나이 열아홉 살이었으니 나이 든 학생들은 나와 세 살 정도밖에 차이가 나지 않았다.

단상에서 수업을 하려는데 몇몇 애들이 흘깃흘깃 나를 살피며 소곤대거나 히히덕거렸다. 그렇다고 첫날부터 윽박지르고 벌을 줄 용기도 없었다. 몇몇 애들은 약속을 한 듯 공부에는 관심이 없고 내 모습만 살피는 것 같았다. “너희들 학습태도가 그게 뭐냐? 끌려나와 기합 좀 받고 조용히 할래?” 엄포도 놓았지만 잠시뿐이었다. 혹시 초보 선생티를 내느라 과민반응을 하는 것은 아닌가 싶어 며칠간은 교실 천장만 보고 수업을 했다. 그러니 수업준비를 많이 해 놓고도 만족할 만한 수업을 하지 못해 짜증이 났다. 엎친 데 덮친다고 3일간이나 코피를 흘려 애를 먹었다.

1주일 정도 근무하다 보니 처음 생각했던 바와 달리 면소재지 사이에 낀 마을이요 도로변에 인접하여 교통도 편리했다. 아래쪽엔 수력발전소에서 내려오는 맑고 시원한 냇물과 넓은 모래벌판이 있어 물놀이 하기도 좋은 곳이었다. 할아버지 같은 교장 선생님과 형님 같은 선배님들의 보살핌을 받으며, 우리 반 학생들과도 자연스럽게 어울릴 수 있게 되어 즐겁고 안정된 학교생활을 할 수 있었다.

부임한 지 한 달쯤 될 즈음. 날씨가 제법 따사로운 금요일 오후, 반장 K군이 찾아와 5교시 체육수업은 운동장이 아닌 앞 냇가 모래판에서 씨름도 하고 물장난도 했으면 좋겠다고 했다. 그것도 괜찮을 것 같아 모두 모여서 냇가로 갔다. 준비체조를 하고 분단별로 씨름을 했다. 덩치가 제일 큰 재훈이가 심판을 맡겠다고 해서 허락하고 각 분단 대표들이 나와서 하는 걸 보니 한두 번 해본 솜씨가 아닌 것 같았다. 응원과 함성이 진동하고 최종 결승이 끝나자 약속이나 한 듯 웅성웅성하며 K군을 밀쳐내기에 아마 우승자와 재훈이가 한판 붙으려나 했다. 그런데 웬걸 상대가 없는 걸 보니 담임인 나와 대결하려는 눈치였다.

정말 난감한 일이었다. 안 된다고 하자니 담임 체통도 있고, 해 보려니 나는 경험도 없었다. 뼈가 굵어도 내가 더 굵고 나이가 있는데 설마 망신이야 당하겠나 싶어 망설이다 바지를 걷어붙이고 모래판으로 나오니 아이들이 함성을 질렀다. 막상 맞붙고 보니 보통이 아니었다. 샅바를 잡고 이리 돌리고 저리 돌리면서 넘어질 듯하다가 다시 밀치고 한참을 휘돌리다 보니 내가 휘돌리고 있지 않은가? 몇 번을 이리 밀고 저리 밀며 다리를 들어 내치려면 오뚝이처럼 다시 반격을 했다. 설마 재훈이가 나를 내동댕이치지는 않겠지 생각하며 느긋이 풀어주자 사정없이 들어 메치는 통에 나는 그만 나뒹굴고 말았다. 애들의 함성 속에 모래투성이가 된 나를 일으키는 재훈 군의 얼굴을 보니 승리감보다 송구스러운 표정이 역력했다.

"야! 우리 반 반장이 이제 보니 천하장사네, 정말 잘하는데?"

박수로 재훈이를 칭찬해주고 손을 번쩍 들어올려 주었다. 재훈이는 몹시 쑥스러워하며 뒤통수를 만지작거렸다. 그 후 재훈이와는 더욱 가깝게 되었다.

그날 이후 나는 학생과의 어떤 대결도 해본 일이 없다. 내가 군 복무를 마치고 복직하여 돌아오니, 허기진 배를 쥐고 공부했던 아이들은 가정환경 때문에 진학을 포기하고, 재훈이를 위시한 많은 제자들이 고향을 떠나 뿔뿔이 흩어졌고, 몇몇 여학생들은 아기를 업고 나를 찾아왔다. 그 뒤에 도시로 돈 벌러 간 아이들의 소식만 간간이 들려왔을 뿐이다. 지금도 전국 천하장사 씨름대회엔 관심이 쏠린다. 그 천하장사는 지금쯤 무엇을 하고 있을까? 나와 같은 생각을 하고 있을까?

벌써 49년이 지난 내 왕초보 교사 시절의 그리운 추억이다.

(2009. 03. 03.)

# 도시락 릴레이

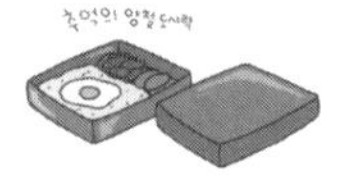

“권 교장, 40년이 지났으니 애들도 50대가 다 되었겠지.”

“글쎄. 그 개구쟁이들이 어떻게 변했나 궁금하구만.”

서울 구석구석에 흩어져 살고 있던 제자들이 은사를 초청한다고 해서 담임했던 두 사람이 옛이야기에 시간가는 줄 모르며 상경하고 있다.

터미널에 마중 나온 제자들을 따라 교외의 아담한 식당에 도착해 보니 플래카드도 쳐놓고 명찰도 차고, 악대를 초청하는 등 제법 성대한 자리였다. 이제 50대인 제자와 스승은 언뜻 봐서는 누가 제자고 스승인지 모를 정도로 반백의 머리가 많았다. 인사가 끝나고 회장이 제자들을 하나하나 소개하고 나서야 어렴풋이 알아볼 수 있었다.

당시 가난에 쪼들린 시골 아이들이 무작정 상경하여 갖은 고초를 겪으며 자수성가하여 자리를 잡은 남학생들과 자랑할 만한 신랑을 맞은 여학생들은 서로 이야기꽃을 피우느라 시간가는 줄 몰랐다.

그때 회장이 손뼉을 두세 번 치자 자리가 조용해지고, 은사에게 기념품을 증정하고 나서, "우리의 이 모임이 있기까지 물심양면으로 애써 준 친구를 소개하겠습니다. 모두 박수로 격려해 주시기 바랍니다. 동방토건주식회사 이 사장님 입장!"

와! 하는 함성과 함께 힘찬 박수가 터졌다. 이 사장은 고맙다고 손을 들어 인사하더니 "이 자리에 모신 은사님들의 은덕으로 오늘의 제가 있게 되었음에 감사드립니다."하며 큰절을 했다. 상경 후 막노동과 버스운전 등 고생을 이겨낸 성공담에 가슴이 저리기도 했다. 특히 6학년 때 '입원과 특별지도' 받던 이야기에 나는 쑥스러움을 감추지 못했다. 그때가 새삼스레 떠올라 가슴이 뭉클했다.

1960년대 초, 따사로운 햇볕이 내려쬐고 해가 길어지는 늦은 봄, 오후 수업에 졸릴 만도 하지만, 책상 위에 머리를 박고 꿈쩍도 않고 있는 아이, 강엽이는 숙제 안 해 오는 단골손님이었다. 한 번은 복도에 벌을 세워놓고 교무실에 다녀오니 벌을 같이 서고 있던 친구와 코피가 범벅이 되도록 싸우고 있었다. 나는 화가 나서 교실 안으로 불러 머리를 쥐어박으며 꾸중을 하는데 겁에 질려 피하려던 이 군이 넘어져 책상 모서리에 머리를 찧고 엉엉 우는 것이 아닌가, 머리 한쪽이 찢겨 피가 비치고 피멍울이 져 있었는데 간단히 치료해 주고 훈계로 끝냈다.

그날 이후 이 군은 쭉 소식도 없이 결석을 했다. 걱정도 되고 궁금하여 이웃 친구들에게 물어물어 가정방문을 해 보니, 학교에서 2㎞쯤 떨어진 구석진 마을 외딴집에 살고 있었다. 방문을 열어보니 혼자 방안에서 땀을 뻘뻘 흘리며 앓고 있는 게 아닌가. '나를 얼마나 원망했을까.' 나는 더럭 겁이 나서 밭에 계신 할머니를 찾아갔다.

할머니 말씀에 의하면 아빠는 병사하고 엄마는 개가하셨다니, 참으로 안타까운 가정형편이었다. 병원에 가기를 권했으나 형편이 여의치 않다고 회피하시는 할머니를 설득하여 이 군을 업고 논두렁 밭두렁을 넘어서 버스를 타고 10㎞쯤 되는 화호병원에 입원시키고 늦게야 학교로 돌아왔다. 의사 선생님은 염려 말라고 하셨지만 2~3일 후 다시 방문하여 상담한 바, '감기와 류머티즘'이라며 선생님의 벌과는 관계가 없다고 했다. 걱정하는 내 마음을 알아차린 듯 의사 선생님은 곧 퇴원할 수 있을 것이라고 나를 안심시켰다. 이 군은 2주 후에 퇴원했으며, 병원비는 어려운 가정의 학생임을 감안하여 절반만 냈다고 했다.

학교에 등교한 이 군은 기초학력도 부족한 터에, 장기결석으로 인해 성적이 좋지 않아 방과 후 1~2시간씩 특별 개별지도를 해 주었다. 할머니는 늦으면 으레 마중을 나오셨다. 늦게까지 개별지도 받고 가는 이 군은 생활이 곤란하여 도시락도 지참할 수 없었는데 얼마나 배가 고팠을까?

처음에는 내 도시락을 주었으나, 아이가 부담스러워 해서 나중엔 아예 두 개의 도시락을 싸 가지고 다녔다. 그랬더니 이 군은 도시락 먹기를 거부하고 자리를 피하는 것이 아닌가. 친구들 눈치 때문인 것 같아 생각 끝에 하숙집 아주머니와 짜고 점심시간 심부름을 보내면 점심을 먹여 보내주기로 약속하였다. 고마운 하숙집 주인은 하숙비를 더 주어도 받지 않아 고기나 간단한 선물을 드렸다.

나에게도 힘겨운 보릿고개를 넘길 때까지 도시락 작전이 벌어지던 때가 있었다. 6·25사변 직후 내가 초등학교 시절 심한 흉년에 보릿고개로 인해 굶기를 밥 먹듯 했다. 그 사실을 눈치챈 담임선생님은 점심 시간에 도시락을 살짝 내 자리에 놓고 가시곤 했다. 그때 일을 생각하면 담임선생님의 도시락은 죄송하고 계면쩍으면서도 꿀맛 같았던 기억이 난다. 그때 나도 친구들 놀림이 두려워 선생님 도시락을 피해서 도망다녔고, 그런 나를 찾아다니며 숙직실에서, 학교 뒷산 잔디밭에서 전해주시던 기억은 잊을 수가 없다. 점심시간에 배고픔을 참으며 우물물을 퍼 마시고, 학교 뒷산에 있는 묘 뒤로 숨어 지냈던 그때의 아픔이 새롭게 돋아난다.

내가 교직에 있으면서 그 김연순 선생님을 다각도로 수소문해도 소식을 알 길이 없었다. 항간에 6·25때 행방불명되었다는 소문이 떠돌기도 했다.

제자가 끼어준 세 돈짜리 금반지를 만지작거리며, 스승의 은혜를 다시 새기게 한 이 군을 생각한다. 그때 내가 받은 그 도시락을 이 군에게 물려준 것 같다. '도시락 릴레이'였나 보다.

꿈같은 그때 그 추억에 잠기니 가슴이 뜨거워진다.

(2009. 03. 15.)

# 거시기 사연

4월 20일 월요일, 오늘은 '장애인의 날'이다. KBS '장애인의 날 특집방송'이 시청자들의 심금을 울렸다.

지적장애 2급인 '영수'의 감동적인 통합교육 이야기가 전파를 타고 전국에 메아리칠 때, 나는 문득 현직에 있을 때 영수가 아닌 '경수'의 '거시기 사연'이 떠올랐다.

1980년대 초 3월, 이웃학교로 전근되어 첫 출근하던 길, 학교 가까운 삼거리엔 한 무리의 사람들이 구경거리나 생긴 듯 수군대고 있었다. 길 한가운데에서는 차가 뒤엉켜 빵빵거리는데, 어떤 소년이 신바람이 나서 손짓발짓으로 교통정리(?)를 하고 있었다. 그런데 비켜가는 차 틈새에서 아슬아슬하고 위험한 데도, 구경꾼만 많아지지 누구 하나 뛰어 들어가 소년을 구할 생각은 하지 않고 있었다. 그때 마침 교통순경이 호루라기를 불며 차들을 세우고, 안간힘을 쓰는 소년을 길가로 끌어내자, 허겁지겁 뛰어온 귀부인이 소년의 손을 덥석 잡더니 학교 쪽으로 길을 재촉했다. 나는 천천히 그 뒤를 따랐다.

'혹시 교통 정리하던 그 튼실한 소년이 특수아는 아닐까? 아냐 그럴리가 없어. 그 엄마를 보더라도.' 나는 머리를 흔들며 교무실에 도착하여 여러 선생님들께 인사를 한 뒤, 신설된 특수학급과 연구부장의 중책을 맡아 교실로 안내되었다.

특수학급은 무학년제로 경증, 중증정박아 등 7명으로 일반학급에 수용되어 통합교육을 받다가, 특수교육을 병행하도록 되어 있고, 교육경력 10년 이상, 특수교사자격증 소지자를 배치한다는 원칙에 따라 내가 담임을 맡게 되었다.

교장 선생님의 소개가 끝나고 교실을 둘러보니, 뒤편에는 학부모 몇 분이 와 계시는데 아까 그 귀부인도 앉아 있고, 교통정리를 하던 소년도 제일 앞자리에 있는 것이 아닌가. 학생들을 익히기 위하여 얼굴을 보며 천천히 이름을 불렀다. '김길수, 이영숙, 박순철…….' '최경수!' 대답이 없었다. 다른 학생들도 들릴 듯 말듯, 또는 귀청이 울리도록 쩌렁쩌렁 대답을 하는데, 경수는 몇 번을 불러도 눈만 껌벅껌벅할 뿐 대답을 하지 않았다. 답답했던지, 엄마가 튀어나와 어깨를 감싸고 대답하기를 재촉했지만

"어, 어, 거시기요……."

하다가 말을 더듬으니 학생들이 키득키득 웃었다. 한 학생이

"선생님, 경수는 대답이 '거시긴'디요."

학생과의 첫 대면이 끝나고 원 학급에 복귀하여 통합교육을 받는

시간이 되어 모두 보내고, 학부형들만 남아 '아이들 이야기', '부모의 고충' 그리고 담임으로서의 지도방침과 협조사항 등 이야기를 나누고 경수 엄마의 단독 상담요청이 있어 자리를 같이했다.

"우리 경수가 요사이는 교통경찰이 부러웠는지 등교시간과 하교시간에 삼거리를 지날 때엔 가끔 뛰어들어가 교통정리를 한다고 그 난리예요."

이렇게 시작한 엄마의 이야기는 이어졌다. 경수는 부유하고 풍족한 집의 외아들로 태어났다. 부모는 우리나라 명문대에서 정치외교학과 미술을 전공하고 국제메이커 모 양화점을 4개 도시에 지점을 두고 순회 경영하고, 엄마는 화실을 열어 작품 활동을 하며, 가족 중엔 국회의원과 차관급 관료가 있는 명문가로 고향은 서울, 외가는 경상도라 했다. 경수네 식구는 모두 네 명. 경수 누나는 여중 2학년으로 전교 수석을 차지하는 수재이며, 경수를 낳자 부모는 가족계획(단산수술)을 하고 남매를 잘 기르고자 애를 써왔는데, 경수도 유아 시절에는 우량아로 추천되어 입상도 했단다. 그러나 자라면서 가끔 열이 심하고, 경기가 있어 소아과를 자주 찾았다고 한다. 그런데 성장하면서 좀 늦되어 엄마 속을 태우기 시작하더니, 4살 때쯤부터 누나와는 달리 좀 이상(?)함을 느꼈다고 한다. 그래도 '좀 늦되는 수도 있으니까 언어나 문자해득은 못해도 언젠가는 따라가겠지.'하며 걱정을 스스로 진정시켰다. 아빠에게 걱정을 이야기하면, '그깐 걱정은. 아무리 못 돼도 지방대 정도는 갈 수 있겠지 뭐.'하며 마음을 다스리다가 벌써 열 살이 넘었다. 이젠 완연히 티가 나기 시작하니 놀라고 걱정하면 뭣하랴. 아직도 아빠는 믿으려 하지 않고 '재수 없는 소리'라고 힐책만 하고 있으니 경수와의 모든 대화는 어머니 몫이었다.

어쩌면 지방에 보금자리를 마련하게 된 것도 경수 때문이랄까(?) 아빠는 한 주일에 한 번꼴로 집에 오는 편이나, 경수 이야기만 나오면 막무가내로 말을 끄집어내지도 못하게 한단다. 그 심정을 누가 짐작이나 할 수 있으며, 어찌 헤아릴 수 있으랴.

경수는 발음이 정확하지 못하고 말을 더듬는다. 답답한 나머지 재촉하거나 다그치면 '저. 저. 거시기…….' 그 거시기 하며 대답을 미룬다. 이제 엄마는 경수의 '거시기'를 훤히 알아들을 수 있고, 그래서 요사이는 다그치거나 재촉하는 일이 없단다. 경수에 대한 엄마의 교육열은 대단하다. '저 거시기'하면, 무슨 말을 하려는지 먼저 짐작하여, 말문을 열어주려 애쓰고, 무엇을 찾는지 알아채어 그것을 찾아 준다고 한다.

자라면서 걸음걸이도 이상하고 손놀림도 정상이 아니고 얼굴 모습까지 이상해지니 엄마 심정이 오죽했으랴. 방과 후엔 전문가를 찾아 자문을 받거나 수지협응手指協應, 보행훈련 등을 스스로 익혀 훈련시키고, 간단한 문자해득, 음악, 미술치료법을 다양하게 적용하기도 한다.

특수교사 이상의 기능을 지닌 것 같다. 이에 부응하여 나도 경수의 특성에 맞는 개별화지도 프로그램을 작성하여 제시해 주고, 학교와 가정에서 공동으로 정서순화와 심리안정에 도움이 될 자료를 제작하거나 구입하였다. 덕분에 경수 외의 정신지체아들의 지도에 더욱 도움이 되었다.

어머니의 정성어린 보조교사(?) 활동과 관심에 부응하듯 경수는 놀랄 만한 진전을 가져와 간단한 문자해득, 그림을 통한 표현기능, 더듬거리기는 해도 언어기능 그리고 동작도 많이 좋아졌다.

어머니의 정성과 노력이 정신지체의 벽을 뛰어넘어 경이적인 변화를 가져오고 있는 것이다.

경수가 생각날 때면 '거시기'가 떠오른다. 나도 한때 중등교사 자격고시에 응시하여 필기시험에 합격하고, 면접시험에 낙방한 적이 있다. 그때 긴장되어 시험관의 물음에 시원스런 대답을 못하고 목구멍까지 올라왔다 내려가는 통에 "저 거시기……." 하다가 다음 질문으로 옮겨간 적이 있었다. 고희가 된 친구들의 모임에서도 가끔 "거시기, 뭐더라." 하다가 말문이 막혀서 그저 함께 웃고만 적이 있었다.

<황산벌>이란 영화에서는 백제 진영의 암호인 "거시기 연구"로 촌극을 연출하기도 한 '거시기'. 그것은 무슨 뜻일까?

거시기라는 말을 가끔 사용하고는 있어도 정확한 어원을 몰라 사전에서 찾아보았다. '거시기'는 '말하려는 도중에 하려는 말이 얼른 생각나지 않거나 말이 막히면 자신도 모르게 튀어나오는 표준 우리말이며', '말하는 도중 사람 또는 사물의 이름이 떠오르지 않을 때 그 이름 대신에 이르는 말', 또는 '서로의 의사소통이 잘되는 사이에 통용어로 지레짐작으로 사용되는 용어'로 사용된다고 하였다.

참 착하고 동정심이 많던 경수, 인정도 많고, 학용품과 간식도 항상 친구에게 양보할 줄 알며, 앞장서 친구들에게 나누어주고, 다투는 친구가 있으면 무조건 가운데 들어가 말리며, 심부름을 자기가 하려고 다투는 착한 아이였다.

'거시기, 경수야! 엄마의 마음을 알아주어 지금쯤은 의젓한 어른으로 성장했기를 바란다. 지금 그 '거시기'는 어디서 어떻게 살고 있니?

요즘 멀쩡한 일에도 소통에 문제가 생기고, 얼렁뚱땅 넘기는 일들을 보면서, '거시기 사연'이 새삼 생각난다.

(2009. 04. 20.)

# 숨어 보낸 택배

쌀에는 농부의 얼과 정성이 숨어 있다. 쌀米이 식탁에 오르기까지는 여든여덟 번의 손길이 간다는데, 어려서 농사일을 해보기는 했어도 농부의 마음을 깊이 헤아려 본 적이 없다. 쌀은 우리의 주식이요, 인류의 생명이며 문화요 우리의 정신이다. 지금이야 쌀 한 가마 가치가 별 것 아니라지만 옛날엔 황금 같았다. 1960년대에는 월급이 쌀 3가마 정도였다. 쌀 한 가마를 시골에 빚으로 놓고, 잊은 듯 기다리면 몇 년 안에 큰 재산이 된다는 꿈을 꾼 적도 있었다.

내가 퇴직 후 7개월쯤 지나서였을까? 외출에서 돌아오니 우리 집에 보낸 사람 이름도 밝히지 않은 쌀 한 가마가 배달되었다. 누가 왜 이름도 밝히지 않고 보낸 것일까? 아무리 수소문해도 보내준 사람을 찾지 못하여 궁금하기도 하고 호기심도 생겼다. 그러나 지금까지도 '쌀 택배'는 미궁迷宮에 빠졌다. 처음에는 보낼 만한 분들을 찾아 여기저기 전화라도 해야겠다고 생각했으나, 잘못하면 큰 실례를 범할 것 같아 말도 내놓지 못하고 전전긍긍하다가, 어느 인심 후한 분이 탈곡을 해서 집으로 보내는 김에 선물한 것이겠지 생각했으나 영 찜찜했다.

"그렇게 궁금하면 한 번 찾아봅시다." 아내와 나는 나들이도 할 겸, 보낸 이를 찾아 고마움을 전해야겠다는 생각으로 호남평야 500리(200㎞)를 누볐다. 첫날에는 쌀 마대에 희미하게 찍힌 도정공장을 찾아, 김제평야부터 부안까지 들녘을 돌아다니며 수소문하기로 했다. 그때쯤 도정해서 택배로 부친 사람이 누군가. 그 근처에 나와 같이 근무했던 직원이 살고 있지는 않는가. 수소문하기를 이틀, 심지어 쌀 포대를 싣고 다니며, 그 재질을 비교해 보고 확신할 수는 없지만, 수긍이 간다는 도정공장에서 상대하는 택배회사가 어디인가를 확인하고자 하였다.

셋째 날은 택배회사를 찾아 다녔다. 김제와 부안의 인근 택배회사를 찾아다니며 보여주기를 꺼리는 택배일지까지 확인했지만 허사였다. 그럭저럭 헤매기를 나흘, 햇볕에 그을리고 목도 타니 우리의 '진실게임'도 문을 닫자고 했다. 우리가 지금 무슨 일을 하고 있나 싶어 아내와 얼굴을 마주 보며 웃기도 했다. 초가을 들녘의 따가운 햇볕에 그을기를 또 이틀, 결국 우리는 숨은 선행자 찾기를 포기했다.

1980년대 임실 W학교에서 교감으로 근무할 때, 나이 드신 선배 한 분이 교감 연수지명을 받는 바람에 임시 담임을 구해야(당시에는 본인이 채용) 할 처지였다. 마땅한 강사를 찾지 못하여 전전긍긍하는 지라 내가 학급 담임이 되어 두어 달 보충수업을 담당한 적이 있었다.

그 답례로 가을에 햅쌀 한 가마를 보내 주었던 적이 있다. 어찌나 쌀이 좋고 밥이 맛있던지, 그 고마움이 오래오래 기억되었다.

'진실을 밝히려는' 나흘 동안 나는 생각해 보았다. 왜 하필이면 쌀을 보냈을까? 왜 이름을 밝히지 않았을까? 고마움이었을까. '별 것도 아닌데'하는 미안한 마음이었을까. 혹시 쑥스러움이었을까? 어떤 이유건 그 속에는 보낸 이의 따뜻한 마음이 숨어 있었으리라.

나는 '숨어 보낸 택배'를 교훈삼아 쌀米에 대한 경외심敬畏心을 갖고, 어떻게 행동하고 어떻게 베풀어야 할 것인가를 늦게나마 어렴풋이 깨닫게 되었다. 아직도 밝히지 못한 '쌀 한 가마'의 비밀로 인해 아내는 나에게 숨은 여인이 있어 보내준 것이 아니냐며 놀리기도 한다. 그럴 때는 머리에 하얀 수건을 두르고 농사일에 땀방울을 쏟는 이름 모를 고즈넉한 여인을 머릿속에 그려보기도 한다.

요즘에도 햇곡 3kg짜리 포대가 선물로 배달되면 "당신 숨은 여인이 또 쌀을 보내왔으니, 이번에는 꼭 들녘을 한 바퀴 돌며 밝히자."고 다그친다. 그러면 아무 잘못도 없는 나는 움찔하고 놀란다. '미궁迷宮의 쌀 택배'로 인한 뙤약볕 속을 헤맨 나흘이 떠오른다.

그 쌀 한 가마는 나에게 인정과 지혜 그리고 넓은 마음을 일깨워주는 계기가 되었다.

(2010. 05. 15.)

# 길 잃은 어린 양

학년 초가 되면 교무실 행사 란에 가정방문 주간이 표시된다. 요즈음엔 학부형에게 민폐가 된다 하여 중지된 지 오래지만 1960년도 말부터 70년대 초에는 가정방문은 가기 싫어도 가야하는 '교육과정의 중요한 행사'로 여겼다. 그때에는 가정방문이 학생들에겐 '축제'이기도 했다.

교문만 나섰다 하면 다른 학급의 학생들까지 줄줄이 따라 나서니 소대장, 둘째 마을을 거치면 중대장이 되고, 마을 가운데를 지날 때는 장군이 될 정도로 요란했던 것이 가정방문이었다.

어느 해의 일이다. 우리 학급에서 여러 가지 문제가 있는 학생 몇 명만 골라 방과 후 조용히 방문하기로 마음을 먹었다. 눈치 빠른 몇몇 아이의 입과 귀로 인해 교문을 나서기가 무섭게 나를 호위하듯 따라오는 아이들 속에 묻혀버렸다.

풀잎처럼 싱그럽게 재잘거리는 아이들과 물어물어 산골마을을 찾아 다녔다. 논밭에서 일하던 학부모님들이 허리를 펴고 아이들 이름을 부르고 내가 돌아보면 멀리서 손도 흔들고 허리 굽혀 인사도 했다.

마을 모정茅亭을 지날 땐 앉아서 놀고 계시던 어르신들까지 모두 일어나

"선상님, 애쓰시는 구만요."하고 인사할 때는 정말 몸 둘 바를 몰랐다. 이런 경우를 우리는 장군님 행차라 놀렸다.

우리 반에서 제일 눈에 띄는 아이는 정자였다.

"야, 정자야. 너는 어째서 내 말을 안 듣지? 벌써 세 번째 머리 좀 단정히 하고 다니라고 했잖아?" 용의 검사를 할 때마다 긴 머리가 왼쪽이 더 길고 손질도 하지 않은 채 지저분했다. 정자의 머리칼을 좀 올려주려고 하면 질겁하고 울면서 피하고, 말은 듣지도 않으며, 그날부터 며칠간은 으레 결석하는 아이였다. 이런 정자의 마음을 헤아리지 못해 그 사연을 들어보고자 먼저 정자네 집을 찾았다.

정자는 선생님이 오셨다는 이야길 전해 듣자마자 어디로 숨어 버렸는데 텃밭에서 일하시던 어머니께서 머릿수건을 내리며 들어오셨다. 어머니와 나는 정자에 대한 여러 이야기를 주고받다가 두발에 관한 이야기를 해 주셨다.

생후 8개월쯤 된 초여름, 순하디 순해 신통하기 그지없는 정자를 재워놓고 텃밭에 일하러 나가 한 시간쯤 일을 했을까. 멀리서 자지러지는 아기울음 소리를 듣고 뛰어와 보니 피투성이가 되어 울고 있었다. 아기를 급히 안고 병원에 가보니 쥐가 애기의 한쪽 귀를 반절 이상 뜯어 먹었다고 한다. 얼마나 놀라웠을까.

그 뒤 정자는 커가면서 신경질적이고 그쪽 머리는 끊으려고도 않고 늘어뜨리고 다니며, 다루기 힘든 아이가 되었다 했다. 그 말씀을 듣고 나는 정자에게 미안하여 쥐구멍에라도 들어가고 싶었다.

이래서 가정방문이 필요한 것이구나, 깨닫는 순간이었다. 몇 개의 군고구마를 신문지에 싸 주시는 어머니와 헤어지자 내 마음속엔 정자의 모습이 더 크게 떠올랐다. 그 뒤로 나는 정자의 자존심을 자극하지 않도록 노력했다. 모든 일에 좀 더 적극적인 자세를 갖도록 하고, 자아 정체성을 찾도록 의욕과 용기를 북돋았으며, 자신감을 일깨워 줌과 동시에 독서를 권했다.

다음은 수철이 차례였다. 수철이도 둘째가라면 서운할 아이였다.

"수철이, 너는 어떻게 된 애가 하루가 멀다 하고 치고받고 때리고, 맞고 욕하고, 친구를 괴롭히지? 더구나 무단결석에 중도치기까지 하니 대체 내가 어떻게 하면 좋겠냐. 응?" 남겨놓고 상담이라도 하려면 그 아이는 벙어리가 되어 버린다. 꾸중하면 씩씩거리고 듣지도 않았다. 벌을 세워놓고 잠깐 자리만 비웠다 하면 잠깐 사이에 행방이 묘연하다. 그러고 나면 또 결석하는 아이였다. 수철이의 문제행동과 꼬인 마음을 풀어주기 위해서 개구쟁이 수철이 집으로 향했다. 수철이는 집 앞 냇가에서 개구리를 잡고 있다가 급히 숨으려고 했으나 이끌려왔다. 집에는 아무도 없었다.

귀틀집 마루에 나란히 앉아 입을 열려고 하지 않는 수철이를 달래고 달래어 이야기를 나누어 보았다. 아버지는 이웃마을에 머슴살이 나가셨고 어머니께서는 이 마을 저 마을 방물장수로 때로는 2, 3일 만에 들어오시고, 이웃에 사시는 외할머니가 음식을 가져다준다고 했다. 어안이 벙벙하기만 했다. '이런 처지의 아이만 나무라지 말고 먹고 살기 힘든 세상을 탓하면서 보다 깊이 이해하고 많은 관심과 사랑을 기울여 소외당하고 놀림받는 수철이를 문제아로 만들지 말자.'고 다짐하며 손을 꼭 쥐어주고 정자나무 아래까지 함께 걸으면서 다독거려 주고 헤어졌다. 그런데 이 녀석이 손을 놓자마자 쏜살같이 집으로 뛰어가더니 헐레벌떡 돌아와 담배 한 갑을 내미는 것이 아닌가. 언제 준비했을까. 나는 눈시울이 시큰했다. 녀석의 머리를 말없이 쓰다듬어 주었다.

마지막 방문할 곳은 새뜸 동수네 집이었다.

"동수야, 이리 와. 이것 좀 같이 공부해 볼까? 그래그래, 그렇게 하는 거야. 그런데 어째서 지난번 공부했던 것은 벌써 다 까먹었니? 아이고 속 터져."

동수는 우리 반의 지진아였다. 아무리 가르쳐도 다음날은 잊어버리고 콧물만 들어갔다 나왔다 하며 눈을 껌벅거리는데 대관절 왜 그럴까. "그 애는 1학년 때부터 멍텅구리예요. 그 전 선생님들도 포기했대요." 라고 친구들이 말해 준다. 동수는 집에 도착하자마자 기다리고 있었다는 듯이 싸리문 앞까지 나와 나를 보고 함박웃음을 지었다. 앞치마를 두른 어머니가 부엌에서 나와 손을 닦으며 반가이 맞아주셨다. 애들을 모두 내보내고 어머니와 마루에 앉아 이야기를 나누었다.

동수가 갓난아기 때 고열과 경기로 온 식구를 자주 놀라게 했으며 막둥이요 외아들이라 조마조마한 마음으로 공부보다는 건강을 생각하며 기르고 있었다. 가난이 무엇인지 목구멍에 풀칠하는 게 우선으로 공부하는 데 관심을 두지 못해 그렇게 되었다는 것이다.

"지금도 늦지 않았으니 이제 시작이라는 마음으로 조급한 생각을 버리고 차근차근 지도해 보겠습니다."라고 말씀드리고 집을 나서려니 온기가 가시지 않은 달걀 두 개를 사양해도 한사코 손에 꼭 쥐어주셨다.

호주머니 속에 있던 그 달걀은 깨져, 옷을 세탁해야만 했지만 그 정은 오래오래 가슴속에 남아 있다.

다른 해에 비해 가정방문의 소중함을 새롭게 느꼈다. 그 많은 사연과 모진 환경도 모른 체 헤매는 어린 양들을 윽박지르며 나무랐던 내 자신이 부끄러웠다.

무거운 발걸음을 한 발 한 발 뗄 때마다 가슴이 콱 막히는 것 같았다. '내일부터 개인 차에 따른 개별학습 계획표를 작성하여 단계적으로 학교와 가정에서 조금씩 공부하도록 해야지.' 사랑과 관심을 아이들에게 골고루 나눠주기 위해 한 해의 새로운 설계를 짜기로 했다. '길 잃은 어린 양'들을 위해 해야 할 일이 너무 많다는 생각을 하면서 발길을 재촉했다. 벌써 서녘 햇살이 뉘엿뉘엿 기울고 있는 하늘에는 내 아이들의 환한 얼굴이 달처럼 떠올랐다.

지금쯤 희끗희끗 중년이 되어 건강하고 행복하게 지내고 있을 정자, 수철이, 동수가 아른거린다.

(2009. 03. 23.)

# 왕대포의 꿈

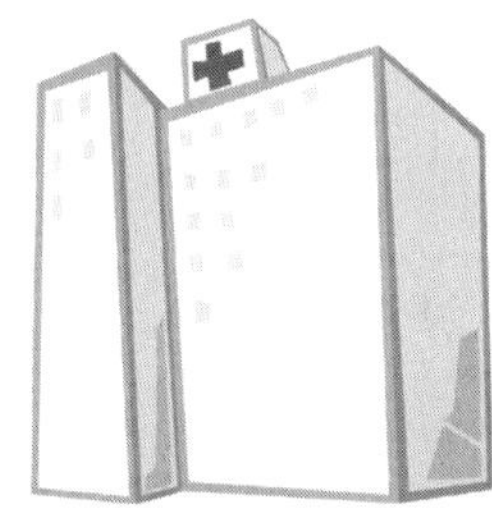

내 제자 중에 '왕식'이라는 아이가 있었다. 그 학생의 어머니는 학교 앞에서 막걸리 장사를 했고, 아버지는 양조장에서 배달을 하였다. 해 질 녘만 되면 그 집 앞을 지나는 어린 학생들에게 그 집을 기웃거리지 못하게 했지만, 어른들은 항상 북적거렸다.

왕식이는 몰골이 꾀죄죄하고, 자신이 없어 보이며, 숙제도 해오지 않는 날이 많았다. 그래서인지 친구도 별로 없고, 수업이 끝나도 집에 갈 생각은 않고 학교 양지쪽에서 어슬렁거리는 외돌토리였다. 어른들도 그 집을 부를 땐 '대폿집' 혹은 '왕대포'라고 불렀기 때문에 어린이들 귀에는 몹시 궁금했을 것이다.

어느 날, 1학년 학생들 몇 명이 몰려왔다.

"선생님, 왕대포가 뭐래요?"

"응, 그거 전쟁 때 쏘는 무기로 화약과 포탄을 쏘는 커다란 총 있지? 쾅! 쾅! 우르르 쾅!"

"그런데 왜 왕식이네 집 앞엔 왕대포라고 써놓았대요?"

"아마 그 집에 왕대포가 있나 보구나."

"와. 그렇구나. 나도 한 번 봤으면!"

그 집 간판인 '왕대포'를 물어보는 것 같은데, 뭐랄까 어린이들이 이해할 확실한 정답도 없고, 왕식이를 놀려댈 것 같아 그렇게 말해 주었을 뿐이다. 그날 이후 아이들은 왕식이를 따라다니며, 손짓발짓을 하고 무슨 말인지 조잘대기 시작했고, 수업이 끝나고 그 집 앞을 지나칠 때는 호기심이 가득 찬 모습으로 기웃거렸다. 지나면서 보면 동네 어른들도 선생님도 그곳에 둘러앉아 이야기하는 걸 보면서, 더욱 신기하고 궁금해 하였다. 그 뒤로 왕식이는 친구도 생기고 공부도 제법 나아졌다.

'나도 그 왕대포를 한 번만 봤으면…….'

아마 그때 어린이들의 관심은 그것이었을 것이다. 왕식이 아빠는 정말로 대포를 잘 쐈다. 왕식이를 판검사로 만들겠다고 항상 말끝마다 큰소리를 쳤다. 그때 성적이나 성격으로 봐서 장담할 수 없는 대포(?)였다. 그 외에도 왕식이 아빠는 호방한 말, 좀 무식한 듯한 말투로 과장된 대포를 잘 쏘아 사람들을 웃겼다. 그래서 그의 별명도 '왕대포'였다.

그곳을 떠난 지 20년쯤 지난 어느 날, 당시 그곳에 같이 근무했던 선배 한 분을 만나 막걸리를 마시게 되었다. 그때 그 시절, 젊음을 불태우고 총각 시절의 온갖 추억 이야기 끝에 '왕대포' 이야기가 나왔다. 특히 왕대포집에서부터 시작한 퇴근 후의 이야기는 생각할수록 흥미진

진했기 때문에 시간 가는 줄 몰랐다.

"어이, 그런데 말이야, 그 대폿집 왕식이 있지? 그 애가 이번에 병원을 개업했다는 구먼……."

"어, 그래? 정말 놀랍구먼. 대단하네요. 왕대포집을 해서 대학까지 가르치고 의사를 만들어 개업까지 시켰으니……."

선배가 알기로는 그때 이후 왕대포집은 문을 닫고 도시로 나가서, 아빠는 공사판에서 일하고 엄마는 풀빵 노점상을 하여 겨우겨우 작은 점포 하나를 열었단다. 그런데 호사다마라고 '왕대포' 씨는 공사판 사고로 지체부자유자가 되었다고 했다. 그래도 자식에 대한 교육열은 대단하여 대학까지 가르쳤다고 한다. 정말 '왕대포' 노릇을 톡톡히 해낸 자랑스러운 부모님과 어려움을 헤치고 노력하여 전문의까지 마친 왕식이에게 마음속으로 찬사를 보내지 않을 수 없다.

내가 수십 년의 교직생활을 하면서도 가슴 깊이 넣어주지 못한 교훈을 이제야 듣게 된 것을 안타까워하면서 왕대포집을 나왔다. 지금 생각해 보니 당시 아빠 '왕대포'는 무식한 듯했지만 굳은 의지와 각오로 끊임없이 '할 수 있다.'는 꿈을 자극했고, 정체성을 잃지 않도록 아들을 격려하고 뒷받침해 주었기 때문에 오늘의 결실을 가져왔으리라. 어려운 환경을 극복하고 부모님의 참뜻을 알고 자신감을 갖고 피나는 노력을 했기에, 전문의가 될 수 있었을 것이다.

자기의 앞길을 개척하는 길은 굳은 마음과 의지가 중요하다. 왕식이가 고액과외를 받았을까. 맞춤 개별지도를 받았을까. 그건 아닐 것이다. 요즘 가난하다고 탄식하면서 자녀를 고액과외 시키지 못해 안달하는 부모들과 작은 일에도 좌절하고 환경과 처지를 탓하는 청소년들을 볼 적에 '왕대포의 꿈'은 많은 것을 시사해 준다.

환경 탓, 돈 탓, 시간 탓, 또 탓, 탓하는 젊은이들에게 들려주고 싶은 이야기다.

인간의 가능성은 무한하다. 그리고 의지와 신념만 있으면 어떠한 꿈도 이룰 수 있다. 얄팍한 심보로 남을 속이려는 잔꾀를 버릴 일이다. 호방한 말, 좀 무식한 듯한 말투로 과장된 대포를 잘 틀어 사람을 크게 웃기는 것도 나쁘지는 않을 것 같다. 그리고 그 대포를 실현할 수 있는 꿈을 가지고 있다면 금상첨화일 것이다. 오늘 나도 '왕대포' 한 번 쏘아 볼까?

(2010. 10. 14.)

# 미아 상봉

"야, 너 그쪽으로 가면 안 돼! 이리 와."

호루라기를 불면서 손짓 몸짓 다하며 가면 갈수록 이리저리 도망가고 잡힐 듯하면 사람들 속으로 들어가 버리곤 하는 숨바꼭질을 하다가 겨우 잡았다.

"너, 이 녀석 몇 반이야?"

그래도 대답도 하지 않고 도망치려는 아이의 뺨을 성질 급한 박 선생님이 찰싹 갈겼다. 꼬마가 울음을 터트리며, 손가락으로 가리키는 쪽을 보니 건장한 젊은 분이 헐레벌떡 뛰어오더니, 박 선생 멱살을 움켜쥐고 막 주먹이 올라가려는 찰나였다. 동행했던 선생님들이 좇아가서 뜯어 말리고 자초지종을 이야기하며 사죄하는 촌극을 연출했다.

1969년 10월 1일, 정읍동초등학교 6학년 학생들이 서울로 수학여행을 갔다. 인산인해인 여의도 광장에서 펼쳐진 국군의 날 퍼레이드를 구경하고 학생을 인솔하려고 학생 수를 헤아려보니 551명 중 13명의 학생이 모자랐다. 놀라서 모두 찾아 나섰는데 학생들에게 노랑 모자를 씌운 덕택에 11명은 쉽게 찾았는데 두 명을 찾아 헤매다가 노랑 모자를 쓴 어린이를 발견했으나, 그 아이가 도망다녀서 생긴 사연이다. 찾아 나선 선생님이나, 길을 잃은 학생이나 가슴 졸이고, 겁도 나고, 어찌할 바를 몰랐던 기억은 지금도 생생하다. 요즘 같으면 핸드폰으로 연락을 하든지 공중전화라도 이용하련만, 구름처럼 몰려든 사람들 틈에서 어린이 찾기는 참 힘든 일이었다. 학생들을 인솔하고 외부로 나갔다가 이런 일이 발생하면 현장 인솔교사는 교사대로, 학교는 학교대로, 결국 학생의 부모님까지 연락을 할 수밖에 없다. 그때 부모님의 심정은 오죽하랴.

한 번은 시간과 경비를 절약하고자 밤 열차 전세를 내어 서울 고궁과 창경원에 갔는데, 떠나기 전부터 들떠 있던 아이들은 인솔교사의 호령에도 꿈쩍 않고, 밤새워 떠들고 노래하고 춤까지 추며 흥겹게 놀다가 새벽에야 끝냈다. 서울에 도착하여 아침을 먹고 대절 시내버스에 타자마자 졸기 시작하거나, 기대고 눕고 코고는 애들까지 있어 운전기사 보기에 민망했다. 목적지에 도착하여 졸음에 취한 학생들을 업거나 부축해서 내리니, 이를 본 사람들이 무슨 사고가 났느냐고 몰려들어 구경꾼만 많아지니 어이하랴. 시내 명승지를 걸어서 구경하다 보면 처음 보는 것들이 많아 모든 것이 신기한 듯 여기저기 기웃거리다 인솔교사가 잠깐 방심한 틈에 어디로 갔는지 모르는 경우가 있다.

"글쎄 어쨌다고 첨성대 속에서 잠을 잘 수 있느냐?"

경주에 수학여행 갔을 때 학생 두 명을 미아로 만들어 곤혹을 치른

적이 있다. 여기저기 찾아다니다가 날이 어둑어둑해져서 학생들은 여관으로 보내고 선생님 몇 분이 남아서 찾아 헤매다가, 혹시나 해서 첨성대 속을 보니 그 속에 쪼그리고 잠들어 있었다. 밤새 잠을 안 자고 떠들더니, 하필이면 첨성대 속에서 잠을 잤던 것이다. 알고 보니 몇몇이 쉬는 시간 숨바꼭질을 하다가 그 첨성대 속에 숨은 줄 모르고 찾지 않은 채 집합 소리에 모였던 것이란다.

당시에는 첨성대 석굴암 다보탑 등 문화재 관리가 엉망이라, 여행객들이 마음대로 들락거리고 심지어 낙서도 하며, 보존 상태가 좋지 못했었다. 한 학생은 재래식 변소에서 고무신을 빠트려 쪼그리고 앉아 울고 있는 것을 찾아 데리고 왔다. 그 귀한 검정 고무신을 끄집어내어 깨끗이 씻어, 물속에 담가 놓았다가 말려 신겨준 일도 있다.

선생님 마음은 아랑곳하지 않고 천하태평하게 국보 첨성대 속에서 꿈을 꾸던 그는, 지금쯤 어디서 무엇을 하고 있을까?

80년대 초 전주 진북초등학교에서 1학년을 처음 담임한 적이 있었다. 공교롭게도 3월 초 우리 반 아이들과 얼굴도 익히기 전에 어머님 상을 당했다. 허겁지겁 고향에 가서 일주일간 상을 치르고 학교에 오니, 교실에는 등교 학생들이 반절 정도 앉아 있었다. 교실에 담임이 없으니, 가방을 짊어진 채 집으로 가거나 놀이터에서 놀고 있었던 것이다. 얼굴도 제대로 익히지 못한 아이들을 찾아다니느라 진땀을 뺀 적이 있다. 모두 찾아 모으는 데 한두 시간을 허비하곤 했다.

일본 땅에서의 경험도 있다. 전주남초등학교 재직 시절 졸업생 중 일본 방송국의 전속연예인으로 활동 중인 K양이 모교를 방문하고, 방송국의 배려로 학생 학부모 교원 100명을 초청하여 견학과 게임, 관광을 주선한 일이 있었다. 그때도 사연 많은 소변 때문에 수많은 인파

속 '나리타' 국제공항에서 일행을 잃고 미아가 된 문영민, 그 애의 심정은 오죽했으랴. 당황하고 놀라고 두렵고 30초간의 화장실행이 이럴 줄이야……. 3~4시간을 찾아다니고 공항 방송으로 수소문해 보니, 숙박할 호텔에 먼저 가 있었다. 영리한 그 소년은 미리 알려준 호텔 이름과 전화번호를 가지고 찾아간 것이다. 설마 그랬으리라 생각은 못하고 놀라서 찾기만 했던 우리들의 미련함을 한탄했다.

그때는 애가 탔지만 지금은 잊을 수 없는 추억이 되었다.

(2009. 06 10.)

# 만남 그리고 변화

만남을 소중히 생각하는 사람들과 나누는 멋진 대화는 참 행복하게 합니다. 그들과 나눈 정다운 인사가 하루를 기분 좋게 열어주고, 그 대화는 주변 사람들까지 행복하게 합니다. 곁에 있는 사람이 행복하면 우리도 행복해진다는 진리를 깨닫게 되는 순간입니다. "사랑해.", "고마워.", "미안해.", "잘했어.", "넌 항상 믿음직해.", "넌 잘될 거야!", "네가 곁에 있어서 참 좋아." 이런 말들은 얼마나 듣기 좋고 정감이 가는 말입니까?

그 사람이 사용하는 말은 그 사람의 삶을 말해준다고 합니다. 우리는 서로를 행복하게 해 주는 대화를 나누어야겠습니다. 만남과 대화는 어느 때는 상처를, 어느 때는 사랑을 안겨줍니다.

만남에서 대화가 적극적이지 못하면 어색하고 지속성을 잃습니다.

공통 관심사와 공감적 호의가 있어야 적극적인 대화로 발전합니다. 요즘 젊은이들은 이를 필(느낌)이라고 합니다. 그 필의 조건으로 호감과 첫인상, 그리고 매너를 꼽는다고 합니다.

첫 만남에서의 어설픈 대화가 화기애애한 대화로 진전되고 시간이 흐름에 따라 호칭도 자연스럽게 변하게 됩니다. 그런 과정을 통해서 한 가족으로까지 발전하는 청춘남녀를 보았습니다.

변화는 시간의 흐름과 대화에서 시작됩니다. 만남에서 시작된 대화는 느낌을 동반하고, 그 느낌은 믿음과 정으로 연결되어 심리적인 변화와 관계의 변화를 촉진시킵니다.

인간은 모두 서로 다른 점이 있습니다. 이를 각자 타고난 개성으로 인정하지 않고 나와 결코 맞지 않는 점으로 취급하는 순간, 두 사람 사이에는 만남의 의미가 퇴색하고 대화가 두절되어 상처가 자리잡기 시작합니다. '다르다.'와 '틀리다.'라는 두 낱말은 큰 차이가 있습니다. 만난 두 사람은 서로 '다른' 사람이지 '틀린' 사람이 아닙니다. 그리고 두 사람이 바라보는 방향은 늘 같아야 합니다. 서로 '다른' 사람이 만나 같은 방향을 바라보면 '다르다.'가 어느새 '닮았다.'로 바뀝니다. 그때부터 서로 간에 정과 사랑이 자리잡기 시작합니다.

사람이 살아가는 데 연속되는 만남과 대화는 눈에 보이든 보이지 않든 많은 변화를 가져오기 마련입니다. 의미 있는 만남은 큰 의미를 낳고, 의미 있는 대화는 마음과 마음을 이어주는 다리 역할을 하기 때문입니다.

성군 세종대왕께서는 정인지, 김종서, 장영실, 최무선 등을 만나 국위를 선양하고, 찬란한 문화의 꽃을 피웠으며, 세계 제일의 한글을 창제하셨습니다. 또 세계에서 가장 가난하고 구제불능이라고 했던 우리

나라 국민에게 꿈과 희망을 심어준 박정희 대통령이 있습니다. 그 분은 이병철, 정주영 같은 대 기업가를 만나 불가능한 일을 가능케 한 '한강의 기적'을 이룩하여 세계를 놀라게 했고, 현재의 경제대국을 만들어 물려주었습니다.

요즘엔 사람들끼리의 대화도 중요하지만, 사회적인 대화, 영육 간의 대화, 자연과의 대화에도 눈길을 돌려야 합니다. 사회적인 대화가 부족하여 불안하고 불안정한 사회분위기를 조성하기도 하고 자신의 생각만 옳다고 투쟁하기도 합니다.

영육 간의 대화가 부족하면 정신적 신념과 도덕성이 무너져 모든 사람을 우울하게 하고 가슴 아픈 일들이 발생합니다. 이런 일들은 우리를 슬프게 합니다.

또한 자연과의 대화가 부족하여 개발과 번영에만 혈안된 인류는 자연의 파괴와 손괴로 인해 다방면에서 위기를 실감하고 있습니다.

최근 우리를 이끌어온 정신적인 지도자들의 귀중한 어록을 통한 대화도 중요시되고 있습니다. 메말라가는 우리 사회에 촉촉한 단비가 되고, 머릿속에 오래 남고 심금을 울리는 그 거룩한 말씀들……. 아놀드 죠셉 토인비는 '인간의 가장 원초적인 의사소통 수단인 대화는 서로의 마음을 주기 위해서 꼭 필요한 것이고, 대화가 부족한 사회와 가정엔 이해와 사랑, 유대관계가 소원해지는 병리현상을 초래한다.'고 했습니다. 옛날 소크라테스의 '문답법'도 사실은 대화를 통하여 상대가 깨닫고 그로 인하여 변화를 가져오도록 했던 것입니다.

'의미 있는 만남'과 잊히지 않는 대화, 그로 인하여 나와 세상을 변화시킬 일들을 생각해 볼 필요가 있다고 생각합니다.

살아오는 동안 만났던 수많은 사람들과 나눈 대화들이 나의 인생에 어떤 식으로든 영향을 미쳤을 것입니다. 자신의 의식을 바꾸고 좀 더 발전적인 방향으로 나갈 수 있는 대화들이 오갔을 것인데 혹시 그냥 지나치고 깊게 깨닫지 못해서 지금의 나로 그대로 있는 것은 아닐까. 문득 지나온 삶을 더듬어 봅니다.

(2010. 04. 10.)

# 사람도 A/S 되나요

오늘 아침 외출할 때 가로수에 매달린 수많은 금화가 햇살에 반짝이는 모습이 유난히 눈에 띄었네. 저녁 무렵 들어오면서 보니 살충제 맞은 나비 떼처럼 길거리에 어지럽게 흩어진 은행잎이 눈에 띄더군. 추풍낙엽이라는 생각이 떠오르더군. 그렇게 울창한 가지에 푸름을 자랑하고, 황금 이파리로 눈을 기쁘게 해주더니 하루 사이에 힘없는 낙엽이 되는 걸 보면서, 그날의 일들을 같이 생각하고 싶어 이 글을 쓴다네.

오형!

질펀한 막걸리 안주가 되었던 그때 그 시절의 이야기는 풍성했었지. 참 우연한 인연으로 만난 오형은 막걸리 판에 꼭 끼어 푸짐한 술안주

감을 가지고 엇박자 장단을 맞추며 흥을 돋웠던 추억이 아직도 어른거리네.

1970년 당시 교장 선생님 하면 후덕하고 인자하며 근엄하고 점잖으며 나이가 지긋한 어른으로 만인의 존경을 받는 분이라는 통념을 가지고 있었지. 그런 교장 선생님을 '왕호랑이'라 칭했던가. 출근할 때는 교장실에 들러 교직원 명패를 뒤집어 놓으면서 꼭 아침 인사를 드려야 했고, 퇴근할 때도 교장 선생님이 먼저 퇴근해야만 퇴근할 수 있었지. 결재를 받으러 교장실에 들어가려면 교무실에서 허락을 받고 기웃대다가 들어가야 했지. 가끔 불호령에 오금이 저리기도 했고.

이층 우리 반 머슴아들이 몰고 다니다가 계단을 오르시는 호랑이를 들이받아 넘어지게 해서 불려가 애들과 같이 나도 손들고 벌 받을 뻔했던 일 알지? 그 교장 선생님은 체통을 매우 중시하였고 고집[我執]이 있어서 어지간한 의견이나 간청은 말도 붙이지 못하게 했지. 그래야 근엄하고 위엄이 있어 보여 큰 그릇으로 평가받는다고 했던가? 학교와 교직원은 모두 내 거(?)고, 그렇게 해야만 일사불란한 교육이 이루어지며 모범된 학교요, 명 교장(?)으로 소문이 나는 때였던 것 같네.

매일 직원 조회가 길어 수업시간이 시작되어도 아랑곳하지 않고, 긴 잔소리, 훈계 그리고 잦은 회의 전달로 첫째시간은 홀라당 까먹은 날이 부지기수요, 늦게 교실에 들어가면 애들은 난장판이라 담임은 악쓰고 호령하고 기합 주고, 그러니 수업이 제대로 이뤄질 수 있었을까?

국민이 위임한 권한과 책무를 안하무인眼下無人격으로 휘저으면서 자신을 위한 철옹성을 쌓아 놓고 자신이 하는 일이 가장 옳은 일이요, 국민의 피땀으로 낸 세금도 자신의 쌈짓돈처럼 쓰는 위정자들을 보면서, 그때 그 시절 고장난 교장 선생님을 떠올려보기도 하지.

오형!

이젠 우람했던 거목에 낙엽이 지고 앙상한 가지가 찬바람에 쇳소리를 내는 스산한 가을이 왔네. 우리가 모셨던 A/S형 교장 선생님도 이제는 이미 고목이 되셨지만, 그분들은 나름대로의 철학을 지닌 분들이니, 그분들의 외형적 특성만 보지 말고 깊이 있는 철학에 대해 한 번쯤 생각해자며 이견은 다음 술안주거리로 남겨 두자고 했었지.

세월이 변하고 강산도 변하고, 우리의 자리도 변하고 보니, 남겨두었던 막걸리 안주거리도 많이 변했네 그려.

1987년 임실에 근무할 때는 교장 선생님이 판공비를 교직원 친목회에 전액 내놓고, 직원 및 학부모 애경사, 회식비에 보태라고 하셨네. 선생님들이 출장, 병가, 강습 갈 때는 담임을 자원하셨고, 공문 처리도 어지간한 것은 손수 다 하셨었네. 물론 학급도, 선생님 수도 적고 교감도 학급 담임을 할 때였으며, 교육행정직은 한 명도 없을 때였으니까.

1992년도 진안 S초등학교는 문제가 많다고 소문이 난 소인수 학급 운영시범학교였지. 학생 수는 59명에 4학급. 농촌 벽지학교의 문제점인 학생 수가 적어 개별지도에 좋을 것 같아도 거의가 학습 부진아요, 학습 리더를 길러 놓으면 언젠가는 도시로 떠나고 또 결손아동이 전입되어오곤 했지. 특히 복식학급지도는 더욱 힘든데, 교사들은 당시 불법이었던 전교조 투쟁교사 아니면, 초임교사가 배치되어 학교 분위기뿐 아니라 시범학교운영에 문제가 있다고 수군대던 학교 아니던가. 그런데 그 학교는 한 달에 두 번씩 복식수업 시범공개 및 참관이 있었다는데, 수업은 교장이 하고 참관은 교사들이 했다는군. 한쪽에서는 삐쭉거리며 냉담한 반응과 '웃기는 고장난 교장'이라고 소문이 자자했다고.

오형!

오형은, 누가 보면 아주 모범 교장이요, 풍부한 경험을 살려 솔선하는 모습으로 보였겠지만, 한편 경영자의 틀을 벗어나 제 재주만 뽐낸 꼴이 된 셈이라면서, 차라리 교사 연수를 통하여 교사 스스로 할 수 있도록 이끌었어야 한다 했지. ≪탈무드≫를 거론하면서 "너무 조급한 행동이 아니었을까?"라면서 A/S해야 할 고장난 교장이라고 했었지. 글쎄 누가 잘했는가는 후학들의 술안주거리가 되어봐야 알겠지.

참 우연이라고 해야 할까? 우리는 교직을 마무리할 즈음 25년 전 그 자리는 아니지만, 그 이웃에서 또 만났지. 이 글이 오형의 손안으로 간다면 읽으면서 그때 그 시절과 나를 기억하면서 새로운 감회에 젖으리라 생각하며 이 글을 쓰네.

2000년대 들어서 시절이 하 수상하니 교장은 그때 그 '왕'이 아니라 이젠 시종무관(?), 수비대장(?) 정도의 직무로 바뀌었다더군. 교직원 출근부도 없어지고, 정해진 범위 내에서 자율 출퇴근이요, 수업에 지장을 없애기 위해 집단회의는 가급적 줄이고, 선생님께 전달, 협의할 말이 있으면 부장교실이나 담당자 교실을 찾아다닌다네. 중요한 의사결정사항을 사전협의 조율하려면 방과 후 해당 선생님을 찾아 술이나 식사를 같이 하면서 취지를 알리고 적극 참여와 협조를 부탁해야하는 세상이 되었다네. 결재받을 것은 중요 사안이 아니면 교무실에 놓고 가면, 교감 선생님이 모아서 가져와 읽어보고 결재하거나, 첨삭해서 다시 보내고, 거의 수업이 끝난 후 결재를 받도록 하고 있다네. 그 방법이 과연 민주적이랄 수 있을까? 나는 아직 구세대여서인지 왠지 거부감이 드는 사항들이네.

오형!

그렇다고 그 학교 교장 표창했다는 소리 들어봤는가? 표창과 영전은 거드름피우고 큰소리치던 때 교장들이 다 쓸어갔었지. 이젠 논쟁은 접어두세. 후세의 안줏감으로 남겨두어야 하니까.

어느 분은 '야! 정말 멋진 교장이네.' 하겠고, 어느 분은 '그 따위로 교장 하려면 무엇 때문에 교장을 해, 위계질서만 흩어놓고 그저 좋다는 평 들으려는 얄팍한 심보를 지닌 교장이네.'라고 하며 A/S할 고장난 교장이라고 또 논쟁을 하겠지.

교장은 내적으로는 교육자적 인격과 태도, 그리고 신뢰성과 비전(Vision)을 지닌 분이어야 하며, 과업지향형과 인간관계지향형이 조화를 이루는 것이 바람직하다고 했는데…….

아침 햇살에 반짝이던 금화가, 오후에 돌아오면서 보니 쓸어야 할 쓰레기가 되는 것을 보면서, 우리들 삶도 A/S형 교장이었다는 후문이나, 낙엽과 같은 삶이 되어서는 안 되겠다는 생각을 해 보았네.

• 나의 교직

교사 시절 : 정읍 산성/정읍 백암/정읍 동/전주 남/전주 진북/전주 동북(21년)

교감 시절 : 남원 주천 남/임실 지사(원산)/전주 교대부속/전주 남(11년)

교장 시절 : 진안 서/남원(청)/전주 도강/전주 동/전주 남(10년)

# 오뚝이의 푸념

나는 교문 앞에 서 있는 '아동지킴이' 플라스틱 오뚝이입니다. 언제부터인가 나는 여기에서 지나가는 사람, 차량, 등하교 하는 학생과 선생님들을 살펴보고 있습니다. 다른 사람이 알지 못하는 것까지 나는 알고 있지만, 남에게 말을 해주지는 못합니다. 오늘도 이른 아침부터 교통안전 봉사활동을 하는 자모님이 깃대를 들고 교문 앞 횡단보도에서 신호등에 맞추어 호루라기를 불고 있습니다. 파란 등이 켜지고 호루라기 소리가 나면 구름같이 모인 꼬마들이 앞을 다투어 교문으로 빨려 들어갑니다.

아침마다 학교에서 울려 퍼지는 경쾌한 동요, 해맑은 어린이들의 가벼운 발걸음, 서로 나누는 미소와 아침 인사는 막혔던 내 가슴이 확 뚫리는 듯한 시원함을 주고, 내가 여기 서 있는 보람을 느끼게 합니다.

나는 웃으며 여기에 바르게 서 있었는데, 어느 날 넘어지면서 머리가 갸우뚱 삐뚤어졌습니다. 학교 급식재료 운반차량이 등교하는 학생 틈새를 비집고 교문에 들이밀면서 나를 넘어뜨렸습니다. 그때 고개도 틀어졌습니다.

어느 아가씨가 '이것은 왜 누워서 고개까지 갸웃하고 있나?'하며 지나더니, 잠시 후 등교하던 꼬마 소녀가 나를 일으켜 세우려 했지만, 끙끙대다가 무거웠던지 그냥 교실로 들어가고, 그 뒤에 손녀 손을 잡고 오던 할아버지가, 손을 놓고 나를 바르게 세워놓았습니다. 할아버지가 나를 세워놓고 한 번 살펴본 뒤 손을 탁탁 털자, 꼬마는 빙그레 웃으며 할아버지 손을 꼭 잡습니다. 그래도 나는 고개가 갸우뚱 한 채입니다.

오늘은 푸념 한 번 해 볼까요?

지나는 차들과 건너는 많은 사람들은 질서를 잘 지킵니다. 횡단보도를 지나는 사람들의 모습과 행동도 다양하고, 지나는 차도 각양각색이기 때문에 어떤 때는 눈살을 찌푸리게 하는 일도 있습니다.

"엄마, 선생님이 빨간불이면 건너지 말라고 했는데……."

"빨간불이라도 차가 지나가지 않으면 건너야지. 엄마랑 같이 가니까 괜찮아."

횡단보도 신호가 바뀌어 가지 않겠다고 떼를 쓰는 꼬마 궁둥이를 때려가며 건너는 젊은 학부모가 있습니다. 차가 질주하는데도 그 틈새로 가로질러 가는 젊은이, 신호가 끝나도 모른 척 천천히 건너는 중, 고생들…….

"웃기는 아줌마야. 차도 안 가는데. 그리고 지나가는 차는 비켜가겠지."

호루라기를 불면 오히려 노려보며 빈정대니, 도저히 이해가 안 갑니다. 고등교육을 받고 세상을 더 살아온 사람이 어린애들보다 더 질서

의식이 없으니 정말로 짜증나고 답답합니다. 오뚝이가 고개를 갸우뚱하고 있는 까닭을 알겠지요?

교문 앞은 제한속도가 30km인데, 지나는 차들은 보통 60km로 달립니다. 신호를 위반하고 획 지나는 차량은 운전의 프로급인 영업용(버스, 택시, 트럭) 차량과 오토바이입니다.

"교통경찰도 없는데 그냥 휙 가면 덧나나?"

그것도 프로가 본보기를 보여주는 것일까요? 1학년이 하교하는 점심시간 무렵, 교문을 막 나오는 귀여운 딸을 보고 도로 건너편에서 엄마가 손짓을 하며 불러대니 꼬마는 엄마만 보고 차가 달리는 횡단보도를 막 뛰어가려 합니다다. 위기일발이 아닐 수 없습니다.

이곳에는 교문과 마주보는 아파트가 있습니다. 교문까지 거리는 15m정도로 집에서부터 걸어와도 될 가까운 거리인데 번잡한 길, 신호까지 어기면서 교문 앞까지 매일 자가용으로 데려다 주는 학부모가 많습니다. 아파트에서 도로로 나오기 전 정지해 있을 때 내려주면 바로 횡단보도인데, 한참을 대기하고 있다가 신호가 바뀌면 건너는 학생들 틈새를 뚫고 교문을 가로막고 학생을 내려줍니다.

또 목이 부러졌네요. 이젠 플라스틱이 찢겨지고 고정 나사가 빠져서 목이 빠져 버렸어요. 교문 앞 아파트에서 급히 나온 차가, 사랑하는 자식을 교문 앞에 한 발이라도 더 가까이 내려주려고 신호까지 위반하며 횡단보도를 황급히 건너 급정거하는 바람에 나를 들이받았기 때문이지요. 넘어진 나를 일으켜 세우려고 끙끙대는 꼬마에게

"얘야, 학교 늦겠어. 그까짓 오뚝이는 내버려둬."

하고 휭 가버렸습니다. 그 부모님은 어떤 마음으로 그럴까요? 그 학생은 어떤 생각으로 넘어진 나를 세우려 했을까요?

여기 있어 보면 부모님들의 이중성을 가끔 볼 수 있습니다. 어느 날은 교문 앞에서, 어머니 두 분이 심하게 다투고 있었습니다. 들어보니 애들만도 못한 엉성한 일로 한 치의 양보도 없이 다투는 거였습니다. '아하! 윗물이 저러니 아랫물이 혼탁할 수밖에.' 말로는 인성교육이 첫째라 하면서도, 생활 습관과 잘못된 버릇은 뒷전이고 공부만 잘하면 어떤 잘못된 행동을 해도 묵인하는 현실입니다.

친구와 싸우고 선생님께 벌을 받았다 하면, 학부모는 화가 나서 벌 준 선생님을 탓하고, 누가 잘못했든 내 자식과 싸운 아이가 밉다고 합니다. '공부 잘해서 남보다 앞서 가고 좋은 학교에 진학해야지. 그깐 놈의 인성교육이네, 질서의식이네 하는 것은 심성 고운 우리 아들은 저절로 다듬어질 거야.'하는 마음을 앞세우기 때문이겠지요.

그뿐인가요? 학교에서 실시하는 일제고사는 싫어하면서도, 문제 많이 풀고 시험 자주 보는 비싼 학원을 선호하는 부모님들, 인성교육보다 성적 향상을 우선하는 부모님들을 어찌해야 할까요?

내 가슴에는 '어린이 안전 지킴이'라고 쓰여 있는데 나는 그냥 멍청이 쳐다만 보고 있어야 합니다. 하긴 요즘 세상에 윗분, 고위층이 법망을 더 잘 피하고 위반해도 묵인해 주는 사례가 많이 보도되면서, 이에 대한 반발심에서인지 법을 우습게 보는 젊은 층들이 많아졌다고도 합니다. 차라리 이것저것 보기 싫어서 잘되었다 싶었는데, 오늘 아침에는 교통경찰 아저씨가 순찰을 하다가 나를 테이프로 붙이고 나사를 꼽아, 바로 세우고 갔네요.

나는 다시 제자리로 돌아왔습니다. 오늘도 학교에서 울려 퍼지는 경쾌한 동요와 해맑은 어린이들의 가벼운 발걸음, 서로 조잘대며 나누는 아침 인사와 미소는 모두의 마음을 한결 가볍게 해 줍니다. 이젠 부정적인 면보다는 긍정적인 면을 잘 살펴보아야겠습니다. 오늘부터는 내 세상도 달라지겠지, 밝고 명랑한 사회와 학교가 여기 우리 앞에 있으니……. 앞날의 꽃이요, 힘이요, 희망인 어린이에게 무엇을 보여주어야 할 것인가를 생각할 때인 것 같습니다.

(2010. 07. 05.)

# 5부
# 한고조

# 한고조寒苦鳥

'한고조寒苦鳥'라는 '새' 이야기가 생각났다. 온통 얼음과 눈구덩이 설산雪山에, 깃털도 없고 집도 없는 한고조는 엄동설한의 한밤을 지새운다. 아침이 밝아오면 추위를 가릴 집을 짓겠다고 다짐하지만, 따뜻한 아침 해가 뜨면 다 잊어버리고 먹을 것을 찾기에 분주하다가 밤이 되면 떨면서 또 집을 지어야겠다고 다짐하기를 반복한다는 것이다.

오늘도 잠자리에서 일어나면서 '나의 생활을 깊이 관조하고, 생각과 느낌을 참신하게 하고 풍요로운 마음으로 참된 나를 그려 보아야겠다.'고 다짐했다. 그러나 하루를 살면서 부딪치는 각박한 현실 앞에서 무참히 스러지고, 다시 밤을 보내고 아침이 오면 기약 못할 다짐을 하곤 하는, 어리석은 나와 무엇이 다르랴?

등단 초심자인 나에게 '한고조'는 무엇을 암시하는 것일까? '글을 쓴다는 것' 그것은 쉬운 다짐이라 할 수 없다. 더욱이 좋은 글을 써야겠다는 다짐이 어찌 마음같이 쉬우랴.

학창 시절엔 누구나 잠시나마 문학에 뜻을 둔다. 그러나 세파의 흐름은 그 마음을 어디로 보냈다가 황혼이 되어서야 되돌아오게 만든다. 나도 고교 시절 도내 몇 명문고 학생끼리 '맥랑麥浪동인회'를 조직하여 동인지도 몇 번 내고 신문에 작품도 실린 적이 있다. 사회인으로 세상 풍파와 싸우다 보니 모두 잊어버리고 수십 년이 지나버렸다. 현직에 있을 때 아는 분이 '등단' 했다 하면, 하늘에 반짝이는 별같이 보일 뿐이었다. 그랬는데 칠순의 문턱에서 나에게도 '등단'의 영광이 올 줄이야……. 문예지 ≪수필과비평≫에 <깜밥>이라는 작품으로 신인상을 수상하게 되었다. 기쁨은 잠시뿐 '심사위원의 심사평'을 읽고 마음이 착잡했다.

'신인상 심사는 작품수준, 신인다운 치열한 작가 정신, 앞으로의 창작활동 가능성에 초점을 두고 작품을 신중하게 검토하여 당선작을 결정하였습니다.'라고 심사위원 전원이 연명으로 밝히고 있었다. '내가 과연 작품다운 글을 쓸 수 있으며, 치열한 작가 정신을 갖고 문인으로서 활동할 수 있는 자질이 있는 것일까?'

등단이란 '어떤 사회적 분야에 처음 등장함을 이르며, 주로 문단에 처음 작가로 등장하는 것을 말한다.'고 한다. 따라서 일정한 자격 요건 심사를 통하여 문단에서 활동케 하는 것으로. 신춘문예 당선, 문예지 신인상 당선, 동인지 추천, 단행본 출간 등이 등단의 길이라고 한다.

내가 좋아하는 문우 한 분이 있다. 그 친구 글은 위트와 유머가 있어 나는 그 글을 좋아한다. 그런데 요즘 그 친구의 글을 통 읽을 수 없어

"어이, 자네 글 좀 읽을 수 있게 신작新作 좀 보여 주게나." 했더니 등단하고부터 어인 일인지 수상隨想이 떠오르지 않아 통 글을 못 쓰고 있다고 했다.

왜 그럴까? 혹시 나도 등단했으니……. 심사기준이 문득 생각나서 괜히 가슴이 두근댄다. 등단했으면 작가다운 글을 써야한다는 강박관념과 부담감 때문일까.

등단을 꼭 해야 하나? 프랑스의 '알퐁스 도데'는 등단하지 않고도 세상을 풍미하는 명작품을 썼지 않았던가? 그러나 문학의 입문 과정에서 자신의 문학적 재능을 객관적으로 인증받는 과정인 등단은 필요한 것이 아닌가 한다.

수필은 자신의 생활이요 화자와 청자가 직접 대면하여 말하는 것과 같기 때문에 '자화상, 자신의 나상'이라고도 한다. 그래서 더욱 두렵고 내어놓기에 겁이 난다. 자신의 하잘 것 없는 생활철학을 남들에게 펼쳐놓기가 두려운 것이다.

우리 집 거실에 '석란유향石蘭幽香'이란 글이 걸려 있다. 이십 년 전 어느 어르신이 주신 글을 요즘에 액자로 만들어 걸었다. 모진 풍랑 속에서도 바위틈 한구석에 나비처럼 붙어 자라는 작고 귀여운 석란의 향기가 그윽하게 풍기는 글. 갖은 고초와 인내와 노력 없이 어찌 석란의 향기를 기대할 수 있으랴.

요즘 가슴에 평정을 잃고 있는 것 같아 부러 걸어 놓은 것이다. 내가 쓴 글이 바위틈에서 이슬을 머금고 자라는 석란과 같이, 아무나 느낄 수 없는 그윽한 향기를 풍기도록 해야겠다는 생각을 할 때면 액자에 눈길이 자꾸 간다.

이제는 등단의 기쁨도, 경외감도, 강박감도 훌훌 털어버리고 '한고조

寒苦鳥'와 '석란유향石蘭幽香'을 교훈삼아 꾸준한 독서와 사색으로 미숙한 감정을 가다듬고 정진하여 초심을 잃지 않는 수필가가 되도록 노력해야겠다. 많이 읽고 많이 생각하고, 글다운 글을 많이 써 보겠다고 다짐해 본다.

(2010. 10. 08.)

• 한고조寒苦鳥 : 옛 인도 히말라야[大雪山]에 산다는 상상의 새로 털도, 둥지도 없어 추위에 떨며 밤을 새우며 '날만 새면 집을 지어야지.' 다짐하건만 해가 뜨면 까맣게 잊고, 먹이를 찾아다니다가 추운 밤을 맞는다는 새로 '게을러 수도를 하지 않음'을 비유하는 '불경 속의 雪山鳥'이다.

# 똑께, 딱께, 똑께, 딱께

"똑께, 딱께, 똑께, 딱께 ………. 뎅, 뎅, 뎅."

요즘에도 가끔 눈을 감고 있으면 시계 소리가 들리는 듯하여 흠찔 놀라곤 한다. 나는 어렸을 적 외가에 자주 갔다. 외가 대청마루에는 커다란 괘종시계가 걸려 있었다. 외가에 들어서면서부터 그 소리는 내 심장 소리가 되었다. 대청마루에서 긴 담뱃대를 물고 계신 외삼촌, 그리고 장가를 간 외사촌 형들은 눈인사만 하는 조용한 분위기였다. 천방지축으로 휘젓고 다니는 내 또래는 없고 모두 어른들만 계시니 괜히 가슴이 두근거리고 낯설어 가슴은 시계추가 되었다.

내가 대여섯 살 때쯤이었을 적에 엄마 치마끈을 잡고 멀고도 험한 길을 걸어 외가에 갔다. 외가는 커다란 기와집이었고, 우리 집에서 못 보던 것들이 많았다. 커다란 대문, 널찍한 마루, 너른 집 안, 빨간 감이 주렁주렁 열린 감나무, 그 중에서도 대청마루 한가운데 걸린 내 키보다 큰 추가 달린 시계가 눈길을 끌었다.

도대체 이 시계는 어떻게 밤낮 쉬지 않고 움직일까? 바늘은, 추는 어떻게 가는 것일까? 어느 날 오후, 어른들이 다 나가고 없을 때 의자를 갖다 놓고 올라가 시계 문을 열었다. 그리고 그 속을 들여다보니 열쇠가 들어 있고, 커다란 추가 왔다 갔다 하면서 일정한 소리를 내는데 이리 살피고 저리 살펴도 궁금하기만 했다. 추를 한 번 잡아봤을 뿐인데 아래로 철퍽 떨어지는 것이 아닌가? 겁이 났다. 당황하여 어쩔 줄 모르는 판에 의자까지 넘어져 마룻바닥에 나동그라졌다. 나는 아픔은 그만두고 어서 집으로 도망가고 싶었다.

언제인가 고모네 문기형이 우리 집에 왔다가 할아버지가 들으시던 라디오를 부셔놓고 몰래 집으로 가버린 일이 생각났다. 그때 할아버지께서는 문기형을 꾸중했고, 자주 오던 발길이 뜸했던 생각이 났다. 어른들이 오실 때까지 울면서, 걱정하며 별별 생각을 다 했는데 어찌도 그 시간이 길던지. 저녁 무렵 사촌형이 돌아와 말씀드렸더니, 문을 열고 금방 고쳐놓았다. 안도의 한숨이 절로 나왔다. 그리고 그 열쇠로 뜨르륵 뜨르륵 태엽을 감아 주니 전보다 '똑께, 딱께.' 씽씽 잘 달렸다.

외가에서는 유달리 잠이 잘 들지 않았다. 자는 척하고 눈을 감고 있으면 유달리 시계 소리가 더 크게 들렸고, 막 선잠이 들려고 하면 '뎅! 뎅!'하고 종소리가 잠을 깨웠다. 어느 때는 시계 소리에 하나, 둘 숫자를 세다가 보면 새벽닭이 울었고, 나이 드신 외삼촌이 일찍 일어나서 왔다 갔다 할 때 스르르 잠든 적도 있었다. 괘종시계 소리를 연상하면 인공호흡기를 끼고 시간을 재촉하는 환자의 모습과 시험 종료 시간이 연상되어 지금도 그 소리만 들으면 가슴이 두근거린다. 그래서 우리 집에는 괘종시계가 없다.

탁상시계의 '째깍 째깍.' 하는 소리도 괘종시계의 '똑께, 딱께.' 소리 못지않게 밤잠을 설치게 한다. 지난달 이사를 하면서 보니 꼭 옛날 외가에서 보았던 커다란 괘종시계가 아파트 쓰레기장에 버려져 있었다. "똑께, 딱께, 똑께, 딱께……….. 뎅, 뎅, 뎅." 외가에서 들었던 그 소리가 들리는 듯하였다. 고요한 공간에서 울리는 소리, 그 소리는 우주만물이 살아 있음을 뜻하는 마음의 소리였던가. 시간의 흐름을 알려주는 아득히 멀어져가는 아쉬움의 울림이었던가. 태엽을 감아주어야 했던 그때, 내 가슴을 쿵쿵거리게 하고, 잠을 못 이루게 하며, 새벽을 깨웠던 시계가 이제 그 생명과 역할을 다했는가?

인생의 삶과 고뇌를 함께한 시계를 보면서 세상의 변화를 새삼 느꼈다. 요즈음 같이 아름다운 음률을 들려주는 뻐꾸기시계는 아니지만, 규칙적으로 들리는 그 시계 소리, 생동하는 생물의 맥박이나 세월의 박동소리가 아니었을까.

(2010. 05. 28.)

● 똑께, 딱께-똑께, 딱께, …. 괘종시계 소리를 전라도 말로 표현한 것.

(지방별 괘종시계 소리 표현 )

강원도 : 똑요, 딱요- 똑요, 딱요.

경상도 : 똑카이 딱카이- 똑카이 딱카이.

전라도 : 똑께, 딱께,- 똑께, 딱께.

충청도 : 똑이유, 딱이유-,똑이유, 딱이유,

평안도 : 똑끼니,딱끼니-,똑끼니, 딱끼니.

함경도 : 똑지비, 딱지비-,똑지비, 딱지비.

# 왜 그런다냐

## -어긋난 交感

사람이 살다 보면 예상대로 딱 맞아 떨어지는 것같이 신나고 재미있는 일은 없다. 그래서 그 날은 하루 내내 재수있는 날이라고 싱글벙글한다. 예상이나 예감이 적중하는 사람, 그들에겐 무엇인가 교감능력과 예지력이 있는 사람이 아닌가 하여 나는 부러워했다. 나는 좀 무디고 둔한 사람인 모양이다. 나에게는 당초 예감豫感, 교감交感이 통하지 않는다. 어떤 사람에게는 초인적 예지叡智도 있고 텔레파시도 통한다고 하는데…….

나는 요즈음 자가용을 없애고 시내버스를 이용한다. 버스를 자주 이용하다 보면, 특히 급한 용무가 있을 때 내가 탈 버스는 눈이 빠지게 기다려 아니 오고, 기다리지 않는 다른 방향의 버스는 금방 금방 잘도 지나간다. 우리 집 앞에서 7시 15분에 출발하는 시내버스를 타려고 7시 10분에 나왔더니, 아무리 기다려도 오지 않아 먼저 와 있는 분께 물어 보니 5분 전에 가 버렸단다. 그러면 운행 시간이 20분 간격이니 35분에 와야 하는데 45분이 되어도 도착하지 않았다. 목이 빠지게 40분을 기다렸다. 겨우 타고 기사에게 물어 보니, 소통이 원활하면 일찍 오고 밀리면 늦게 오니 20분 배차 간격이 40분도 될 수 있다고 한다. 하필 내가 타려는 차는 꼭 그랬다.

어떤 때는 기다리다, 기다리다 지쳐서 택시를 타면 바로 뒤에 버스가 따라온다. 아쉬워하면서 내가 복이 없어서 그러는구나 체념도 해 보았다. 나의 준비성과 예지가 모자란 탓일까 아니면 버스와 잘 사귀지 못한 탓일까? 어느 날은 버스를 타고 교통(마이비)카드를 대니 잔액이 모자랐다. 50원이 모자라서 곤혹을 치르고, 차 안 승객들에게 구걸하다시피 하여, 만 원권을 천 원짜리로 바꾸어 겨우 체면을 유지한 적도 있었다.

비 오는 날 시내버스를 기다리는데 승강장 앞뒤에 대형차들을 주차해 놓는 바람에 오는 차가 승객을 발견할 수가 없어 그냥 휭 지나가고 나면 다시 씁쓸히 기다려야 했다.

지난번 무릎이 아파 정형외과에 다녀오다가 만원버스를 탔다. 처음부터 자리 양보는 기대하지도 않았지만, 차 안이 벌떼 소리처럼 시끄러운데 그래도 몸을 움직이는 분이 쉽게 내리려나 싶어 비집고 들어가 그 앞에 서 있었다. 그런데 예상을 뒤엎고 그 뒷사람이 내리는데 자리 양보는커녕 학생들이 다투어 차지했다. 운이 좋았다면 내가 서 있는 자리에 빈자리가 생길 수도 있었으련만 그것이 어찌 내 뜻대로 되랴.

언제인가 전주에서 남원으로 통근할 때는 앞에 있는 버스도 놓쳤다.

버스 3m 뒤에서 초등학교 은사님이 부르셨다. 그냥 갈 수도 없고 차가 왔다고 말할 수도 없었다. 그러는 사이에 버스는 출발해 버려 지각을 했다. 어느 때는 기다리던 차를 타면서 전화벨이 울려 받아보니 긴급한 일인데 금방 전화가 끊겼다. 건전지가 떨어졌던 것이다. 어쩔 수 없이 다음 승강장에서 하차하여 공중전화로 통화하고, 집으로 가서 전지를 바꿔 끼고 나온 적도 있다.

이젠 건망증이 심해서 그럴까? 승강장에서 기다리는 시간이 길기 때문일까? 서류봉투나 우산을 놓아두고 그냥 차에 오르고 나서 한참 간 뒤에야 생각나 쫓아와 찾아간 적도 있다. 언뜻 행선지 번호를 잘못 보고 탔다가 다음 승강장에서 바꿔 탄 적도 있다. 평소 괜찮았던 용변이 긴한 용무가 있거나, 시험 보러갈 때, 또는 차 속에서 갑자기 나를 괴롭힌 적도 있었다. 사람이 긴장하거나 조급해지면 심리적으로 그런 현상이 온다는데, 그것이 심리적 현상이 아니라 생리적으로 다급해지면 문제는 다르다. 그때는 심신의 노력을 다하여 해결방법을 강구해야 한다.

나는 참 운도 없다. 어떤 사람은 복권도 잘 당첨되고 아파트청약도 잘 당첨된다. 행사 때나 심지어 대형 마켓에서 추첨하는 상품도 잘 당첨되는데 나에게는 그런 요행수(?)도 없다. 나도 가끔 복권을 산다. 아마 100번은 샀을 것이다. 그런데 어쩐 일인지 작은 액수도 당첨된 기억이 없다.

그 수많은 행사에 열심히 응모한 것도, 한 번도 당첨된 일이 없다. 심지어 순서대로 공짜 선물을 주는 것도 줄을 서면 내 앞에서 끝난다. 교직 40년 동안 학교 행사 때, 수십 번의 행운권 추첨에서 왜 나는 당첨되지 않았을까? 젊은 시절 아파트 추첨도 된 일이 없어서, 훗날 애들 명의로 당첨되어 층 호수를 뽑아보면, 20층이나 되는 아파트에 언제나 1~2층이었다. 그래서 지금도 나는 2층에 산다. 아내와 애들이 '아빠 손은 복 손(?)이니, 요행도 바라지 말고 아예 뽑는 것은 하지 말라.'고 한다.

나는 기박에도 무디고, 돈복도 없다. 왜 나는 기다리는 일도 맘대로 안 되고, 하려는 일도 잘 안 될까? 참 이상한 일이다. 그렇다고 한 번도 좌절하거나 포기한 적은 없다. 모래알같이 높은 확률에 내가 선정되지 않은 것인데 어쩌랴. 그래도 지금까지 큰 어려움 없이 살았고, 어느 면에서는 나를 부러워하는 사람들도 있는데……. 그저 담담하게 살아왔을 따름이다.

'어긋난 교감'만 탓할 게 아니라 하려는 노력과 준비성이 부족했거나 그 어려운 당첨 확률을 너무 기대하다가 잘 안 되니 불평만 하는 것은 아닐까? 이 모든 것이 마음먹기 나름인데 더 참고, 더 기다리고, 더 노력하면서 마음을 다스려야겠다. '왜 이런다냐?'하는 마음을 버리지 않는 한, 성취되는 일도 없다는 진리를 시험하시는 것은 아닐까 싶다.

(2010. 08. 05.)

# 행복한 길

록펠러는 행복한 길은 '자신에게 흥미를 일으키는 길'이라고 했다. 그동안 행복한 길은 운명처럼 정해져 있는 것처럼 생각해 왔다. 그러나 '무료하게 걷거나 의미 없이 하는 일'도 생각을 바꾸면 행복한 일이 됨을 깨닫게 되었다.

누구나 흥미 없는 일이 행복할 리 없겠지만 요즘 나는 4·2·1운동을 실천하면서 그 길이 행복한 길이구나 생각한다. 1주일에 4번 헬스사우나, 2번은 천변 걷기, 1번의 등산이 그것이다. 나의 삶을 생각하며 걷는 기쁨, 우리의 인생과 같은 등산역정, 땀과 피곤을 씻는 사우나. 그것은 건강에 좋다고 누가 권해서가 아니라, 그냥 그렇게 해 오고 있는 나만의 행동이다.

천변 걷기운동은 사색의 길이요, 만남의 시간이며, 세상 엿보기의 공간이다. 왕복 40분 정도를 걷는데, 가면서 오면서 여유 있게 주변의 경관도 살펴 계절의 변화무쌍함을 느끼고, 산천이 변하는 모습도 감상한다. 때로는 생각도 못했던 친구, 선배님도 만나 이야기꽃을 피우기도 한다. 걸으면서 혼자 생각하는 재미도 쏠쏠하다. 참 행복한 길이다.

매주 한 번 낮은 산을 오르는 것도, 등산을 해 본 지 오래되어서인지 오를 땐 헐떡거린다. 언덕에는 흰색, 분홍, 자줏빛, 빨강 등 각종 색깔로 변색된 신종 카멜리온 철쭉이 연두 녹색 잎과 뒤섞여 그 황홀한 자태를 뽐내고, 꼬맹이들이 천방지축 뛰어 올라온다. 귀여운 손자들을 데리고 왔나, 손자가 할아버지 등을 밀고 올라왔나, 쉬엄쉬엄 오르다가 긴 의자에 등을 대고 쉬고 있다.

"할아버지, 왜 엄마는 아빠더러 오빠라 해요?"

"글쎄다……."

"아마 아빠가 엄마를 잘 업어주니까 그렇게 부르나 보다."

"야! 신난다. 오빠, 나 좀 업고 올라 가."

여기부터는 가파른 계단이 시작된다.

인생의 삶과 고뇌가 얽히듯 오름 비탈길엔 엉성하게 드러난 수십 개의 뿌리가 엉키고 설켜 강한 생명력을 과시하듯 바위틈새에 돌멩이를 얽어매고 있다. 꼭 인간 삶의 파란만장한 사연인 양, 뾰쪽뾰쪽 솟은 돌 틈을 더듬어 오르니, 바위틈새에 자줏빛 제비꽃 한 떨기가 눈길을 머물게 한다. 그 옆으로는 보랏빛 싸리 꽃이 눈길을 끈다. 항상 보는 야생화지만 이곳 바위틈새에서 나를 반기는 기쁨을 너와 나 말고 누가 알랴. 아래엔 젊은 부부가 정답게 산을 오르는데, 아낙이 자꾸 뒤처진다.

"여보, 무엇을 찾느라고 그렇게 두리번거리며 늦어. 어서 올라 와!"

"어, 마늘밭에서 110억 원 캤다고 하는데 나는 이 기린봉 골짜기에서 111억 원 캐려고……."

'이 젊은 부부 재물보다 더 큰 사랑과 건강, 그리고 행복을 캐가고 있구나…….'

정상에는 생명력이 강하고 독야청청 푸름을 자랑하는 소나무가 울창하다. 잎이 두 갈래인 조선송(재래종)은 별로 없고 3~4갈래 잎에 곁가지가 돋는다는 수입 잡종이 나를 맞는다.

내려가는 길도 인생의 내리막길 같다. 난간 잡고 꼬불꼬불, 움푹움푹, 올망졸망 바위틈 길을 지나 오솔길, 철쭉꽃 길, 소나무 사잇길을 주춤대며 내려간다. 길가 쑥 향이 나를 반기고, 몇 걸음 옮기자 '약속, 행운, 평화'의 꽃말을 지녔다는 토끼풀(클로버)이 나에게 반지를 끼어줄 듯 사랑스런 손을 내밀고 있다.

헬스사우나에 등록했지만, 매일 간다는 것은 쉬운 일이 아니다. 나는 뜨거운 것을 좋아해서 찜질방에 자주 간다. 지난주 남매 모임에 갔더니 팔순이 다 된 처남이 어떤 사람이 죽어 저승에 갔더니, 불가마 앞에 '한국인 출입 금지'라고 써 있었다고 한다. 그 이유를 묻자 한국 사람들은 찜질을 너무 좋아해서 이 불가마 온도로는 '시원하다.'고 해서 불가피하게 리모델링 중이니 한 달 후에나 오라고 했다고 해서 한바탕 웃었다.

헬스장에 들어서면 제일 먼저 인상 좋고 건장한 트레이너의 인사를 받는다. 수많은 운동기구 중 덜덜덜 몸을 떨고(Human Medextec), 러닝머신, 벨트 마사지, 아령, 자전거 타기, 당기기, 올리기, 굽혀펴기, 흔들기 등 10여 가지 간단한 운동기구를 5분 정도씩만 이용해도 한 시간이 금방 지난다.

그러다 보면 유리창 너머에서 여자들의 에어로빅이 시작된다. 날씬하고 풍만한 여인들의 에어로빅, 보고만 있어도 생기가 넘치고 젊어지는 느낌이 든다. 강사는 아주 내놓고 수강생들에게 섹시하게 몸을 틀고 자태를 뽐내라고 큰 소리로 주문한다. 멀찌감치 흘끔흘끔 훔쳐보는 나는 속으로 빙그레 웃으며 그저 고마울 뿐이다. 몇 가지 운동기구를 이용했을 뿐인데 벌써 땀이 난다.

좀 쉬었다가 아래층으로 내려가면, 미지의 생명에너지 원적외선으로 몸을 달구는 찜질방이 있다. '우리의 몸은 따뜻하게 하고, 뜨거운 음식을 먹는 것이 좋다.'고 하는데 정작 입에서는 찬 것을 원한다. 요즘은 겨울, 여름 계절에 관계없이 시원한 물을 먹기 때문에 옛날 맛보았던 따뜻하고 구수한 숭늉은 잊은 지 오래다. 사우나는 풍진세상風塵世上 먼지와 시름을 깨끗이 씻어 주어서 좋다.

손자를 데리고 모처럼 목욕탕을 찾은 할아버지, 손자 녀석은 옷을 훌훌 벗자마자 이리저리 목욕탕을 휘젓고 다니다가 할아버지가 샤워를 하고 김이 무럭무럭 나는 열탕에 몸을 담그자 쫓아와 옆에 쪼그리고 앉는다.

"어이 시원해!"

할아버지가 욕탕 깊이 들어가 앉자 손자도 따라 들어간다.

"앗, 뜨거! 할아버지, 이렇게 뜨거운데 왜 시원하다고 하시는 거죠?"

"……."

할아버지는 손자에게 설명할 말이 선뜻 떠오르지 않았다는 이야기가 있다. 사우나 실은 생각하는 방이기도 하다. 샤워로 땀뿐 아니라 하루의 근심걱정까지 씻어내고 따뜻한 욕탕에서 반신욕을 하면서 눈을 감고 생각을 정리한다.

행복은 보아서 즐겁고, 들어서 기쁘며, 속이 시원하고, 충만한 신체적 느낌, 그리고 마음이 흡족한 오감視聽味体心만족이다.

행복을 취하는 것은 내가 남에게 좋은 인상을 주면서, 스스로 기쁨과 만족을 느낄 수 있어야 한다고 본다. 행복은 남이 나에게 안겨주는 것도 아니고, 내가 바란다고 누군가 가져다주는 것이 아니다. 내가 스스로 만들고 느끼는 것이다.

이젠 나이가 드니 4·2·1운동을 통해서 행복한 길을 찾으리라. 가슴속에 행복을 가득 채우며 살아가리라.

(2010. 05. 08.)

# 순환 시내버스 풍경

"버스를 타셨으면 차비를 내셔야죠."

"아니, 이렇게 추운데 30분을 떨게 해놓고 차비만 먼저 내라고요?"

"그래도 차를 타셨으니 차비는 내셔야죠!"

"아 글쎄, 차가 늦었으니 돈도 늦게 낼라요."

요즘 늦추위가 매서운데, 파업으로 시내버스 한 번 타려면 손을 비비고 발을 동동거리며 2, 30분은 기다려야 탈 수 있다. 나도 기다리다 못해 방향이 같아 올라탄 것이 이 골목 저 골목 누비고 시내를 한 바퀴 도는 순환버스에 올랐더니 먼저 승차하신 어느 노인네와 기사가 실랑이를 벌이고 있었다.

운전사 바로 뒷자리엔 어느 아주머니가 어린 아기를 안고 앉아 있었다. 그 꼬마는 한시를 가만히 앉아 있지 않고 중얼거리며 몸을 움직여 애를 먹이고 있었다.

그 장면을 보니 30년 전 일이 생각났다. 큰집에 갔다 올 때였다. 완행버스 제일 앞자리에 아내가 종완이를 안고 앉아 있었는데, 이 녀석이 윙-윙 덜커덩, 끽끽, 빵 빵빵 하며 차 소리를 내다가 차 운전하는 소리와 몸동작을 흉내내는 등 몹시 소란스러웠다. 아무리 말려도 듣지 않아 머쓱해 하고 있는데 승객들이 폭소를 자아낸 일이 생각났다.

버스가 중·고등학교 앞을 지나자 학생이 몰려들어 자리를 채우니 차 속은 갑자기 소란스러워졌다. 남학생들은 저희들 일상적인 대화인데도 망설임도 없이 상투적으로 상스런 말을 섞어 가며 조잘대니 듣기가 거북스러웠다. 여학생들은 무엇이 그리 좋은지 큰 소리로 웃어가며 이야기를 나누고 있고, 뒷자리 아주머니는 핸드폰으로 손짓 몸짓 다하면서 언성을 높여 대화를 나누었다. 차 안은 난장판 같았다. 나의 학창시절과 비교하니 차 안의 예절도 무심한 세월과 더불어 무척이나 변했구나 싶었다.

시장정류소를 지나자 나이 든 할머니와 할아버지, 아줌마들이 차 속을 채웠다. 다음 승강장에서 젊은 임산부가 아기를 안고 오르자, 중간쯤 경로석에 앉아 있던 머리가 희끗희끗한 노인이 아낙네에게 선뜻 자리를 양보했다.

"아니, 괜찮아요. 그냥 앉아 가셔요."

"아니, 금방 내립니다."

그러나 다음 정류장을 지나도 그 노인은 그냥 서 있었다. 그제야 장애인석 임산부석에 앉아서 희희덕대던 장래의 임산부인 여고생들과 경로석, 노약자석을 차지하고 떠들어대던 장래의 경로대상 중·고생들이 하나 둘 일어서더니 할아버지와 할머니들에게 자리를 내주었다.

버스가 이리 덜컹 저리 덜컹 한참 달리며 한 바퀴를 돌자 학생들은 거의 다 내리고 빈자리가 생겼다.

대학로를 지나 시내로 돌아서자 아가씨들이 자리를 메우는데, 날씬하고 긴 다리에 쫄바지, 청바지, 미니스커트, 1㎝라도 더 길고 날씬한 아랫도리를 보이려고 초겨울 날씨인데 맨살을 드러내고 있었다. 요즘 '소녀시대', '카라' 등 인기 연예인의 열풍 탓이려니 싶었다.

1990년대 초였던가? 내가 근무하던 학교 운동회 때, 어느 읍장님 아버지께서 하셨다는 말씀이 생각났다.

"애야, 창수가 요즘 아무리 병원이 잘 안 된다 해도 그렇게 다 찢어진 청바지를 입고 다니느냐? 내가 전주 간 길에 맘먹고 바지를 하나 샀다. 맞는지 모르겠다만……."

서울서 개업한 아들이 시골할아버지를 찾아뵈려고 며느리를 내려보냈는데, 갈기갈기 찢어져 허벅지가 드러난 청바지를 입고 온 손자며느리를 안타깝게 생각하신 모양이었다. 그 할아버지가 요즘 이런 모습을 보시면 '아이고, 아무리 경제가 어렵다고 하나, 천을 아끼려고 추운데도 그렇게 짧게 입고 다닌다냐.'고 하실 것 같다.

운전기사와 시비가 붙었던 노인장이 차비를 내고 내리자,

"할아버지, 안녕히 가셔요."

하고 운전기사가 인사를 건넨다. 어느새 마음이 풀렸나 보다.

시내버스 파업도 석 달이 넘어가니, 서로 양보하여 시민들의 불편을 해소시켜 주었으면 좋겠다.

(2011. 02. 25.)

# 말의 색깔

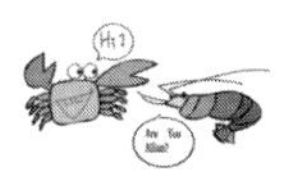

말에도, 소리에도 색깔이 있을까?

이 세상에는 우리가 감지할 수 없는 것이 너무나 많다. 눈에 보이는 것만 존재하는 것도 아니요, 느낄 수 있는 것만 존재한다고 할 수도 없다. 마음에도 색깔이 있고 그 색깔에 따라 표현하는 언어에도 색깔이 있으리라.

가끔 귀여운 꼬마들이 울고 떼쓰는 걸 본다. 그때는 꼬마의 마음이 되어 생각해본다. 무엇이 울게, 떼쓰게 만들었을까? 엄마는 어처구니 없다는 표정으로 달래도 보고 혼내 보아도, 속수무책일 때가 있다. 누가 애기의 심정을 알까마는 그 아이 나름에는 하기 싫고, 분하고, 속상하고, 참을 수 없는 일들이 있으려니 싶다. 뜻대로 안 되니 울지 않아도 될 일을 거짓행동으로 표출시켜, 관심을 끌거나 심리적 위안을 받으려는 거겠지.

누군가 거짓말에는 색깔이 있다고 했다. 정말 색깔 있는 거짓말은 어떤 것일까? 인간은 하루에도 200번 가량의 각양각색 거짓말을 한다고 하는데, 요즈음 내가 듣고, 한 말에서 거짓말의 색깔을 찾아보고 싶어졌다.

오늘 아침에 느슨한 어깨를 펴며 잠자리에서 일어나면서 '아! 상쾌한 아침이다.'하며 기지개를 켰다. 그리고 무더운 햇살을 피해 그늘을 따라 뒷산 공원을 오르다가 친구를 만났다.

"어이. 일찍 다녀오네, 그려."

"그럼! 자네보다 일찍 갔다 오려고 잠도 안 자고 올라갔다네."

"허허허."

뒷산에 다녀와 아침식사를 한다. '맛있게 잘 먹었네.' 아내가 듣기 좋아하는 말이다.

등산을 하노라면 앞서 갔다 오는 분에게 '정상이 얼마나 되죠?'하면 '이제 다 왔어요. 한 십여 분 정도 가면…….' 그러나 한 시간 가까이 가도 정상은 나타나지 않는다. 희망을 주고 발걸음을 가볍게 해주는 거짓말인 거다.

오전엔 정기 검진 날이라 병원에 갔다. 날도 더운데 젊은 엄마들이 꼬마들을 안고, 걸리며 병원 문을 들어섰다. 아이는 병원에 들어서면서부터 엄살을 피우고 칭얼댄다. 간호사의 하얀 옷만 봐도 우는 애기도 있다. 주사 맞기 싫어서일 거다. 꼭 저학년 학생이 학교 가기 싫어 배 아프다고 핑계대던 생각이 난다.

의사 선생님 검진이 시작되었다. 차트를 보고 검사결과를 살펴보더니 "어! 선생님 아주 좋아지셨네요. 좋습니다. 두 달 뒤에 오시지오."

그렇게 좋아졌다면 왜 두 달 뒤에 또 오고, 약 처방은 왜 해 주는 것일까? 그러나 기분은 나쁘지 않다.

오는 시내버스 안에서 어느 젊은이가 몹시 화가 난 것 같았다. '너 내가 지금 간다. 만나면 죽여 버릴 테니, 그 자리에 그대로 있어!'하며 핸드폰으로 상대방에게 악을 박박 써대며 욕을 하고 싸웠다. 차 안 사람들이 모두 쳐다봐도 아랑곳하지 않았다. 참다못한 나이 지긋한 분이 한 말씀하셨다.

"어이, 젊은이 조용히 하고, 욕 좀 안 하면 안 되겠는가?"

"뭐요! 남 열 받는 데 도와줄 일 있어요?"

세상에……. 공중도덕은 어디로 갔나. 그 뒤는 잘 모르겠다. 목적지에 다 와서 내렸으니까.

오후에는 친구(동기동창)들 모임이 있어 갔다. 일주일에도 두세 번씩 만나는 친구들인데, 그래도 항상 반갑다. 서로 악수를 나누고 싫지 않은 농담으로 웃음꽃이 핀다. 그래서 자주 만나는 친구들이다. 이곳에서 하는 농담의 반절은 파란 거짓말인 듯하다.

오늘 한 말과 들은 말을 곰곰 생각해 본다. 말의 색깔은 얕은 색보다 진한 색이 좋지 못한 말(거짓말)이 많은 것 같다.

신도들에게 힘과 용기를 주는 목회자나 성직자들이 가장 많이 한다는 하얀 거짓말, 남에게 피해를 주면서 억지를 쓰는 깡패나 사기꾼, 불량자들이 많이 한다는 까만 거짓말 등이 있다. 거짓말 중에서도 속이 훤히 보이면서도 밉지 않은 꼬마들의 노란 마음속 내숭떠는 말은 거짓말인 줄 알면서도 듣기 싫지 않다. 또 희망을 주고 상상의 나래를 펴, 들을수록 마음이 풋풋해지는 거짓말도 있다. 연인이나 친구들이 즐겨한다는 파란(연둣빛) 거짓말이다. 그 거짓말도 듣기 싫은 말은 아니다.

선거철이 되면 정치 입신을 노리는 대다수의 후보자들은 국민 세금을 내 호주머니 돈처럼 생각하며, 내가 당선되면 무엇을 하겠다는 등 성취하기도 어려운 수많은 공약空約을 늘어놓고 순진한 민심을 유혹한다. 그렇게 해서 당선되면 빚잔치로 생색을 내고, 부정으로 얼룩진 임기를 채운 후 한 보따리 챙겨 물러나면 그만이라는 속셈을 뻔히 알면서도 그냥 속고 사는 세상이다. 정치가나 권세가들이 상투적으로 쓰는 말, 이것이 새까만 거짓말과 새빨간 거짓말이다.

최근 고위 공직자 임용을 위한 청문회를 보면 가관이다. 청문 대상자가 하나같이 위장 전입, 부동산 투기, 병역기피, 탈세 등 비리와 범법과 위법이 백화점식으로 나열되는데, 하나같이 모르쇠 아니면 '죄송합니다.', '반성합니다.'입에 바른 소리로 일관한다. 어떤 사람들은 같은 법으로 수년씩 감옥살이하고, 수천만 원씩 벌금을 물게 하면서, 그저 말 몇 마디로 덮어두는 도덕성이 실종된 세상이다. 그러고도 국민을 지도해야 할 중요 공직에 군림할 수 있다는 것이 어처구니없다. 더욱 가관인 것은 그들의 부정을 숨겨주거나 옹호하고 그 수하에서 단물을 빨겠다고 휘젓고 다니는 식자들이다. 왜 이런 세상이 되었나?

거짓말은 마음에서 시작되는 것이니 그들의 마음에도 양심의 색깔은 있으리라. 짙은 색깔의 말은 듣는 이에게 불신을 주고, 자신의 양심을 속이며, 남을 괴롭힌다는 사실을 아는지 모르는지……. 아마 시꺼멓고, 새빨간 거짓말을 일삼는 사람은 미래를 보지 못하고 눈 가리고 아웅하는 식의 인생을 살다가 어느 날 모든 이가 등을 돌리고 있음을 깨닫게 되리라.

오늘날 자신이 하는 일이 가장 잘하는 일인 양 자기중심적 생각으로 탐욕의 눈을 굴리며, 고집만을 앞세우고 남의 이야기를 경청하지 않는 사람들이 많다. 새빨갛고, 시커먼 거짓말을 태연히 하면서 자신은 전혀 돌아보려고 하지 않는 사람이 늘고 있음은 매우 안타까운 일이다. '경청과 수용을 중요시하지 않으면 아집我執의 우遇를 범하기 쉽다.'는 성현의 말씀이 생각나는 시점이다.

말에도 색이 있으니, 그 말의 색깔을 분석하며 살아가야겠다고 다짐해 본다.

(2010. 07. 14.)

# 개나리 울타리

고향 가는 길엔 빨간 넝쿨장미로 장식된 낮은 울타리 집을 지나치게 된다. 그 아름다움에 취해 한참이나 감상하다가 다시 한 번 돌아보며 울타리를 배경삼아 사진을 찍기도 했다. 어릴 적 자랐던 고향마을의 탱자나무 울타리에서는 참새들이 숨바꼭질을 했고, 짚이나 수수깡 울타리 틈새에서는 악동들이 장난도 치고 지나는 친구를 놀려대기도 했다.

집이 있는 곳에는 어디든 울타리가 있다. 도시의 우람한 집에는 높은 담벼락에 철조망까지 둘러쳐 있다. 높건 낮건 울타리는 집을 지켜주고, 온 가족의 마음을 안정시켜주며, 가정의 평화를 유지해 준다.

내가 중학교 1학년 때였을까. 기차역으로 가는 시골 동네 길가에 노란 개나리꽃으로 단장한 울타리가 있었다. 밖에서도 울안이 훤히 들여다보였는데, 그 울타리 안 작은 툇마루에는 갸름한 한 소녀가 앉아서 책을 읽고 있었다. 책 읽는 소녀의 모습은 그림 같아 보였으며, 항상 평안해 보였다. 울타리가 낮아서일까. 그 소녀의 평화스런 모습 때문일까. 노란 개나리가 너무 고와서였을까. 나는 그 소녀의 얼굴을 한 번도 똑바로 본 적이 없었다. 훔쳐 볼 속셈으로 그곳을 지날 때는 천천히, 헛기침도 하며 지나갔지만 소녀는 꼼짝도 하지 않았다. 궁금했다. 언젠가는 마주볼 날이 있겠지 하였건만 항상 옆모습만 봐야 했다. 하루는 같이 통학하는 이웃마을 친구에게 물었더니 그 소녀는 소아마비를 앓아 잘 걸을 수 없다고 했다. 해가 바뀌어 노란 개나리 울타리는 여전했지만 작은 툇마루의 소녀는 영영 보이지 않았다. 그러던 어느 날 아침, 그 집 앞에 경찰차가 와 있고, 동네 사람들이 모여 있었다. 나는 괜히 가슴이 두근거렸다.

간밤 그 동네에 도둑이 들었다고 했다. '울타리가 너무 낮더라니…….' 그 소녀의 집이 아니라 높은 담장을 한 이웃 기와집이 털렸다는 것이다. 철옹성 같은 벽돌 울타리와 허술한 개나리 울타리의 역할이 꼭 도둑을 지키는 것이 아니라는 생각이 들었다.

오늘날 우리 사회의 울타리도 허술해서도 안 되겠지만, 꽁꽁 틀어막거나 높아서도 안 될 것 같다. 낮지만 튼실하며 아름답게 느껴지는 그런 울타리, 그래서 온 국민이 마음의 안정과 평화를 누리며 살아가도록 하는 울타리가 필요할 것 같다.

가정에서의 울타리 역할도 변해가고 있다. 아이들이 어릴 때는 가장이 울타리 역할을 해야겠지만, 가장이 늙고 자녀가 장성하면 울타리의 개념도 달라지기 마련이다. 어릴 적 '홀어머니 울타리'는 항상 높게 느껴졌고, 지엄하신 말씀에 짜증도 났다. 나이 들면서 그 울타리는 점점 낮아졌다. 그때야 높으신 뜻과 고마움을 느끼면서, 우리 집에서 내가 해야 할 울타리 역할을 생각하게 되었다. 내가 만든 우리 집 울타리는 높은 담장을 치고 있지는 않았던가. 낮고 아름답게 단장한 울타리를 조성하려고 애쓴 적은 있었던가.

우리의 주거생활은 울타리 없는 아파트나 연립주택으로 변화되고 있다. 울타리는 없어졌지만 이웃 간에 울타리나 담장보다 더 단단한 마음의 벽을 둘러치고 사는 오늘의 현실이 가슴이 아프다. 예부터 이웃사촌이라는데 이웃집에 경사가 있어도, 슬픈 일이 생겨도 모르고, 알아도 알은 척을 해야 옳은지 판단이 서지 않을 때가 있다.

낮은 울타리 너머로 정을 나누던 그 시절이 다시 올 수는 없을까. 이웃끼리 서로 격의 없이 잘 통하며 사는 세상이 되었으면 한다. 벽돌담에 가리어진 마음속의 벽을 허물고 고즈넉이 들여다보는 인정 있는 이웃, 모두의 마음속에 낮고 믿음직한 그리고 여유 있는 울타리를 간직했으면 한다. 그나마 요즘엔 담장 없애기 운동이 확산되어, 꽃밭이나 간단한 조형물로 대신하니 다행이다.

이제 구획을 짓는 단단한 경계의 담은 헐고 아름답게 둘러쳐진, 노란 개나리와 빨간 넝쿨장미로 단장한 울타리가 여기저기 조성되고 있다. 아파트 주민들도 마음을 활짝 열어 안정과 행복, 그리고 웃음을 주고받는 이웃이 되었으면 좋겠다.

(2010. 04. 17.)

# 70% 주는 사랑

우리가 살아가는 데 사랑만큼 귀한 것이 있을까. 가족 간에 친구 간에 나누는 사랑임에랴.

오늘이 예순아홉 번째 맞는 내 생일이다. 마음은 '아직'인데 나이의 숫자만 늘어가니 이를 어쩌랴? 그래도 귀빠진 날이라고 아이들이 평소 자주 먹어보지 못한 색다른 음식을 대접한다기에 우선 식구끼리 한 끼 하고, 남은 식권을 아껴두었다가 가까운 친구들 몇을 불러 같이 식사를 했다. 빨리 가는 세월과 어려웠던 옛날이야기 그리고 먼저 간 친구들 이야기가 나왔다.

그 중에서도 동요작곡의 천재요, 동요 동시 창작의 대가였던 P군과, 음악(기악)과 미술 분야에서 발군의 인재였던 T군, 두 친구의 기일이 이때쯤이라면서 고인의 명복을 빌고, 그들의 천재성과 그들의 짧은 삶을 안타까워하였다.

6·25 직후 우리 친구들 거의가 그랬듯이 그들도 가난에 쪼들리며 보조 장학금으로 어렵게 학교를 졸업했다. P군과 내가 재학 시절부터 자주 만날 수 있었던 것은 우리 집 근처에서 그의 자형姉兄이 사진관을 경영하였기 때문이다. 자형으로부터 경제적 도움도 받고, 뵙고 싶을 때 틈만 나면 자형 집을 찾는 길에 많은 이야기를 나누었다. 그 뒤에도 친구들 모임과 시화전 및 그를 아끼는 모임에 끼어 막걸리 파티를 자주 하였다. 성격이 서민적이면서도 순수하고 털털하여 친구들과 잘 어울리며 술을 좋아해서 '한잔 술', '항상 술', '노상 술' 등 '술'자 별호가 많았다.

학생 시절 잠재된 재능이 교직생활에서 날개를 펴면서 동요, 동시, 작곡 등에 수월성을 발휘해 흰 종이에 끄적이면 어깨춤이 절로 나는 동요 가사가 되고, 오선지에 그으면 불후의 동요가 작곡되어, 20대 초에 이미 방송국, 일간지 및 문예지에 그의 이름이 오르기 시작하였다. 당시 인구 증가로 우후죽순처럼 문을 여는 학교가 많아 전국적으로 300여 개 학교의 교가를 의뢰받아 작사, 작곡을 해주고, 전국 규모의 각종 창작동요 부르기 대회 상을 휩쓸었다. 그 명성에 걸맞게 각 학교에서 모셔가려 애를 썼다. 또 주위에서 눈독 들이는 일등 신랑감이어서 당시 명문가의 규수와 결혼했다.

T군은 학창 시절부터 학구열이 높고 성격이 화끈하고 적극적이었다. 그러나 가까이 있으면서 그의 재능을 빌리고자 접촉해 보니 그의 여린 마음과 내부에 잠재된 말 못할 가정사 때문이었는지, 소심하고 내성적이며, 적응력이 다소 부족한 성격임을 알게 되었다. 그는 음악에 천부적 재능이 있어 각종 악기를 다루는 능력이 뛰어나 어떤 악기든

불고 두드리면 아름다운 멜로디가 되었다. 미술에도 천부적 재능이 있어 붓을 들어 그리면 예술적인 작품이 완성되어, 많은 사람들의 부러움을 샀다. 그러나 그는 자신의 재간을 남에게 선보이고 싶어하지 않는 성격이었다. 한때 전국적 행사의 지휘자로 부름을 받아 이름을 날리고, 그 재주를 인정받아 남들이 부러워하는 사내 결혼하여 행복하게 살았다. 그러나 그 행복과 영광은 그들의 결혼 후반기에 불행의 불티로 변색되었다.

그 친구들과 진지한 이야기를 나눈 것은, T군은 행사 유공자로 표창을 받고 해외여행을 한 뒤, 내 부탁으로 학습자료 스케치를 마치고 같이 식사하던 자리에서였고, P군은 명예퇴임을 하고 내가 근무하는 학교에 기간제 교사로 초빙되어 같이 근무하면서 막걸리 타령을 하는 자리에서였다. T군은 1년 뒤 갑자기 뇌졸중으로, P군은 3년 뒤 뇌혈관 질환으로 영면하였다.

친구들은 자신이 처한 환경과 사회, 그리고 뛰어난 재능을 맘껏 펼쳐보지 못하는 갈등 속에서 자기 정체성을 찾지 못하고 고민했던 것 같다. 어려움을 헤쳐나가려는 발버둥 속에서 이를 극복하지 못하여 불행한 결말을 맞게 된 것이 아닌가 한다.

1960년대 후반 P군과 T군 모두 결혼 후, 파랑새의 꿈과 무지개 같은 부푼 희망을 품고, 꽃 같은 사모님과 시댁을 방문하면서부터 출발의 단추가 잘못 끼워졌던 것이다. 호남의 넓은 들판 개울가 귀틀집에서, 까맣고 주름투성이로 사시는 초라한 시부모를 뵈면서부터 불행은 시작됐다. 꽃 같은 공주님으로 자라온 아내가 놀랄까 봐 가슴 졸이고, 늘 등 뒤에서 소곤대는 것 같은 착각과 아내는 어떻게 생각하고 있을까? 혼자서 그 속내까지 헤아리느라 힘들었다. 언제나 큰 죄라도 진 듯 민망했으며, 문화적 경제적 환경이 너무나 차이가 나니 자신의 불우한 가정환경을 원망하면서 정체성을 잃어갔다. 고민과 갈등 그리고 짜증이 하루하루의 생활을 자포자기하도록 만들었던 것이리라……. 그렇게 하루하루를 살얼음판을 걷듯 살다 보니 마음의 병이 생긴 것일까?

가정이 재미없고 가장의 권위가 발밑에 깔렸으며, 아내 보기 무섭고, 자식들 보기에 부끄러워, 즐거워야 할 가정에 맑은 정신으로는 도저히 들어갈 용기가 없었다. 퇴근길은 항상 술타령, 신세타령으로 전락하게 되어 잠자러 가는 하숙집만도 못했다는 것이다.

환경이 성격도 바꾸는 것일까? 오랫동안의 짜증이 인간미까지 변화시켜 직장에서도 '재주 많은 원래의 너는 어디로 갔느냐. 사람이 달라졌다.'는 핀잔을 들으며, 애꿎은 술타령에 사회적 지진아가 되어갔다. 친구들은 하나둘 승진하는데 이젠 자존심만으로 버티기도 힘들게 되자 명예퇴임을 하고 여기저기 알아주는 곳에서 기간제나 계약직으로 떠도는 신세가 되었다.

나는 그때 그 친구들에게 '어찌 너 하나만의 일이겠느냐? 우리 시대, 우리들이 다 겪는 일이지만 모두 현명한 해결방법을 탐색하고, 희생하는 마음으로 참고, 이겨내야 한다. 너도 잘 해낼 수 있을 것.'이라고 위로를 했다.

작년, 내 생일날, 아들 친구의 결혼 주례를 했는데 요즘 흔들린다는 소문을 듣고 한 번 만나보아야겠다 생각했다. 그들의 결혼식에 S스님께서 말씀하셨던 내용을 인용하여 주례사를 했다.

(전략) 아내와 남편이 각기 30% 주고 70% 받고자 하는 마음

이 무너지면 성격차이네, 궁합이 안 맞네, 잘못 선택했네 하며 엉뚱한 핑계로 불화를 돋우는 것입니다. 두 분은 내가 70% 주고 30%만 받겠다고 다짐하며 '손해 보는 것이 남는 것이고, 당신의 부족한 점을 메워주겠다.'고 한다면 백년해로 사랑하는 부부가 되고, 자랑스런 자녀를 둔 행복한 가정을 이룰 것이라 확신합니다.(후략)

스님은 주례사에서 결혼하는 모든 선남선녀가 '70% 주고 30% 받는 사랑'을 할 것을 강조하셨다. 서로가 덕을 보려 하지 말고, 서로가 먼저 베푸는 희생 봉사정신이 깔린 사랑을 한다면 얼마나 행복할까?

'미인과 천재는 박명'이라 하던데, 그들이 일찍 떠난 것도 운명이겠거니 하면서도 둘 다 갑자기 심혈관 질환으로 가게 된 데는 타고난 재주와 현실의 괴리 속에서 쌓인 스트레스가 원인이 아닌가 하는 생각도 든다. 천국에 가서는 사랑하는 사모님과 근심 걱정 털어버리고 천부적 재능을 맘껏 발휘하며, 사랑은 받는 것보다 주는 것이라는 진리 속에서, 이젠 서로의 아픔을 감싸고, 부족함을 채워주며 영원히 행복하기를 바란다.

(2009. 12. 24.)

## 전주의 3멋
### -책 속의 소리를, 부채로 승화시킨 멋

전주의 자랑인 완판본에서 우러나온 소리가 명창을 만들고, 부채 속 풍류로 명창의 멋을 승화시킨 우리 고장 전주의 역사박물관을 찾았다.

마침 '책(完版本), 소리(唱), 부채 특별전'이 열리고 있어, 우리 고장 전주를 공부하기로 했다. 조선시대 책의 나라라고 일컬을 정도로 출판문화가 융성할 때, 그 중심에 전주가 있었고, 전주에는 '완판본完板本'이라 불리는 방각본(판매용 책)이 출간되었으며, 감영官版에서 간행한 '완영판完營版' 등이 있어, 간경도감刊經都監의 분사 역할도 수행하는 등 출판문화를 이끌어왔다.

책이 문화를 보급하는 데 얼마나 중요한 역할을 했는지 짐작할 수 있다. 그 시기에 전주에서 출간된 완판본의 공은 지대하였다. 관판官版은 주로 사서삼경 등 경서였고, 전주 방각본은 영리를 목적으로 사가에서 출판한 책으로 주로 경서류, 유가류, 학습서 및 소설류 등이었으며, 출판 형식은 목판이었다.

지금의 완주군 구이면 평촌저수지 인근 화전민이 살던 지역에서 화전민이 잘라서 말린 나무에 각수刻手 - 彫刻家들이 와서 글자와 판을 새기고 잘 보존하도록 한 뒤, 감영으로 운반하여, 흑석골에서 나오는 한지를 이용하여 완영본, 완판본을 완성하였다.

전주 최초의 고전소설인 완판본 한글소설(≪별월봉긔 1823년 4월 석구곡板≫)이 탄생한 곳이 지금은 찾기 힘들지만 평화동 원석골이다.

아중리에는 최후의 책방인 '양책방梁册房'이 있었다고 한다. 전주 인근에는 출판의 역사를 간직한 옛 유적이 산재되어 있다. 주자대전鑄字大典 4,000여 판이 향교에 보전되어 있고, 옛 남문과 사대문에는 서가서포, 다가서포, 문명서포, 완흥서포, 남창서판, 칠서방 등이 즐비하게 있었다고 한다.

초등학교 저학년 때 외갓집의 외삼촌 문갑 위에 놓여 있던 ≪츈향뎐≫이 생각난다. 한지에 이상한 큰 글자로 찍혀 있었고, 돌돌 꼰 종이끈으로 꿰매놓았는데, 글을 읽을 줄 알아 호기심에 뒤적여 보아도 한글은 한글인데 참 이상한 글자여서 통 읽을 수가 없었고, 그 뜻도 몰라 덮어 버렸던 기억이 난다. 그 책이 혹시 전주의 완판본(방각본)이 아니었을까? 이러한 역사적 유적과 유물은 전주의 자랑이요, 문화를 발전시킬 기틀이라 할 때, 완판본 연구와 발전에 심혈을 다하는 S사장님께 감사드리고 싶다. 우리 후학들도 책임을 통감하고 더욱 향토문화발전에 앞장설 것을 다짐한다.

전주는 맛과 멋의 고장이라 하는데 맛도 최고요 멋도 최고다. 그 중 멋은 소리다. 전주는 소리의 고장이다. 전라도는 판소리의 산실이며, 그 중심이 전라감영이 있던 전주다. 해마다 전주세계소리축제가 열리고, 봄이면 전주대사습놀이가 열린다. 이때 전국의 소리꾼들은 물론 국악인들이 전주에 몰려들어 소리의 고장 전주를 다시금 확인하게 한다.

판소리 최고의 등용문인 전주대사습놀이는 조선 후기 전라감사와 전주 부윤의 심부름을 도맡아 하는 통인들이 동짓날 밤 이름난 광대들을 초청하여 판소리를 듣고 노는 잔치에서 비롯되었다고 한다. 1910년 중단되었다가 1975년 5개 부문(판소리, 농악, 무용, 시조, 궁도)만을 선정하여 대회를 개최하기 시작하였고, 1983년 9개 부문으로 늘려 전국 대회를 개최하고 있다. 전주대사습놀이는 전국 명창들의 등용문이자 최고의 발표 무대다. 판소리의 절정기인 19세기에 활동한 명창들을 일컬어 '전기 8명창 후기 8명창'이라 했는데 그 중 14명이 전라감영 출신이었다. 꼭 8명이 아니라 명성이 있는 소리꾼들을 높여 부르는 용어가 바로 8명창이었다.

완주 출신 권삼득은 비가비(양반 출신 광대)로 19세기 8명창 중 최고의 선배이며 판소리명창의 시조로 추앙받고 있다. 영정조 때 하한담과 최선달은 전주 신청神廳의 대방과 도산주都山主로 명성이 자자했으며, 판소리는 2003년 무형문화재로 등재되었다.

창이나 판소리 시조는 어르신들이나 특정한 분들만이 즐기는 것으로 생각해 왔다. 어릴 적 모정 밑에서 흙장난할 즈음, 위에서 어르신들이 하는 시조나 창의 소리 시늉을 내다가 호되게 꾸중을 듣고 쫓겨난 일이 있었다. 또 동네 어른의 회갑잔치 때 초청받은 기생들이 장구와 북에 맞춰 춤을 추고 노래하던 기억이 난다. 전주는 타 지역과 비교하여 예술 활동이 활발하게 이루어지는 도시라고 볼 수 있다. 이렇듯 소리의 고장 전주를 만들 수 있었던 것은 지역에 뛰어난 기량을 가진 소리꾼이 많기도 했지만, 그 밑바탕에는 소리를 좋아하고 아끼는 귀명창들이 든든하게 버티고 있었기 때문이 아닌가 한다.

언제였던가. 광복절 기념식에 태극기대신 태극선을 들고 왔던 소년이 생각난다. 우리 속담에 '단오 선물은 부채요, 동지 선물은 달력이다. 鄕中 生色 夏扇 冬曆.'라는 말이 있다. 여름이 가까워지면 임금이 신하들에게, 사가私家에서는 친지나 웃어른들에게 부채를 선물하는 것이 우리의 옛 풍습이었다. 특히 부채는 멋이다. 옛날 풍구風具의 역할에서 마음을 보내고 멋을 나누며 전주의 풍요로운 인심까지 나누는 부채야말로 우리 고장의 보물이다. 부채는 '손으로 부쳐서[扶] 바람을 일으키는 기구'다. '가늘고 길게 자른 대나무 살[寨]에 종이나 헝겊을 바른 것'이다. ≪삼국사기≫를 보면 견훤대왕(918년)이 고려 왕건의 즉위를 축하하는 뜻으로 공작선을 보냈다는 기록이 있다. 또 고구려 안악 3호군 벽화에 깃털 부채가 그려져 있다. 한편 서양에서 온 '팬(fan)'이라는 말은 특정 연예인을 열렬하게 좋아하는 사람들을 의미한다. 여기서 파생된 말들 중에 '팬 레터', '팬 클럽(Fan club)'이라는 말이 있나. 여기서 말하는 '팬(fan)'의 어원도 본래 '부채(fan)'에서 온 것이다.

고대 이집트의 클레오파트라 여왕 시절, 보좌에 앉은 여왕 옆에는 시녀들이 무더위를 쫓기 위해 파초선과 같은 기다란 부채를 들고 여왕에게 줄곧 바람을 부쳤다. 즉 주인공을 위해 시원한 바람을 제공하는 사람들을 두고 '팬(fan)'이라고 한다. 그러니까 인류 최초의 팬클럽을 가졌던 인물은 클레오파트라인 셈이다.

가슴에 타는 불을 끄라고 보내었나
눈물로도 못 끄는 불을
부채인들 어이 하리.

고시조를 읊어 보아도 운치가 있다. 전주는 가장 질이 좋은 부채를 생산하였던 부채의 고장이다. 전주 부채는 선자청扇子廳에서 만들어져 단옷날 임금님께 진상품으로 올려졌다. 전주 부채는 견고하고 구성이 섬세하며 운치가 있다. 반석리(서학동)와 가재미골(인후동)에 선지장扇紙匠이 거주했으며 전국 최고의 한지가 이곳 전주에서 생산되었기에, 가장 질 좋은 부채를 만들 수 있었으리라.

한겨울에 부채 선물을 이상히 생각하지 말라.
너는 아직 나이 어리니 어찌 능히 알겠냐만
한밤중 서로의 생각에 불이 나게 되면
무더운 여름 6월의 염천보다 더 뜨거울 것이다
—선조 때 임제

지금은 선풍기다 에어컨이다 하여 부채를 찾는 사람이 많지 않다. 또 부채에 대한 생각 역시 변변찮다. 하지만 조선시대에 부채는 단순한 풍구風具 이상으로 각별한 멋을 자아내는 도구였다. 말하자면 부채는 단순히 무더위에 바람을 일으키는 도구 외에, 시詩와 그림[畵]이 어우러진 휴대용 화폭이었고, 나아가 멋스런 장신구였으며, 호신구나 가리개로도 사용되었다. 선비가 들고 다니는 쥘부채가 그렇고, 판소리의 명창이 소리(공연) 중에 접었다 폈다하는 부채, 궁중무용인 부채춤 등을 들 수 있다.

이제 부채는 본래의 기능을 초월하여, 패션을 돋보이게 하거나, 중요한 예술적 소품으로까지 발전하였다. 부채의 종류로는 태극선, 합죽선, 공작선, 왕골 파초선, 모란 자수선 등이 있고, 모양은 둥글(방구)부채, 접부채가 있다. 부채에 대해 읊은 옛 시 한 구절에서 부채의 멋을 생각해 보자.

> 대나무와 종이가 혼인을 하여 자식을 낳으니
> 그것이 바로 맑은 바람이다.

또 부채에 숨은 뜻은 '사람이 무조건 곧아서도 안 되고, 굽실굽실 흐물거려도 안 되며, 합죽선과 같이 강직하면서도 부드러운 인간미가 있어야 된다."고 부채 기증자 이기동 씨는 말했다. 부채에는 그런 깊은 뜻이 담겨 있는 것이다.

• 전기 및 후기 8명창

전기에는 권삼득(완주), 송홍록(운봉), 모홍갑(김제), 염계달(여주), 고수관(해미), 김제철(청주), 주덕기(전주), 황해천(김제), 박유전(순창), 송광록(운봉) 등이며, 후기에 박만순(고부), 이날치(담양), 송우룡(구례), 김세종(순창), 장자백(순창), 정창업(함평), 정춘풍(충북), 김찬업(홍덕), 김정근(강경), 한송학(수원) 등이며, 14명이 전라감영 출신이다.

# 밀알노옹老翁

오늘이 노인의 날이란다. 그런 날도 있었나 싶을 정도로 생소한 기념일이다.

나는 가끔 가전제품을 수리하러 모래내 길가 5평 남짓한 점포에 간다. 올해만 해도 벌써 다섯 차례나 갔다. 그곳에 가면 먼지를 둘러쓴 가전제품 부품들이 가득하고, 줄지어 수리할 물건들이 포개어져 있다. 공간은 겨우 사장님(?)과 손님이 앉을 만하다. 사장 겸 기사인 노인이 정밀한 가전제품 수리에 열중하는 것을 보면서 직업 앞에 나이는 숫자에 불과함을 느낀다. 그 노기사님은 올해 여든둘, 그런데 안경도 쓰지 않고 전자제품 회로를 점검하고 납땜을 하며 수리를 하신다.

"요즘 전자제품을 수리하러 손님들이 많이 오십니까?"

"……."

대답이 없다. 제품 수리에 열중해서인지, 나이 들어 가는귀를 먹었는지, 아예 대답은 기대하지도 않는다. '대단하신 분이야. 팔순을 넘기신 분이 정밀기계를 수리하시다니.' 속으로 생각하며 둘러보니 라디오, 텔레비전, 전축, 오디오, 냉장고, 선풍기, 전열기, 김치냉장고, 전등, 핸드폰, 밥솥, 시계……. 각종 부속품들이 수북하다. 누구 말마따나 없는 것 빼고는 다 있고, 못하는 것 빼고는 다 수리하는 곳인 듯하다.

10여 년이 지난 전자제품은 고장이 나면 수리할 곳도 없다. 유명 메이커도 부속이 단절되었네, 아예 만들지 않네 하니, 이름을 잘 모르는 제품은 아예 고장수리를 할 곳조차 없다. 그래서 고장이 나면 그냥 버리고 신제품을 사지 않을 수 없다. 그 제품이 특별나게 좋다기보다는 몇 가지 편리성만 개선된 것들이다. 그리고 그 값은 옛 제품보다 3, 4배나 비싸니 함부로 바꾸기도 겁난다. 더구나 요즘엔 전자제품 수리점을 찾기도 힘들다. 나는 그 무거운 낡은 전자제품을 들고 땀을 뻘뻘 흘리며 시내를 몇 바퀴 돌고나서야 변두리 골목길에서 겨우 수리 점을 찾은 것이다. 그런데 수리 점의 문이 잠겨 있거나 열렸어도 복잡한 것은 아예 보려고도 하지 않을 때는 참으로 난감하다. 몇 번을 찾아다니다가 겨우 찾았다고 했더니 아들이 "우리 아빠, 소원 푸셨네!" 했다.

노옹老翁께서 이 일을 시작한 것은 50세 전후라 했다. 어렸을 적 꿈은 훌륭한 과학자요, 기술자요, 발명가가 되고 싶으셨단다. 그런데 세상은 꿈을 이루도록 순탄치 않아 먹고 살기 위해서 장사를 시작했고, 나중에 회사원이 되어 황금기를 보냈지만 마음만은 기술자가 꿈이었다. 어려서 군부대에서 흘러나온 라디오, 시계들을 보면 신기하고 궁금하여 어른이 안 계실 때 분해하여 놓고, 잘 맞추지 못해 고장을 내어 종아리에 피가 나도록 맞았다. 그래도 또 일을 저질러서 어느 때는 할아버지 담배통으로 머리를 맞아 박이 터진 채 울면서 고치러 갔던 때도 있었다. 고장난 물건을 가지고 수리하러 시내까지 걸어간 일이 몇 번인지 모를 정도였단다. 더구나 그 작은 부품을 길가에 흘리고 가서는 찾지도 못할 것 같으면서도 갔던 길을 몇 번이고 왔다 갔다 한 적도 있었단다. 고치는 곳에 가서는 기술자의 고치는 과정을 유심히 살펴보다가 꾸중을 듣기도 하고, 부속품을 잃어버렸다고 덤터기를 쓰기도 했단다. 항상 기술자가 되어 남들이 못 고치는 것을 내가 고쳐보아야겠다는 생각을 했다. 희한하게도 머릿속엔 각종 회로와 기계 속이 훤히 보이는 것 같았단다. 결국 회사를 그만두고 옛 꿈을 버리지 못해 이 일을 시작하게 되었다고 했다.

50세가 넘어서야 본격적으로 30대의 기술자 밑에 조수로 들어가 심부름을 하면서 하나하나 보고 배워 3년이 된 뒤에는 스스로 수리를 시작하게 되었는데, 그래도 모르는 것이 많아 많이도 쫓아 다녔다고 한다. 그 뒤로는 신제품이 너무 많이 나오니 수리할 것이 없어서 빈손만 털고 있다가, 요즘 나이 드신 분이나 아주머니들이 중고품이 아까워 옛것을 버리지 못하고 수리를 의뢰하여 심심풀이는 된다고 한다.

중고 살려 쓰기, 물자절약 차원을 벗어나 그것을 재생하여 주시는 노옹老翁의 마음이 정말 고마웠다. 팔순이 넘었는데도 전주 호성동에서 자전거로 출퇴근하신다는 그 어른의 봉사정신과 정신적 육체적 건강이 부러웠다. 젊었을 적 꿈을 접지 않고 팔순에도 하고 싶은 일을 하면서, 삶의 보람을 느끼는 것은 물론이려니와 수리비를 받되 그저 시늉만으로 받는 것 같았다. "수리비가 너무 싼데요?"하면 말이 없거나 그저 "됐습니다."한다. 내가 다섯 번 부탁한 수리비가 모두 합쳐 만 원도 안 되었다. 간단한 것은 천 원, 복잡하고 부속이 들어가는 것은 삼천

원 정도다.

자기가 하고 싶은 일을 마음껏 하면서 희열을 느끼는 봉사정신, 그리고 나이는 들었어도 늙을 수 없는 그 어른의 정신건강은 아직도 젊은이 같은 건강을 유지하는 바탕이 되는 것 같다. '한 알의 밀이 땅에 떨어져 썩으면 만인을 먹여 살릴 풍성한 알곡이 태어나는 기쁨'을 주거늘 노옹의 꿈은 이 사회에 기여하는 길이 무엇이고, 보람된 삶은 어떻게 사는 것인지를 몸소 보여주는 것 같다. 나도 그렇게 살 수는 없을까? 오늘부터 그 방법을 찾아봐야겠다.

(2010. 10. 02.)

6부

# 무아정 가는 길

# 무아정 가는 길

깊은 산속 옹달샘 누가 와서 먹나요.
신 선생, 김 교장 숨바꼭질하다가
목이 타서 왔다가 후딱 먹고 가지요.

오늘은 친구들이 짝을 지어 청학동 무아정無我亭을 찾아가는 날이다. 가는 길에 깊은 산속 골짜기를 지나자 창호(신 선생 號)가 몹시 목이 탄다며, 초임 시절 이야기를 꺼내자 친구들은 합창도 아닌 이중창(?)으로 흥을 돋우었다. 옛날에 육십령고개는 전라도와 경상도를 잇는 험한 고갯길이었건만 오늘엔 경치 좋고 물 맑은 안의계곡이 이어지고 계곡과 숲의 비경이 하나 되는 자리에 거연각居然閣과 농월정弄月亭이 세워져 있다. 우리는 그곳에서 목을 축이면서 세상사 다 잊고 풍류에 젖었던 옛 선비들을 그려보았다.

1960년대 초, 넓은 호남평야에서 겨우 문밖만 출입하며 공부하던 학생이 사범학교 졸업과 동시에 발령을 받은 곳은, 낯설고 물설고 말까지 다른 경상도 깊은 산속 학교였다. 기차 타고 가다가 덜컹거리는 버스로 갈아타고 병풍처럼 둘러선 바위산을 돌고 돌아 깊은 골짜기를 건너야 했다. 울창한 숲과 웅장한 산을 보며, 내가 지금 어디로 가고 있는지 머리를 흔들며, 꼬박 이틀을 걷고 걸어서 찾아간 두메산골 초등학교엔 6학급 200명 남짓한 어린이들이 코를 흘리며 기다리고 있었다.

정말 울고 싶고 숨이 턱턱 막히며 정신까지 아득해지던 그때. 언어의 장벽을 넘고자 한 달, 음식과 풍토에 적응하는 데 석 달, 눈치만 살피던 어린이들과 정을 주고받는 데 다섯 달의 세월이 흘렀다.

그렇게 멀게만 느껴졌던 여름방학이 되자 마음은 고향으로 발길을 재촉했다. 출발하기 전 교장 선생님께서는 내 마음을 벌써 읽으셨는지 "어이 신 선생, 호남평야 고향 간다니, 건강하게 잘 다녀오게. 나도 방학 중 여행 차 한 번 가보고 싶네. 한 번 갈 터이니 기다리게."하셨다. 나는 집에 도착하자마자 까맣게 잊고, 친척집, 친구들과 해수욕장 등 여기저기 쏘다니고 있었다. 그 사이 교장 선생님은 우리 집을 방문했었단다.

방학이 중간쯤 지날 무렵, 약속대로 교장 선생님께서는 신 선생 집을 방문하시게 되었다. 나이와 경륜으로 긴 여행길에 지침과 고달픔을 참고 흐르는 땀을 훔치며 길을 걸었다. 묻고 물어, 가도 가도 끝없는 들길을 걷다가 사람 만나기도 힘든 들녘에서 겨우 사람을 만나 주소를 물으면, "저기 저 보이는 곳인디요. 담배 한 대 참이면 간당께요."하더란다. 대관절 담배 한 대 참이 몇 시간일까? 저기 저 보이는 곳이 왜 항상 제자리걸음인가. 먼지가 풀썩이는 길을 터벅터벅 한참 걸어가도 손에 잡힐 듯 말 듯 멀고 먼 들판 길. 땀 식힐 그늘 하나 없고, 넓은 들판을 넘으면 또 들판, 들판 둘을 넘으면 밭, 밭을 넘으면 또 동네, 사람도 보기 힘든 마을에는 개가 쫓아다니며 짖어대었다. 교장 선생님은 겨우 집을 찾았다고 했다. 농번기라 가축들만 집을 지키는데 사나운 개가 으르렁거리며 쫓아다니는 바람에 기겁을 하고 피해 다니다가 되돌아가려고 했지만 이틀이나 걸려 찾아왔으니 그냥 갈 수도 없더란다. 이곳은 왜 이렇게 더운 걸까? 비 오듯 하는 땀을 훔치며 여기저기 쉴 곳을 찾아 서성이다가, 해가 기울 때야 들녘에 나갔던 가족이 도착해서 인사를 했단다. 무정한 신 선생은 소식도 없고,(전화도, 핸드폰도도 없을 때였으니까.) 친절한 가족의 환대와 보살핌으로 목욕도 하고, 모처럼 흰 쌀밥에 이름도 모르는 맛있는 음식과 반찬으로 식사를 했다. 이틀이 지나도 신 선생은 소식이 없었다. 감칠맛 나는 음식과 푸짐한 인심을 뒤로 한 채 가족들의 만류를 뿌리치고 한 아름의 선물을 받아들고 교장 선생님은 귀가를 서두셨단다.

개학해서 뵌 교장 선생님께서는 "신 선생님요, 그 고향이라칸 데 사람 몬 살 곳이데. 어때 살겠는교. 퍼득 이사오이소. 내사 시원한 곳 잡아 놓음세."하시며 방문기를 말씀하셨다. 죄송하고 미안할 따름이었다. '아따 별 말씀을. 숨 막히고 답답한 산골 바윗골 두메에서 먹을 것도 갈 곳도 없음시랑 어찌 살라고 그런 말씀을…….'

그때는 의식주 해결하기도 버거운 세상이었으니 시원한 물, 그늘 등을 찾는 것은 사치였다. 지금 보이는 맑고 시원한 계곡과 스트레스와 만병을 치유한다는 피톤치드라는 물질을 발산하는 시원한 숲, 맑은 공기 등은 꿈에서나 느낄 수 있는 이상세계였다.

함양 땅 '늘봄가든'에서 오곡 뷔페와 꽁보리밥으로 오찬을 마치고 인근에 있는 '상림숲' 그늘에서 쉬어가기로 했다. 이 숲은 1,100년 전(신라) 최치원이 천령(함양) 태수로 부임하여 강둑을 보호하고자 심은 나무가 숲이 되어 공원으로 조성되었다는데, 여기저기 뿌리와 종種이 다른 두 나무(느티나무와 개어시나무)가 서로 얼싸안고 한 몸뚱이로 자란 나무가 있었다. 그 나무를 '연리목連理木' 또는 '사랑나무'라 하는데 금슬, 애정을 뜻하는 상서로운 나무로서 검증을 거쳐 명명된 곳이란다. 이곳을 특색 있는 공원으로 꾸미고 연못(백련, 홍련)을 조성하여 관광객들에게 시원함과 즐거움을 안겨주었다.

차를 몰아 전라도 광양과 하동을 잇는 관문인 오도재에 올라 백두대간 천왕봉을 바라보는 '지리산 제1문' 앞에서 거친 숨을 몰아쉬는 차를 쉬게 하고 '십이각시十二覺時'를 감상했다.

覺非覺非覺
(깨달음은 깨닫는 것도, 깨닫지 않는 것도 아니니,)
覺無覺覺覺
(깨달음 자체가 깨달음 없어, 깨달음을 깨닫는 것이네.)
豈獨名眞覺
(어찌 홀로 깨달음이라 이름 하리오.)

– 청해선사

해 질 무렵 목적지인 깊은 산길을 돌고 돌아 청학동 '무아정'에 도착했다. 인터넷을 통해 미리 예약을 했던지 김용 선사님은 두 손을 합장하고 우리를 반갑게 맞아주시고 방까지 안내해 주셨다.

무아정 김 선사는 파월용사로 제대한 뒤, 매월 받는 군인 연금과 온 재산을 여기 무아정을 차리는 데 투자하고, 전국에서 누구나 이곳을 찾으시는 분들에게 아무 조건 없이 모든 집기와 침구까지 간결하게 갖추어 놓고 무료로 숙식을 제공하는 분이다. 요즘 세상에 이런 분도 있었던가? 더욱이 금품이나 사례는 절대 사절. 마음만 두고 가란다.

밤새 이런 이야기 저런 이야기 나누다 보니 점심때 맛있게 먹은 꽁보리밥 덕택인지 여기서 뽕, 저기서 뿡하며 가스가 방출되었다. 우리는 서로 놀리면서 집에 가면 우리 시아버지 '뽕뿡이'가 되어 돌아오셨다고 하기 전에 다 내놓고 가자고 해서 또 한바탕 웃었다.

더욱 놀란 것은 선사님이 어찌나 부지런하신지 새벽에 일어나 이미 밥과 국, 반찬까지 챙겨 놓으셨다.

우리는 청학동 피정을 마치며 '우리도 기회와 여유만 있으면 아니 여유가 없더라도 이 시간부터 작은 친절, 작은 보탬, 작은 베풂을 실천하는 봉사의 여생을 보내자.'고 다짐했다.

無我淨(亭)! 세태에서 벋어나 자기를 잊고, 나를 버리고, 남을 생각하며 남을 위한 삶을 살아간다면 얼마나 좋을까? 우리는 모두 허공을 향해 한바탕 큰 웃음을 날렸다. 지금까지 먼지 자욱했던 마음을 멀리 날려 보내고 깨끗한 무아정의 정기로 흠뻑 채우자고…….

(2009. 07. 03.)

# 비천飛泉

하느님의 말씀은 마음으로 들어야 한다고 했는데, 오늘은 그 말씀을 물소리에서 찾기로 했다. 비를 내리고 천둥번개를 치는 것도, 바다의 파도 소리도, 계곡에 흐르는 물소리도 하느님이 주신 소리이지만 쉴 새 없이 우렁찬 소리를 내는 폭포가 하느님의 소리요 말씀이리라. 그 폭포를 타고 오셨다가 민심을 살피시고 승천하시리라. 그래야 민심이 천심이라는 말을 증명할 수 있을 테니 말이다. 이런 생각을 하며 계곡을 따라 달리니, 길가에 '돈내코', '쇠소깍'이라는 안내판이 눈에 띄었다. 별스런 지명도 다 있구나 했는데, 우리가 도착한 곳이 쇠소깍이었다. 현무암 골짜기에서 용출되어 흘러내리는 청록색 파란 물이 바다와 맞닿는다는 수려한 경치와 오묘한 현무암석 조각과 울창한 해송 사이로 시원히 흐르는 물이 모이는 곳이었다.

이곳이 350년 전 주인집 외동딸과 머슴 아들의 애틋한 사랑과 사연이 담긴 전설을 지닌 '남내소'라고 한다. 지고지순한 사랑으로 물에 뛰어들었다는 두 연인은 용천수를 타고 승천했을까?

쇠소깍은 70만 년 전 용암 분출로 형성된 현무암으로 용천수와 바닷물이 만나는 계곡으로 효돈(쇠돈)과 연못(소) 그리고 끝(깍)의 합성어로 이루어진 제주도 방언이라고 한다. 구불구불하고 숲이 울창한 에메랄드빛 맑은 계곡에서는 젊은이들이 리프팅하며 지르는 함성이 들렸다. 전설의 선남선녀가 서로 만나 환호성하는 듯, 천상의 울림같이 메아리치는데, 그 소리를 뒤로 하고 우리는 자리를 옮겼다.

천지연 폭포로 가는 시원한 관광도로 좌우로 제주도의 특색을 살린 도민의 정성이 엿보였다. 길가 공원엔 시원한 물줄기를 뿜어대는 분수가 있고, 이십여 미터의 수심과 높이의 기암절벽에서 하얀 물기둥이 우레 같은 소리를 내는 천지연이 있다. 모두 다 한낮의 더위 속에 가슴이 뻥 뚫리는 듯 시원한 바람과 튕기는 물은 제주에서 가장 시원하고 맑은 물이라고 하지만, 뿜어대는 분수보다는 내리쏟는 시원한 폭포수가 좋다.

주변에는 아열대성 상록수가 우거지고, 유자나무 등 희귀식물이 산재되어 있으며 못 속에는 열대어 무태장어 등이 서식하고 있어 기념물 27호로 보존하고 있다고 한다. '하늘과 땅이 만나 이룬 연못 - 천지연 -', 옛날 고등학교 시절 여기에 와서 찍은 사진이 생각났다.

그때는 물줄기도 약하고 주위에 나무가 없어 황량하게 느껴졌지만 그런대로 옛 추억을 더듬어 볼 수 있었다. 50년 전 무전여행 차 이곳에 왔다가 천지연 폭포에 심취해서, 별 볼일 없는 사진기로 사진 한 장을 찍겠다고 조금 뒤로 조금 더 뒤로 물러나라고 하다가 이미 고인이 된 조용현이란 친구가 하늘과 땅이 연결된다는 연못에 빠져 생쥐 꼴이 되어 나왔던 기억이 있다. 그리고 폭포수 밑에 아슬아슬 기어 들어가 미끄러지고 주저앉았던 일들이 떠오른다. 그때는 물의 양이 적고 관광객도 뜸해서 다행이었지만……. 우리는 옷을 말리며 하늘과 땅이 연결된다는 연못에 빠졌으니, 곧 하늘나라에서 무슨 연락이 올 것이라며 놀려댄 적이 있었는데 그 친구는 그 연락을 받고 먼저 하늘나라로 갔을까?

나는 고등학교 2학년 여름방학 때(1959년도) 전국 무전여행을 계획했다. 친구 4명이 모의 끝에 먼저 학교장의 동의를 구하러 교장실에 갔다가 "때가 어느 때인데 무전여행이야? 갔다가 큰 사고라도 나면 어쩌려고? 겁도 없는 애들이구먼." 심한 꾸중만 듣고 쫓겨났다. 그래도 뜻을 굽힐 수 없어 선배들의 조언을 듣고, 군복과 워커 등을 준비했다. 그리고 부모님의 동의를 구했다. 역시 한사코 만류하셔서 불효막심한 행동이었지만, 각자 바꿔가며 집에다 연락을 하였다. 우리는 당돌하게도 시장과 서장 연명의 추천서 초안을 작성해 가지고 시청과 경찰서를 찾아갔다. 몇 차례 도전하여 '곧 사회에 나갈 저희가 세상 물정도 배우고 고된 경험도 해 보고자 무전여행을 결심했으니 추천 좀 해 주십시오.'했더니 한참 망설이다가 추천서를 써주었다. 참 운이 좋았다.

그 추천서만 내밀면 처음이 어려웠지, 대다수의 시·도기관장, 심지어 판검사들도 격려해 주며 추천해 주었다. 추천서만 보이면 어디든지 무사통과였다. 그것을 빌미로 제주에 가서도 제주지사와 경찰국장 추천서도 받아냈다. 이 추천서를 제시하면 모든 운송수단도, 식사와 숙박도 무료로 안내해 주거나 전화를 통하여 편리를 봐 주었다. 지금 생각하면 권력기관의 영향력도 있었고, 인심도 후한 세상이었던 것 같다. 그러나 그 이듬해부터 무전여행이 전국적으로 퍼져 그 폐가 심하다고 엄격하게 규제하였으니 우리는 행운아였던 셈이다. 그때 그 추천서와 가는 곳마다 받아두었던 기념, 격려의 글은 어디에 있을까? 그 생각을 하며 하늘을 우러러보고 빠졌던 연못에 손도 담가 보았다.

한참 더 가서 중문에 위치한 옥황상제 선녀들의 목욕탕이라는 '천제연'을 찾았다. 천제연 폭포는 중문관광단지 내에 있고 1, 2, 3단 폭포로 구분되어 있으며, 평상시에는 1단 폭포는 보기 어렵다는데, 다행히 장마철이라 모든 폭포가 힘찬 물줄기를 선보이고 있었다.

22m의 물이 3단을 거쳐 바닷물로 직접 흘러내리는데 점토 바닥에서 샘솟는 생수 골짜기를 따라 절벽 양쪽의 울창한 숲과 송엽란, 조록, 감탕나무 등 희귀식물은 난대림 지대식물로 천연기념물 378호로 지정되었고, 2단 폭포와 3단 폭포 중간에 위치한 철제 아치형 선임교는 길이 백이십여 미터, 높이 팔십여 미터의 오작교 형태로 칠선녀의 조각이 새겨져 있다.

언제인가 친구들 부부끼리 이곳 천제연 관광을 왔을 때는 1단 폭포는 실오라기 같은 폭포수요, 2단 3단 폭포가 겨우 폭포의 명맥을 유지할 정도로 가뭄이 심했는데 요즘은 수량도 풍부하고 골짜기 사이로 계단을 놓아 내려가 볼 수 있고 물놀이도 하는 걸 보니 감회가 새로웠다. 2단과 3단 폭포 사이에 선임교는 옛날이나 지금이나 아치형의 멋진 다리인데, 그때 다리에서 아내와 기념사진을 찍으려할 때, 가까이 하라고 해서 끌어당긴다는 것이 꽉 껴안고 찍은 사진이 특색 있어, 우표로 만들어 사용하고 있으나 감회는 옛만 못하다. 그때는 교량이 더 길고 칠선녀 조각이 선명했는데 주변 나무가 울창해서 그런지 교량도 옛날 같은 모습이 아니고 그때의 감각을 느낄 수 없다. 경관도 형상도 심리적인 영향을 받는 것일까?

우리는 언제나 물과 같이 생활한다. 나는 오늘, 이 폭포수에서 잡다한 시름과 세상 먼지를 모두 털어버리고, 깨끗한 마음으로 새롭게 달라져야겠다고 다짐해 본다.

(2010. 08. 24.)

• 비천飛泉 : 폭포수

# 외계인의 나라

분단의 슬픔으로 가슴앓이하는 나라가 몇이나 될까? 우리 민족은 분단의 아픔으로 두려워하면서, 가슴 쓰리고 속상하고 얄밉고, 그냥, 그냥……. 한숨만 나온다. 기린 친목회에서 이웃나라는 다 다녀왔는데 유독 우리와 처지가 같은 분단(?)국가라 할 수 있는 곳, 타이완만 못가 본 회원이 많다고 해서 그곳으로 여행을 가는 중이다.

"어이, 준비 다 됐어."

'철커덕' 여행 가방을 닫고 손으로 쓱 문질렀는데, 또 넣을 물건이 있다 해서 다시 열려니 열리지를 않는다. 새로 산 가방 비밀번호도 모르고 그냥 잠근 것이 화근이 되어 진땀나는 실랑이를 벌이다가 촉박한 시간 때문에 공항행 버스에 몸을 실었다.

'여권도, 용돈도 그 주머니에 넣었는데…….'

일행이 "가방 속 여권을 잘 모시고 다녀올 터이니 몸도 편치 못한 것 같으니 가서 쉬지 그려."하고 농담을 한다.

공항에 도착하여 열쇠 근심을 털어내고 나니 긴장이 풀린 탓인가. 목이 칼칼하고, 맹맹이 코에 자꾸 감기는 눈, 지끈지끈한 골치, 근질근질한 코, 마음은 조급한데 감기까지 극성이다. 약 사먹고 어쩌다 보니, 미아가 된 나는 겨우 일행과 합류할 수 있었다.

우리가 탑승한 중화항공 747기는 2시간이 지나 타이완 도원 국제공항에 도착했다. 그래도 시차時差 때문에 한 시간은 더 산 셈이란다. 아열대 지역, 상하常夏의 고장 타이완, 기온과 계절의 변화가 없어 일 년 내내 낙엽을 볼 수 없는 곳이라고 했다.

마중 나온 가이드(안내)를 따라 짐도 풀지 않고, 세계 4대 박물관이라는 '국립 고궁박물관'을 찾았다. 신석기, 청동기 문화부터 가까이 청淸대에 이르기까지 8천여 년 전 67만 점의 유물과 보물을 국공國共내전으로, 중국의 다多민족, 20여 국가의 흥망성쇠를 겪어온 본토에서 타이완으로 옮겨와 타이베이 고궁 박물관에 순환 전시하고 있다는 것이다.

수많은 서화, 도서문헌, 유물을 순환 전시하고 있지만, 전문가가 아닌 일행이 그 진가를 어찌 알랴! 다만 전시공간에 테마별, 의미와 이름을 붙인 동종명문銅鐘銘文－漢字 源流展, 천인의 합창(玉石 昆蟲에 새긴 東坡詩), 배추 비취, 상장 옥(喪葬玉 9孔) 등, 명장名匠이 2~3대를 이어 100여 년에 걸쳐 남긴 섬세한 글과 조각(木, 竹, 果 核, 象牙), 그림, 옥석 공예는 경탄을 자아낼 만하였다. 특히 고대에 황제가 어린 왕세자를 남기고 서거하자 조정 중신들이 집정하면서 짜[便]

을 짓지도 말고, 그렇다고 한편으로 기울지 말도록, 세발 달린 솥을 주조하고 그 속에 선황의 통치철학과 치세방법을 새겨 넣고, 세자가 집정하면 참고하도록 했다는 모공정毛公鼎 이야기를 들으며 첫날 관광을 마쳤다. 좁쌀같이 작은 보석과 청동기, 돋보기로 살펴야 할 작은 글씨로 수많은 명언을 몇 대에 걸쳐 새겨 남긴 끈기와 장인정신, 상상을 초월하는 웅장함과 정밀함, 꼭 미래의 외계인 작품이 아닌가 착각이 들 정도였다. 인간의 경이로운 재능과 무한한 가능성에 다시 한 번 놀랐다. 이곳의 분위기는 생각과는 달리 막상 와서 보니 너무나 다른 것 같았다. 일제 50년 통치를 받았다는데 대다수 주민은 친일적이며, 중국 본토와 대립하고 살면서도 전혀 위협을 느끼지 않고 자유자재로 교류한다는 것이 부럽다. 우리와는 어쩜 그리도 다른 상황일까? 생각해도 해답을 찾지 못할 것 같다.

고속열차로 2시간을 넘게 달려 아미족의 민속 쇼를 참관하고 험준한 계곡을 깎아 개통했다는 동서협곡 타이루꺼[太魯閣] 입구인 화련花蓮에 닿았다. 타이완에서 가장 경이로운 자연의 산물인 태로각 협곡은 험준한 산맥이 가로막혀 불가능하다는 동서횡단 도로 개통을 위해 죄수와 군인들이 공사에 동원되어 낙석과 추락으로 수천 명의 희생을 무릅쓰고 이룩한 경이로운 협곡도로가 있었다.

≪삼국지三國志≫에서 수천수백 명의 목숨을 희생해 가며 천 길 낭떠러지를 통과하여 적진을 돌파하는 장면이 연상되는 지형에 닿았다. 대리석과 화강암 산이 흐르는 강의 침식으로, 좁은 협곡을 이룬 지형으로 하늘을 찌를 듯 깎아지른 산 사이로, 안개 서린 산자락 절벽의 폭포 사이로는 정자와 탑들이 어른거리는데, 나무 등걸에 붙어 있는 매미 같은 버스가, 수백 미터 아래로 흐르는 강기슭을 따라, 수십 미터 높이

의 대리석 기둥이 솟아 있는 좁은 길과 터널을 지나 19㎞를 아슬아슬 지난다.

저 멀리 희생된 200여 혼을 모신 장춘사를 뒤로 허연 물 앙금이 얼룩져 흐르는 협곡에 물소리인가 바람 소리인가 아니면 관광객의 탄성인가, 희생된 영혼들의 함성인가 ……. 메아리져 들리는 그 소리를 뒤로 초인적인 공사와 오묘한 자연을 보면서, 버스는 구불구불 협곡을 달린다. 지구가 외계인이 사는 다른 혹성이 아니었나 하는 착각 속에서, 희생된 영령의 명복을 빌며 깎아지른 도로와 터널을 돌고 돌아 타이루꺼 협곡을 빠져나왔다.

사람은 지고지상의 고귀한 존재인데 아무리 인구가 많다고 해도 수많은 희생을 치르며, 불가사의한 일을 해야 했을까 하는 생각도 해 보았다. 달리는 버스 속에서 이 이야기 저 이야기 하는 동안 기륭의 해안가에 닿았다.

"야, 해변에 버섯이 솟았네."

"아냐, 꼭 외계인이 타고 온 비행접시 같은데……."

이에루[野柳]의 해양공원에 도착한 것이다. 백사장에는 여기저기 거대한 바위 버섯이 솟아 있다. 이는 수천만 년 전부터 석회질 사암의 침식작용으로 형성된 기암괴석으로, 암층이 해수면 위로 돌출되어 밤낮으로 해수의 침식을 받으며 시간이 지남에 따라 사암층의 결핵이 천천히 드러나게 되었다고 한다. 여기에 다시 바람과 햇볕, 빗물 파도 및 동북 계절풍의 영향을 받아 목이 없거나 목이 굵은 버섯 바위가 형성되었다. 그 모습이 마치 하늘을 받치는 비행접시 모양으로 1,700 미터에 걸쳐 위용을 드러내고 있으며, 풍상에 닳고 깎여 여왕머리, 촛대 모양, 벌집 모양 등 180여 천연 조형물로 변모하여 해변에 전시된

듯 줄지어 있었다. 몰려든 관광객들은 백사장에 들어서면서 자연의 오묘함에 감탄을 금치 못하였다.

자연의 조화에 감탄하며, 그 중에서도 마음속에 각인된 정교하고 아름다운 여왕의 모습이 잊히지 않았다. 이 기괴한 자연경관을 후손에게 오래오래 보존하여 전해주어야 할 텐데……. 침식작용이 계속되어, 언제인가는 상황도 변하고 그 여왕의 머리도 떨어지면 어쩌나 하는 생각이 기우杞憂이기를 바라며 외계의 해안을 떠나왔다.

(2011. 04. 04.)

# 추억 속으로의 여행

여행은 하나의 움직임이요, 삶도 역시 꾸준한 움직임이다. 인간의 삶은 싫든 좋든 앞으로 나아가기 마련이다. 세월이 흐르면 나이를 먹는다. 그리고 지나간 일들은 추억이 된다. 결국 여행도, 삶도 추억을 만드는 일이다. 나는 오늘 추억 속으로 여행을 떠난다. 사람들의 추억만 아니라 또 하나의 친구인 곤충의 내면적인 여행도 살펴보련다.

오늘은 '선녀와 나무꾼'과 '푸시케 월드(Psyche World)'의 두 개의 테마공원을 관람하였다. '선녀와 나무꾼'에서는 우리가 살아온 옛 추억과 꿈을 생각하며 우리의 삶을 돌아보게 하였다. 여기에서 내가 열 살 때부터 쉰 살 때까지(1950~1990년대) 살아왔던 시절과 환경, 그리고 경험을 맛보면서 잠시라도 그때의 인생을 되돌아볼 수 있었다.

어려웠지만 그래도 정이 넘치던 그 시절, 그 모습을 재현한 추억의 테마공원을 둘러보면서 어머니의 품속 같은 포근한 추억의 세계에 젖어 보았다.

추억의 거리, 달동네, 옛 물건과 상가, 이젠 민속자료가 되었지만 그때 사용했던 물건들, 추억의 학교 종, 다듬잇소리, 시골장터를 헤집고 다녔다. 달동네 전시관을 보면서 어디서 많이 본 듯한 개울가 판잣집을 발견했다. 옛날 졸병 시절, 외박 기간은 짧았지만 내무반과 철조망을 벗어나고 싶어, 의정부(수유리) 검문소를 빠져나와 서울 고모님 댁을 찾았다. 불볕 같은 더위 속에서 목이 타는데 물 한 모금 얻어먹을 수 없었다. 묻고 물어 판자촌을 헤매고 다니다가, 해 질 무렵에야 겨우 고모님 집을 찾았다. 어찌나 반가웠는지 모른다. 그때는 번듯한 집은 특별한 구역이나 가서 찾아야지 서울 시내의 절반 이상은 달동네 판자촌이었으니 잘 사는 집들이 부러울 것도 스스로 부끄러워할 것도 없었다. 꼭 그때 그 고모네 집 같은 지형과 판잣집이 눈에 띄어 가슴이 뭉클했다. 그래도 달동네의 코흘리개는 고생이라는 단어를 모르고 살았다. 내가 알기에 어른들도 눈을 높게 뜨거나 한탄하는 것을 듣지 못하고 희망을 안고 살았던 것 같다. 그래서 오늘이 있었으리라.

초가 안방에 있는 방망이와 다듬잇돌을 보니 옛날 우리 집 안방에서 어머니와 누나가 마주앉아 다듬이질을 하던 그 모습이 떠올랐다. 내가 방망이를 두드리자 그 소리를 듣고 다가온 아들과 며느리가 같이 두드렸지만 박자가 맞지 않았다. 다듬이질도 마음이 통해야 박자가 맞으며, 흥을 돋우는 화목의 악기가 아닐까 싶었다.

1960년대의 학교 모습이다. 교실에서는 코흘리개 아동들이 허리춤을 들추고 있고 선생님은 종아리를 때린다. 지금 같으면 핸드폰으로 찍힐 장면이다. 그때쯤은 내가 초임교사 시절인 듯싶다. 옛날이 생각나서 매달려 있는 학교 종을 쳐 보았다. '땡땡땡.' 어, 이것이 시작 종이던가, 끝 종이던가 아니면 모이라는 종이던가? 기억은 나지 않지만 괜히 신이 나서 몇 차례 종을 쳤더니 아들이 그만하시라며 말렸다.

옛 시장거리에서 '아이스케키!'하고 외치며 돌아다니는 풍경도 새로웠다. 나무젓가락에 얼음을 얼려서 나무통 속에 넣어 메고 다니면서 외치면, 아이들이 우르르 몰려와 따라다녔다. 요즘 청소년들에겐 '아이스케키'라는 신조어도 있다는데…….

'푸시케 월드'는 혁신관광문화대상을 수상했으며, 제주도에서도 대표적인 관광 상품으로 추천한다고 했다. 푸시케는 그리스어로 나비 또는 영혼을 뜻하며 고난 끝에 큐피트(에로스)와 사랑을 이룬 그리스 신화의 여인을 일컫는다고 한다. '푸시케 월드(Psyche World)'는 6개의 테마로 조직되었는데 우리에게 친근하게 접근하는 곤충의 세계와 인간세상을 관조하고 삶을 반추해 보는 기회를 제공하고 있다.

'바람 부는 제주 –그때를 아십니까?'에서는 척박한 땅과 거친 바다를 벗삼아 살아온 어렵고 빈약했던 환경과 해녀들의 애환, 그리고 위리안치의 고장을 재현해 주어 제주의 옛 생활상과 역사 그리고 도약을 위한 꿈을 제시했다. 또 '나비 박물관'에서는 보잘 것 없는 역경의 시간을 거치고 나서, 소리 없이 우아한 자태로 날아오르는 이 나비의 삶을 '샘물에 비친 자신의 모습이 너무 사랑스러워 그 자리를 떠나지 못하고 죽어 수선화가 되었다.'는 그리스 신화 '변신'이야기로서 '나르시스(Narcisse : 자기애, 자기도취)'라고 한다. 벼룩은 30㎝를 뛰어오르고(인간으로 치면 250m), 벌은 자신의 몸무게보다 300배(인간으로 치면 트럭 3대분) 되는 물건을 들어올린다는 곤충의 기능과 예지를 설명해 놓았다.

'거울 궁전'에서는 거울이 만들어내는 예측 불허의 환상과 신비의 공간을 체험하고, 실물과 환상을 조화시키는 심력, 그리고 알듯 모를 듯, 미로를 통해서 창조적이며 심미적인 공간 지각을 새롭게 일깨우는 계기를 마련해 준다.

조물주(하느님)가 우리의 삶을 내리실 때, 지난 추억은 아름답게 기억되며, 고난과 역경은 영광과 기쁨을 배가하도록 했다고 한다. 그래서 대다수의 사람은 행복하게 또는 묵묵히 자신을 발견하며 살아가고, 살맛을 느끼며 사는데, 어떤 이는 이를 거꾸로 의식하여 불행하고, 후회하는 삶을 살았다고 한탄하거나 삶을 포기하기도 한다. 이번 '추억 속으로의 여행'을 통하여, 어려웠지만 그래도 정이 넘치던 그 시절 그 모습을 재현한 추억을 돌아보면서 향수를 불러일으키는 포근한 세계에 젖을 수 있었다. 우리에게 친근하게 다가온 곤충의 세계와 인간 세상을 관조하고, 추억을 거울삼아 하나님이 주신 삶을 반추해 보는 좋은 기회였다. 자기도취에 빠져서도 안 되는 것임을 새삼 깨닫고, 용기 있는 새 출발을 다짐해 보았다.

(2010. 09. 04.)

# 옆자리 여인

"이 선생, 내려가면 바로 전화하고, 가끔 연락해!"

"어이, 고마웠네. 잘 있게."

모처럼 서울 세미나에 참석하고 친구 K 선생과 헤어져 무궁화열차 좌석을 찾아 앉고 보니, 남아 있는 자리는 몇 석 되지 않았다. 그런데 내 옆자리는 비어 있었다. 출발시간이 가까워지자 남은 좌석은 모두 채워졌는데, 내 옆자리 손님은 오지 않는다. '어떤 분이 오시려나? 나이 드신 어르신일까 아니면 젊은 분? 남자일까 여자일까? 혹 공석? 다음 역에서 타는 걸까?' 발차 시각이 얼마 남지 않은 것 같은데도 여전히 비어 있다. '이왕이면 예쁜 여성이면 더 좋겠다. 손님이 오면 무슨 말을 건넬까? 손님과 이야기를 나누며 여행을 하면 지루하지 않아 좋겠다. 만약 손님이 대화하기 곤란한 분이

면 어쩌지? 그렇다면 눈을 감고 잠이나 청해야겠다.'

이런저런 생각을 하다 보니 어제 밤술이 과했던지 눈꺼풀이 자꾸 감긴다. 잠깐 사이 졸다 보니 차는 출발한 것 같은데……. 비몽사몽 간에 바라보니 출입구에 노인 한 분이 지팡이를 짚고 천천히 걸어오시는 게 아닌가? 저 어르신인가 보다. 자리를 살펴보며, 마음의 준비를 하긴 했지만 왠지 좀 허전(?)한 기분이었다. 그러나 천천히 오시던 어르신은 내 앞을 그냥 지나가셨다. 그 뒤에는 어린애를 뒤뚱뒤뚱 걸리며 젊은 여인 한 분이 들어섰다. 잠시 뒤 그 여인은 내 앞에서 좌석번호를 확인하는 게 아닌가.

"실례하겠어요. 여기가 제 좌석인 것 같아서요."

"그래요? 앉으시지요."

여인의 얼굴을 가까이서 보면서 나는 마음속으로 감탄하고 말았다. 얼굴이 하얗고 갸름하며, 온화한 미소를 머금은 30세 정도의 아름다운 여인이었다.

얼마나 시간이 지났는지, 해는 뉘엿뉘엿 서녘으로 기울어 가는데, 열차는 신나게 남으로, 남으로 달리고 있었다. 어떻게 말을 걸어볼까? 무슨 말로 시작할까? 괜히 말을 붙였다가 무안을 당하면 어쩌나?

옆얼굴을 훔쳐보았지만 그 여인은 모르는 체 애기만 어르고 있다. 긴 시간이 흘러간 듯했다. 어쩌면 짧은 시간인데 그렇게 느껴졌는지도 모른다. 아기 이야기부터 꺼내야지 하며 아기를 보고 있는데, 인형 같은 공주가 쌩긋 웃는 것이 아닌가?

"엄마가 미녀시라 아기가 꼭 동화나라의 공주님같이 예쁘네요."

"예, 고맙습니다."

나는 더 할 말을 찾지 못하고 그저 말없이 시간이 흘렀다. 그 사이 아기는 엄마 품에서 새록새록 잠이 들었다.

"잠시 아기 좀 살펴 주시겠어요? 화장실에."

"예, 다녀오셔요."

여인이 돌아오자, 하려고 했던 말은 모두 사라져 버려서 또 말을 꺼낼 수가 없었다.

"선생님은 무슨 일로 서울에 다녀오시는 길인가요?"

멍청이 있던 나는 깜짝 놀랐다. 자기가 먼저 말을 걸어올 줄이야.

"예, 학술 세미나가 있어서."

"그렇군요. 어쩐지 학자 같았어요."

학자는 웬 놈의 학자, 겨우 학교 선생인데. 그러나 고마웠다. 또 얼마의 시간이 지났다.

"저, 실례지만 어디까지 가시는가요?"

"네, 대전까지 가는데요. 선생님은?"

"네, 저도 대전까지……."

사실 나는 대전에서 환승해야 하는데, 엉겁결에 그렇게 말해 버렸다.

"잘됐네요. 지루하지 않게 이야기나 나누면서 가면 되겠네요."

무슨 말을 주고받았는지 잘 기억나지 않는다. 그러나 스스럼없이 대화가 이어졌고 분위기가 부드러웠다.

"제 남편이 출장이 잦아 대전 유성온천에 놀러 가는 중이거든요."
온천이라는 말에 괜히 흠칫했다.

"아기가 참 순하네요. 몇 살인가요?"

"네, 계집아이인데 올해 세 살이에요."

할 이야기가 생각나지 않았다.

"아빠는 무얼 하시는 분인가요?"

"예, 건축업에 종사합니다."

어찌나 시간이 빠른지 벌써 대전 가까이 온 것 같다. 이제 이 여인과의 인연을 어떻게 마무리지으면 좋을까? 혼자 고심하는 사이 차는 플랫폼에 도착한다는 안내방송이 들렸다. 그 여인과 같이 대전역을 빠져나온 나는 호남선에 환승해야 하는데, 어떻게 됐는지 엉겁결에 유성온천까지 택시에 동승하여 호텔에 도착했다.

여인은 카페에 들러 차를 한 잔 마시고, 먼저 프론트로 가서 무슨 말인지 손짓을 하더니 돌아와서

"잠시 뒤면, 제 남편이 이곳으로 오기로 했으니, 같이 한잔 하시면서 인사도 나누시고……. 애기 아빠도 참 좋아할 거예요. 술친구가 되어주시면 고맙겠네요."

"이것도 인연인데, 오늘 여러 가지로 즐겁고 고마웠어요. 어떻게 감사를 드려야 할지."

"뭘요, 오히려 제가 고맙고 즐거웠어요."

"선생님도 여기 투숙할 계획이셔요? 호실은 아직 정하지 않으셨지요? 저는 812호실인데요. 가급적 가까운 호실로 정하시면 좋겠네요."

"아, 예? ……."

나는 그 아름다운 여인의 목소리를 뒤로한 채 그 여인이 812호실로 올라가는 것을 보고서야 정신이 바짝 들었다. 황급히 호텔을 빠져나와 급한 마음으로 택시를 불렀지만, 멈추지 않고 모두 그냥 가 버린다. 소리를 지르고 손을 흔들어도 소용이 없다.

"택시, 택시!"

그때, 옆자리 아저씨가 어깨를 흔들며

"어디까지 가시나요?"

"예? 예, 대전까지 가는데요……."

"어쩌나! 방금 대전을 지났는데……."

나는 정신을 차리고 다음 역에서 내릴 준비를 했다. 2시간 정도 긴 꿈을 꾼 것이다.

(2009. 02. 17.)

# 돌이 빚은 신비의 세계

삼다도 제주라 하면 먼저 생각나는 것이 돌이요, 검붉은 용암이다. 용암이 흘러가며 다양한 모양과 지형을 만들어낸 제주의 다공질 용암이야말로 하늘이 내린 귀중한 선물이다.

그 중 제주의 '돌하르방', 괴기한 '용두암', 산이 숨을 쉬어 생긴 구멍이라는 '산굼불이', 바다와 하늘을 이을 듯한 '주상절리', 용암이 만들어준 천상의 조화 '용천굴'은 공개하지 않아 보지 못하고, 대신에 얼음궁전인 '만쟁이굴'을 답사하기로 했다.

먼저 우리가 묵는 대명콘도 바로 위쪽에 있는 '북촌 돌하르방 공원'을 찾았다. 마을 입구에서 수호신 역할을 하며, 간절한 기원 대상이었다는 돌하르방은 제주의 전통과 문화를 엿볼 수 있는 바로미터다. 돌하르방은 돌 할아버지라는 제주도 방언이다. 원래는 옹중석, 우석목, 무석목, 벅수머리라고 했다는데 1971년 문화재 지정 시(민속자료2호) '돌하르방'이라고 명명했다고 한다. 원래 제주 4개 지방도읍지 성문 앞에 있던 47기 중 2기는 중앙박물관으로 옮기고 45기만 제주에 있다. 그 기능은 수호신, 주술적 종교적, 위치 표시 기능이었다고 하며 북촌 돌하르방공원엔 이들 돌하르방의 크기와 모양을 그대로 재현하여 전시하고 있다.

용암석 특유의 다공질 재질을 살려 입체감이 있으며, 두 주먹을 불끈 쥐고 쏘아 보는 왕방울 눈, 커다란 코, 그리고 알 듯 모를 듯 머금고 있는 미소는 궁금증을 자아낸다. 벙거지를 꾹 눌러쓴 불룩한 뺨, 길쭉한 귀, 두 손을 가슴에 대고 험상궂은 미소를 짓는 모습은 보는 이에게 웃음을 머금게 한다. 특히 묻혀 있는 대형 돌하르방이 땅속에서 뾰족이 내민 손가락은 그 크기가 경악을 금치 못하게 한다.

펄펄 끓는 용암이, 구멍이 숭숭 뚫린 용암으로 변하고 인간의 혼을 불어넣어 태어난 돌하르방! 너의 펄펄 끓는 꿈은 제주인의 꿈이요, 한국인의 꿈이다. 돌하르방의 꿈을 생각해 본다. 각기 다른 의미를 담고 있는 돌하르방은 보는 이에게 각기 다른 메시지를 던져 주리라.

돌은 우리에게 많은 것을 시사한다. 여기 돌하르방도 견인堅忍, 안분지족安分知足, 무언無言, 안정安定, 어떠한 일에도 참고 견디며, 불평도 없이 제자리를 지키며 기다리는 모습이다. 무엇을 기다는 것일까? 우도 해안 산방산 앞 바닷가 그곳에는 수천 년 억센 파도가 해안 암벽을 때려 만들어 놓은 용머리해안이 있다.

해 질 무렵 또 하나의 용인 제주 용두암을 찾았다. 다공질 용암 특유의 기괴한 용의 화신이 고개를 돌려 한라산을 돌아보며 포효하는 것 같다. 태초에 한라산 분화구에서 용출된 힘으로 빚어진 장관이다. '용궁에 있던 용이 승천의 꿈을 안고 한라산 신령의 옥구슬을 훔치는 데 성공했는데 막 승천하려는 순간 발각되어 산신령의 화살에 맞아 주저앉은 채 머리만 나와 화석으로 굳었다.'는 전설답게 넋 놓고 제주시를 바라보며 황홀한 야경을 감상하는 듯하다. 용두암은 주위의 신비한 야간 조명으로 용이 승천하려는 듯한 느낌을 연출하고 있다.

이튿날 찌는 더위로 땀이 줄줄 흐르는 한낮에 싸늘한 '바람의 얼음궁전'을 찾았다. 여기는 '거문오름 용암동굴계'로 세계 자연유산으로 등재되어 있는 '만장굴'이다. 20~30만 년 전 분출된 용암이 해안으로 이동하면서 생긴 전형적인 용암동굴로 돌거북, 용암석주는 세계적인 문화유산이다. 만장굴은 총길이 7,416m(해발 1,000m)로 바닥은 거친 편이고 습기가 있어 다소 미끄럽다. 평균 온도는 9℃~17℃ 정도로 생성연대가 아주 오래되어 학술적 가치가 높고 특히 세계 최대 규모의 7.6m의 용암 석주가 용틀임하듯 서 있으며 긴 날개박쥐, 굴아기거미 등 38종의 동굴 서식 생물이 있다. 뜨거운 용암이 흐르고 흘러 땅속에 멋진 궁전과 또 다른 세계를 만들었듯이, 사람들도 뜨거운 피가 흘러 정열을 불태우며 멋진 삶을 가꾸고 자연이 준 유산을 잘 보전해야겠다고 다짐하면서, 용암 분출 없이 폭발로만 이루어진 분화구라는 산굼불이를 찾았다.

월드컵 경기장의 몇 배나 되는 푹 파인 분화구는 제주에서만 볼 수 있는 돌이 만든 장관이자, 그 속에 멋들어지고 무성한 억새풀은 이곳에서만 볼 수 있는 진경이었다. 차를 돌려 바닷가 절벽에 육각기둥이 즐비하다는 주상절리로 향했다. 중문관광단지 내의 바람도 시원하고 소나무 숲 그늘에서 파도에 바위 부서지는 소리를 들으며 앞에 펼쳐진 파도와 주상절리의 절묘한 조화를 감상하느라 시간 가는 줄 몰랐다.

주상절리는 중문동에서 대포동에 이르는 약 2㎞에 걸쳐 발달되어 있고 분화구에서 흘러나온 용암이 식으면서 형성된 것이다. 단면이 육각형, 삼각형의 긴 기둥 모양의 주상절리가 해변을 따라 펼쳐져 있다. 급격한 온도 변화로 마그마의 표면이 급속도로 식어서 굳고, 수직 방향으로 갈라져 정육각기둥 형태로 변했다고 한다.

태초에 조물주께서 하늘과 땅 사이에 기둥을 세우고 하강하시어, 이 세상을 만드시고 인간에게 인도하신 뒤 승천하셨다는 전설이 아닌지. 멋지고 보기 좋은 그 기둥이 남겨진 이 해안에는 바다와 하늘을 잇는 검은 육각기둥, 그 기묘한 장관을 보고 조물주의 예지를 본받고자 관광객이 몰려드는 것일까? 하늘이 내린 신비의 돌 용암, 거기에 인간의 혼을 불어넣은 돌하르방, 그리고 자연의 오묘함으로 조각한 용두암, 세계자연유산 거문오름의 동굴, 하늘을 받드는 주상절리의 육각기둥들을 잘 보존하고 연구 발전시켜서 그 본래의 꿈을 실현시키라는 선물이 아닐까 한다.

(2010. 08. 30.)

# 배롱나무의 정精

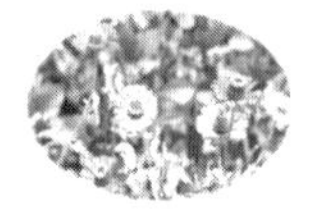

남해안 여행을 마치고 귀로에서 '자기는 틈만 나면 전주이씨 자랑과 족보타령을 하면서 왜 처가 족보는 모른 척하남?' 현풍곽씨인 아내의 불평도 잠재울 겸, 평소 가보고 싶었던 충의의 고장이요, 자연이 살아 숨쉰다는 청정의 고장 의령을 찾았다.

의령은 경남 내륙의 요충지로 전국 최초로 의병을 일으킨 홍의장군 곽재우를 기리는 충익사가 있는 곳이다. 남해고속도로에서 군북 인터체인지로 나와 한참을 달려, 임진왜란 때 정암진 전투로 유명한 전적지이기도 하며, 경남과 호남을 연결하는 "의령관문"을 통과하여 의령읍에 들어섰다.

먼저 눈에 들어오는 계단 모양의 색다른 의병탑에 이어 고색창연한 충익사에 들어서니, 가슴까지 벌겋게 달궈주는 수백 년은 되었음 직한 배롱나무 분재가 장군의 정精인 양 선홍빛 꽃잎 자락을 활짝 펼치고, 우리를 반기고 있었다. 배롱나무의 꽃말이 '떠나간 임을 그리워한다.' 라는데 곽재우 장군을 그리워하며 아름답게 자리하고 있는 것인가.

전설에 의하면 어느 어촌에 머리 셋 달린 이무기에게 동네 처녀들을 제물로 희생시킨다는 말을 듣고, 용맹스런 젊은이가 나서서 처녀로 변장하고 숨었다가, 제물을 먹으려고 나타난 이무기 머리 둘을 베자, 혼비백산 이웃 섬으로 도망가기에 그 섬으로 쫓아가면서 이무기를 죽이고 오면, 흰 깃발, 못 죽이면 붉은 깃발을 달고 오겠다고 말하고 떠났단다. 그 장사를 사모한 처녀는 백일기도를 드리며 마음 졸이고 기다리고 있었는데, 이무기를 죽이면서 흰 깃발에 붉은 피가 묻은 줄 모르고 깃발을 들고 달려오니 처녀는 실패한 줄 알고 자살하여 묻히니 그 뫼에 붉은 백일홍이 났다는 애달픈 사연이 있는 나무라고 했다. 나는 이 배롱나무 이야기가 왜장을 무찌르고, 충의를 다한 의병과 장군의 충절에 얽힌 사연으로 생각되었다.

사당의 뜰 안에는 한국 최고령(500년으로 추정) 당산 목 모과나무, 아름다운 반송, 둥근 수형의 구골 나무목서 등 기괴하고 진귀한 30여 정원수가 17장령과 장수들의 넋인 양 보는 이로 하여 경이로워 감탄을 자아내게 하였다.

장군은 초야에 묻혀 살다가 선조 25년 왜병이 침입하여 '나라를 지키는 일은 관군에게만 맡길 수 없다.'고 판단, 전국에서 가장 먼저 의병을 일으켜 홍의 백마를 타고 17장령과 수천의 의병을 거느리고 실로 신출귀몰한 전략전술로 적을 크게 무찔러 백전백승함으로써 왜군의 전라도 진격을 차단함은 물론 낙동강 등에서 적의 군수품 수송을 저지

하였다고 한다.

평생모절의(平生慕節義)
평생 절개와 의리를 사모했건만,
심공식자응(心空息自凝)
마음을 비우니 엉킨 마음도 풀리는구나.

<망우당 영회詠懷> 의 구절로 절개와 의리로 살아오신 장군의 심정을 헤아릴 수 있다.

기강나루 전투와 정암진 전투를 비롯한 수많은 전투에 임하여, 강안전술江岸戰術, 유격전술, 교란전술 및 심리전 등 각기 다른 전술과 전략으로 제갈공명 뺨치는 신출귀몰한 용병술로, 백전백승을 이끌었다고 한다. '의병은 싸울 뿐 승리를 자랑하지 않는다.'는 장군은 결코 자만하거나 방심하지 않았음이다.

이곳에 와서 많은 것을 배우고 느끼고, 돌아 나오면서 또 한 번 화사하고 둥근 커다란 수형의 배롱나무에 눈길이 갔다. 사육신의 한 사람인 성삼문은 아마 이런 배롱나무를 보고 시를 읊었으리라.

昨夕一花衰(작석일화쇠) : 어제 저녁 꽃 한 송이 지고
今朝一花開(금조일화개) : 오늘 아침 꽃 한 송이 피어
相看一百日(상간일백일) : 서로 백일을 바라보니
對爾好銜杯(대이호함배) : 내 너를 대하며 한잔 하지 않을 수 없구나.

배롱나무 붉은 꽃은 매일 피고 지고, 붉은 충정을 노래하며 백 일을 붉게 타오르니, 망우당의 충의와 절개가 오늘 피고, 또 내일 피어 천

년을 이어온 여기, 이곳에서 못 잊을 벗들을 모아, 장군의 충절을 노래하며 잔을 나누었으면 장관이련만…….

충의의 얼과 정한의 정이 흠씬 담긴 배롱나무가 이곳을 찾은 우리 일행의 가슴에 애국애족과 통일의 기원을 심어주고, 번영과 평화를 구가하는 염원을 마음에 새기게 해 주었다.

(2009. 09. 10.)

# 탐라길

길은 조물주가 주신 인간만이 가지는 특권이요 누리는 혜택이다. 인간은 길을 통하여 꿈과 희망을 이루고, 하고 싶은 일, 보고 싶은 것을 찾는다. 나는 오늘 그 특권을 이용하여 비행기도 타고, 올레길도 걷고, 뱃길과 해저까지 탐사하려고 한다.

우리는 흔히 여행길을 인생길과 비유한다. 이번 여행은 내 인생의 어떤 길일까. 조물주가 주신 하늘 길을 따라 제주도로 간다. 가깝지만 그래도 바다를 건너야 하기에 저렴한 요금의 소형 비행기를 탔다.

해외여행 때 궁전같이 커다란 항공기를 타고 창공에 오르면, 구름과 망망대해를 보며 지루한 시간을 보내야 했다. 그런데 오늘의 이 작은 비행기는 좌석 130석에 고도 15,000피트(4~5km)라고 한다. 하늘에서 내려다본 조국의 산하는 정말 한 폭의 그림 같다.

이륙하면서부터 녹색 초원과 들판에 울긋불긋한 마을의 지붕들이 마치 바둑판에 오색 돌을 놓은 듯하고, 고층건물이 가득한 도심 위를 지날 때는 곧게 뻗은 도로에 차들이 개미같이 줄지어 달리는 모습이 정겨웠다. 고속도로를 구경하다 보니 어느새 파란 물결이 넘실대는 바다에 점점이 떠 있는 다도해 사이로 하얀 꼬리를 길게 그으며 숨바꼭질하듯 달리는 배들의 모습이 눈에 띄었다.

청람색 바다에 하얀 선을 그으며 지나는 여객선을 따라 아래를 굽어보다가, 고개가 아파 위를 보면 가냘픈 솜털구름이 보이고, 어느새 그 아래로 뭉게뭉게 하얀 구름이 파란 하늘에 만물상을 만들고 있었다. 하늘에 흩날리는 새털구름, 그 아래 새하얀 뭉게구름을 만져보고 싶은 충동을 느끼는 사이 벌써 목적지에 도착한다는 방송이 나왔다.

우리 산야는 높은 데서 내려다보면 더 아름답다. 사람들도 서로 평면에서만 볼 게 아니라 보다 높고 먼 데서 본다면 더욱 정겹게 느껴질까? 같은 눈인데 위치에 따라 시각의 차가 이렇게 클까? 하늘 길을 지나면서 지금까지 바로 앞만 보고, 높게 멀리 보지 못해 답답한 적이 얼마나 많았던가를 생각해 보았다.

공항에서 차를 렌트하여 도청 옆 맛집으로 이동하여 식사를 하고, 러브랜드(Loveland)를 거쳐 '신비(도깨비)의 길' 체험에 나섰다. 색다른 땅 길을 찾아나선 것이다. 얼마 가지 않으니 오르막 도로 양쪽에 관광객이 줄을 서 있고 차들도 천천히 가고 있었다. 그런데 오르막길 쪽으로 시동을 끈 차가 오르고 있는가 하면, 외국관광객들이 길가에 물을 흘려 봐도, 음료수병을 놓아두어도 위쪽으로 흐르고 굴러가고 있지 않은가? 관광객들이 와! 함성을 지르고 박수를 치는 등 감탄사를 연발하고 있다. 참 신기한 일이다. 상식적으로 이해가 안 가는 일이다.

이는 실제 경사가 낮은 곳인데도 주위환경(구릉, 나무 등)의 영향으로 시각적으로 높게 보이는 착시현상을 일으켜 그렇게 보이는 도로인데 그 거리는 약 100m정도란다. 이러한 환경에서는 인간의 눈도 신뢰할 수 없다. 학문적으로 착시현상에 대하여 공부도 하고 실험도 해 본 적이 있으나, 이런 황당한 환경에 접하니 새롭고 신기하였다. 이 지역을 모르고 지나다 이런 현상에 접하면 얼마나 놀랄까. 별스런 길도 다 있다.

우리 일행은 한여름의 열기를 시원하게 식혀주는 녹색터널과 숲이 잘 닦여진 아름다운 청록의 5·16 도로를 달렸다. 요즘 자연과의 교감을 통한 '여유를 갖고 사는 삶(Slow life)'이 현대인의 지표로 각광을 받는다. 오늘 자연을 함께 느낄 수 있는 계기를 마련해 주는 '올레길 걷기'에 관심을 갖고 제주에 와 보니, 수많은 올레길이 있다. 그런데 거의가 3~4시간 이상 걸린다고 해서 망설이다가 50분 정도로 가장 아름답다는 '동백올레길(카멜리아 힐)'을 걷기로 했다.

'올레길'이란 큰길에서 집의 대문까지 이어지는 좁은 골목길을 의미하는 제주도 방언이다. 흔히 말하는 산책길이다. 동양 최대의 동백박물관이라 자랑하는 이곳에는 곳곳에 '여유롭게, 향기롭게'를 표방하고 있었다. 야생화올레, 동백올레, 구상나무올레, 수류정, 와룡연지, 용소폭포 등 자연을 사랑하고 마음속에 평온을 주도록 아담하고 운치 있게 손질한 올레길은 찾는 이의 마음을 기쁘게 해 주었다.

가끔은 느리게 걷고 싶다. 아무리 바빠도 느긋하게 시간적 여유를 가져야겠다. 갤러리카페에서 차 한 잔을 들고 천천히 자리를 떴다. 길 찾아 떠난 김에 이제 마무리로 우도유람선과 잠수함을 타고 바닷속 길도 체험하고 싶어 숲길을 동서로 가로질러 성산 일출봉을 향해 차를 몰았다.

사면이 바다라 해도 더위는 마찬가지였다. 유람선에 승선하자 하얀 물결을 가르며 시원한 바닷바람을 안고, 옛 방목지요, 섬이 소牛 모양이라는 우도 8경은 기괴한 용암과 현무암으로 이루어졌다. 보는 이마다 색다른 감회를 느끼게 해 주었다. 제주의 흙과 돌은 검은데 해변 모래는 희다는 말을 듣고 '산호사' 해변을 보니 수많은 세월 부서지고 닳은 조개껍데기가 부드러운 백사장을 이루고 있었다. 문화재보호구역이라 눈으로만 보아야 한단다. 산방 산 앞 바닷가, 수천 년 억센 파도가 해안 암벽을 때려 만들어 놓았다는 용머리해안을 한 바퀴 돌아보고 잠수함에 닿았다. 잠수함 문이 열리고 열지어 직각 사다리를 내려가니 이상한 생각까지 들었다. 지하의 긴 사다리는 6·25때 벌벌 떨면서 방공호로 들어가 보고 처음이다. 잠수함 문이 닫히자 10m, 20m, 30m 점점 바닷속 길이 열린다. 먼저 해조류가 너울너울 우리를 반기다가 깊이 들어가면서 물고기들이 나타나고 인어 같은 다이버가 수십 종의 물고기를 몰고 다니며 묘기를 부린다.

잠수함 속에서 탄성이 터지고, 박수를 치면 다이버는 손을 흔들며 재주를 선보인다. 점점 깊이 잠기면 이번에는 연산호, 경산호초 군락지가 나타나고, 여기저기 울긋불긋 아름다운 자태를 보이고 사라진다. 겨우 몇 분씩 관람하도록 하는 아쉬움을 남긴 채 물거품을 일으키며 바다 속에서 물 위로 치솟는다. 이제 하늘길, 신비의 도로, 올레길, 바닷길, 바다 속 길 탐색이 끝났다.

오늘 조물주가 주신 길을 찾아 견문을 넓히고 끊임없이 변하는 세상과 인간에 대하여 잠시라도 생각할 계기를 갖게 되었다. 하늘길에서 높고 넓은 세상을 보았고, 하늘과 바다 그리고 해저의 오묘한 조화를 느꼈으며, 신비의 도로에서는 착시의 세계를, 그리고 올레길에서 평화와 자연을 체험했다. 역시 하나님이 주신 길에는 '사색의 눈'이 숨겨져 있는 듯하다.

(2010. 08. 21.)

# 걷던 길 옛길

옛길을 걷노라면 추억을 주워 올릴 수 있어서 좋다. 이 생각 저 생각을 하면서 걷던 길, 즐거워서 펄쩍펄쩍 뛰며 혼자 웃고 걸었고, 가슴을 졸이고 슬픔에 젖어 눈물을 적시며 걷던 길. 그 길을 걷고 싶어 금년 추석 때는 차를 타지 않고 일부러 옛길을 찾아 걸으면서 생각에 잠겼다. 어릴 적 전방지축으로 이리 뛰고 저리 뛰다 넘어지고 터지고 장난치며 몰려다니던 추억의 동네 고샅길, 사연이 쌓인 등굣길, 시간 가는 줄 모르고 다니던 소롯길. 멀게만 느껴지던 그 등굣길은 우리 집에서 학교까지 오 리(2㎞) 정도라고 했다. 그래도 그땐 그보다 몇 배 더 멀게 느껴졌다. 들길과 산길을 건너고 4개의 마을을 지나야 했다. 그때 그 길은 요즘은 깎이고 넓히고 곧게 다듬어졌으나 내 마음속엔 아직도 옛길 그대로 떠오른다. 산 굽잇길을 한참 지나면 밭고랑 길, 논두렁길을 건너야 했고, 방죽 둑을 건너 굽잇길을 돌아야 했다. 그땐 그 길이 왜 그리 멀고 무섭고 힘든 길이었던가?

우리를 놀리려고 그랬었나? '용총백이(나병환자)가 호밀밭에서 불쑥 나와 어린이 간을 빼 먹는다.'는 섬뜩한 말이 왜 그리 오랫동안 뇌리에서 사라지지 않았던가, 밀밭, 보리밭, 솔밭 사잇길만 지나려면 두려움이 앞서 괜히 뛰어가곤 했다. 산 굽잇길이나 고갯길에서는 늑대가 물어 간다고 해서 동네 개만 지나가도 질겁하며 울기도 했다. 등굣길에는 여럿이 가도 돌아올 때는 혼자 아니면 두셋이 왔기에 허둥지둥 달려온 기억이 새롭다.

한여름 하굣길에 공창리 방죽에서 훌훌 벗고 목욕하고 집에 가면 누나는 홀랑 벗겨놓고 등을 땅땅 때리면서 엉겨붙은 물때를 벗겨주었다. 그때 그 시절 그 길을 6년간 걸어다녔다.

추석 차례와 성묘를 마치고 친구들 만난다는 핑계로 중·고등학교 시절 등하굣길이 생각나 옛길을 더듬으며 걸어 보았다. 그때 통학생은 새벽 5시 50분 기차역에서 열차를 타야 했기에 집에서는 새벽 5시쯤 출발해야 하고 그러자면 4시 전에 식사준비를 해야 했다. 누나는 매일 싫은 기색도 없이 잠을 설치면서 새벽밥을 챙겨주고 나는 어둑어둑한 길을 더듬어 밭길 따라 논길 따라 걷다 보니 그 험한 길을 눈 감고도 잘 찾아갔다. 철길에 가까워지고 침목이 나란히 규칙적으로 늘어선 철길에서 침목을 건너뛰고 철로 위에서 외발로 재주를 부리다 보면 목적지에 가까워졌다. 일제강점기 때 말과 쌀을 실어 날랐다는 시커먼 화물열차가 내가 6년간 타고 다녔던 통학열차였다.

조금만 늦어도 땀을 쏟으며 뛰어야 하고 더 늦으면 달리는 기차를 원망하며 가방을 들쳐메고 비 오듯 땀범벅이 되어 15~16㎞ 마라톤 선수가 되어야 했던 그날, 겨우 학교에 닿으면 언제나 2교시 수업 중이었다. 교실 뒷문을 드르륵 열고 들어서면 온 시선이 일제히 나에게 쏠리는데 그때 땀에 젖은 내 몰골을 보고 무어라 했을까? 나는 뛰어 오면서 무슨 생각을 했던가? 지금 내가 가고 있는 길은 어떤 길인가. 무엇을 위하여 새벽부터 밤늦게까지 헤매는 것일까?

하굣길도 험난했다. 언제나 나 혼자, 밤 11시가 넘어야 도착하는 통학차를 탔다. 역에서 내려 집에까지 오는 길은 산 고갯길을 지나야 하니 무서웠다. 칠흑같이 어두운 밤이라도 수년간 하루같이 다니던 길이라 아무리 좁은 외길이지만 눈을 감고도 다닐 수 있는 길이었지만, 그래도 두렵고 무서운 생각은 변함없었다. 고갯길을 지날 때 짐승 소리나 새소리가 나면 가슴이 섬뜩하고 머릿결이 쭈뼛해졌다. 양쪽 산의 무덤엔 옛날 천연두로 죽은 애기 장葬이 있었다는데……. 들개가 후다닥 지나치거나, 바지 속에 열쇠꾸러미가 딸랑딸랑 소리만 내도 겁이 났다. 정말 도깨비불은 있는 것일까? 귀신은? 별의 별 생각이 다 떠올랐다. 어느 때는 흐릿한 달그림자에 놀라 쫓겨 오듯 뛰어 다니기도 했다. 지경(대야)역에서 내려 걸어오는 길은 훤한 신작로였다. 너무 늦어 좀 무서울 때는 대야역에서 내려 걸어왔는데 가끔 가로등과 멀리 불빛이 비춰지긴 했지만 터벅터벅 자갈길을 더 멀리 돌아서 걸어야 했기에 이 길을 자주 다닐 수가 없었다. 더구나 면面이 달라서인지 선뜻 내키지도 않았다. 캄캄한 길은 마찬가지고 어쩐지 터벅터벅 걷노라면 누가 뒤에서 쫓아오는 느낌이 들고 뒤를 돌아보면 왠지 더 무서울 것 같은데 어쩌다 긴 그림자 하나가 나를 쫓아오다가 두 개가 겹치기도 하여 나는 소스라치게 놀라곤 했다. 알고 보면 내 그림자가 아니면 먼

전봇대 그림자였던 것이다. 그럴 때는 정신없이 뛰고 또 뛰었다.

희미하고 긴 그림자는 혼령이고 검고 짧으며 진한 그림자는 나라고 생각한 적도 있었다. 휘영청 밝은 달이 떠 있던 보름밤엔 집에 오는 길이 더뎠다. 무슨 생각을 했던지 가다가 달을 보고, 또 가다가 한참이나 서서 달을 감상하곤 했다. 가는 초승달이 비칠 땐 뒤따라오는 희미한 그림자에 흠칫 놀라 진땀이 나도록 달린 적도 있었다. 가다가 논두렁 허수아비에게 놀랐지만 심술궂게도 허수아비를 툭 치고서야 마음이 놓여 논길을 가기도 했다. 어떤 길은 마음이 포근하고 아늑한 기분이 들기도 했다. 엄마와 함께 가던 길, 그 길은 외가에 가는 길이었다. 산속 오솔길과 몇 고개를 넘어야 하는 산길, 그리고 낯선 몇 개의 마을을 지나야 했던 길, 어려서 엄마 치마끈을 붙들고 다닐 땐 행복했다. 어쩌다 혼자 찾아갈 때는 으레 겪어야 하는 시련으로서 외길에서 만난 무서운 개, 또 또래 꼬마들의 텃세에 시달리기도 했다. 그 녀석들에게 붙잡히면 도망가지도 못하고 붙들려 이유 없이 얻어맞기도 했으며, 내가 돌멩이로 그들을 위협하며 위기를 모면하기도 했다. 우리 동네에 들어오는 지름길도 험난하기는 마찬가지였다. 구절리 방죽을 끼고 걷던 비탈길은 이젠 없어졌지만 험했다. 꼬불꼬불하고 울퉁불퉁했으나 그래도 그 길을 미끄러지고 넘어지면서도 나뭇짐을 지고 엉금엉금 기어서 지나 다녔다.

누님 댁은 차상리였다. 대야 넓은 들판을 건너야 하고, 가는 길이 멀고 힘겨웠다. 우리 집보다 덥고 시원한 물도 없으며 어설펐지만 그래도 나는 누나 집을 찾아 가는 것이 마냥 즐거웠다. 그 먼 길, 가도 가도 끝이 없는 들판길을 걸으면서, 다정스러운 누나의 얼굴을 그리면 괜히 가슴이 뛰고 즐거웠다. '우리 막내 왔는가?'하는 다정한 누나의 목소리가 들리는 것 같았다. 그런데 그 길은 어찌 그리도 멀었던지 저기 모락모락 연기가 피어오르는 초가 동네가 보이는데 뛰기도 하고 걸음을 재촉해도 제자리인 것만 같았다.

가는 길마다 생각도 달랐다. 등굣길엔 그날의 할 일과 학습준비와 친구와의 약속을 생각하고 시험이 있는 날은 예상문제를 생각해 보기도 했다. 곤란한 일이 있을 때는 어떻게 어려움을 헤쳐나갈까? 특히 등록금이 밀렸을 때면 집에서는 말도 못하고 학교에 가서 핑곗거리를 궁리하며 갔다. 생각할 일이 많을 때는 시간이 빨리 가고 마음이 바쁠 때는 어찌 그리 오래 걸렸던지 모르겠다.

언제나 가장 가까운 길로 가려고 했지만 그 길은 더 험해 오히려 시간이 더 걸리기도 했다. 길은 처음부터 있던 것이 아니라 누군가가 걷고 또 그 뒤를 따라 많은 사람들이 걸어서 생긴 것이다. 처음 길을 간 사람은 어떤 사람일까? 그 뒤를 따른 사람들은?

첫눈이 천지를 뒤덮은 들판에는 누가 먼저 발자국을 낼까? 길은 누구에게나 추억을 남기기 마련이다. 내가 걸어왔고 지금 걸어가고 있는 길에 대하여 생각에 잠겨 보는 일은 참으로 의미가 깊다.

(2009. 10. 02.)

# 피안화彼岸花의 추억

지난 주말 친구 가족과 함께 청람빛 바닷물과 해넘이를 보고자 부안 격포를 찾았다. 맑던 하늘이 저녁노을이 깔리자 얄궂은 구름에 덮여 아쉬움만 남겼다. 그날 밤은 바닷가를 거닐 수밖에 없었다. 이튿날 내친김에 고창 선운사 꽃무릇[彼岸花]을 보기로 했다. 낯선 곳은 아니었으나 모처럼 꽃무릇을 보니 46년 전 그때의 일들이 떠올랐다. 내 친구의 사랑과 넋이 재가 되어 뿌려진 꽃무릇 동산이 있기 때문이다. 한 쌍 연인의 토혈을 거름삼아 붉은 상사화를 피웠나?

내가 군 복무를 마치고 다시 교사로 복직하여 정읍에서 근무할 즈음, 죽마고우였으나 10여 년을 만나지 못했던 친구로부터 전화가 왔다. 그동안 사범학교 대신 교육대학이 신설되자 늦깎이로 입학하고 졸업하여, 초임으로 고창 무장초등학교로 발령을 받았으니 주말에 얼굴 좀 보자는 전갈이었다. 벅찬 가슴을 안고 토요일 점심도 거르며 뿌연 먼지를 일으키는 완행버스를 세 번이나 갈아타고 기다리는 친구를 찾았다. 그때의 감회를 어떻게 표현할까?

그와 나는 둘이서 초등학교 6년간 급장을 도맡아 했고 전교회장도 한 학기씩 나누어 맡았는데 졸업과 동시에 헤어졌다. 중·고등학교 생활 그리고 군대 생활을 거치는 동안 서로 소식만 들었지 만나질 못했다. 지난 10년간의 이야기보따리에 밤새는 줄 몰랐다. 더욱이 꿈에도 생각 못했던 교직에 같이 몸담게 될 줄이야. 그날 밤을 지새고 이튿날 좋아하는 술과 풍천장어를 맛보자며 선운사로 향했다.

오월의 산야는 푸름이 더해가고 파란 잎 속에 빨간 동백꽃이 더욱 아름답게 보이는 산사를 거닐다가 문득 한곳에 멈춰서더니 하늘을 응시하다가 눈물을 닦는 게 아닌가? 그때는 이름 모를 몇 그루의 풀만 여기저기 나 있었는데 이상한 생각이 들어 그 사연을 물었다. 말하기 어려워하는 친구를 졸라 그의 애절한 사연을 듣게 되었다.

친구는 교대에 입학해 1학년을 마칠 무렵 백옥같이 고운 얼굴의 소녀를 만나게 되었다. 그녀를 마음속에 그리워하면서도 사랑을 고백할 기회도 없이 가슴만 태웠다. 여러 번 시도 끝에 용기를 내어 접근하였고, 몇 번 만나 서로의 마음을 알게 되었다. 세월은 어찌 그리도 빠른지 졸업이 가까워졌을 때, 말 한 마디 없이 소녀는 갑자기 자취를 감추고 말았다. 기다림에 지친 몇 달, 백방으로 수소문했더니 지병으로 어딘가로 요양을 떠났다는 소식이었다. 그리고 이곳 고창으로 초임 발령을 받고, 학교 숙직실에 짐을 푼 지 한 달쯤 되었을 무렵, 하늘의 도움으로 이름을 밝히지 않는 어느 여인의 전화 한 통을 받았다. 몸과 마음을 구름에 얹어 놓은 것 같은 기분이었다. 그녀가 선운사 도솔암에서 요양 중이라는 귀띔이었으니…….

뛸 듯이 기뻐서 한걸음에 쫓아가니, 그녀가 해맑은 미소와 눈물로 반기며 고창으로 발령을 받았다는 소식을 듣고 요양지를 도솔암으로 옮기게 되었다고 했다. 반가워서 와락 껴안고 싶었지만 초췌한 그녀의 가냘픈 모습에 두 손을 꽉 잡고 얼굴만 바라보았다. 소녀는 몇 년 전부터 폐결핵을 앓고 있었는데 졸업 직전 병세가 악화되어 수덕사에서 요양하다가 친구가 고창으로 발령되었다는 소식을 듣고 이곳 도솔암으로 옮겼다는 이야기다. 두 손을 놓지 못하고 눈물을 삼키며 시간 가는 줄 모르고 이야기를 하다가 울컥 토혈을 하자 멀리서 지켜보던 여자 간병인이 황급히 쫓아와 부축하여 돌아가고 말았단다.

그 뒤에도 몇 차례 만났으나, 항상 아쉬움만 남기고 헤어졌다. 학기 초라 바빠서 두어 달쯤 지난 뒤 그녀를 찾았으나, 그녀는 영영 만날 수 없었다고 한다. 그녀는 10여 일 전에 이미 세상을 떠났는데 '최 선생께 알리지 말고 화장하여 여기 선운사에 뿌려 달라.'고 했다는 것이었다. 마음을 달래며 재를 뿌렸다는 곳을 한 바퀴 돌고 돌아서는 발걸음이 천근만근 같았다는 것이다.

친구의 애달픈 사연을 듣다 보니 발길은 어느새 풍천장어 집 앞에서 있었다. 우리는 술에 취해 무슨 말을 했고 어떻게 헤어졌는지 기억조차 나지 않는다. 그리고 그 해가 다 가고 그 이듬해 몇 번 만난 뒤 12월 중순경, 정성껏 그린 예쁜 연하엽서 한 장을 받았다. '즐거운 성탄과 새해엔 행운의 꿈이 이루어지길' −(M·Y·Choi)− 미술에 솜씨가 있는 최 선생이 보낸 엽서였다. 그 엽서를 받은 지 삼사 일쯤 되었을까? '최○○ 위급, 급래'라는 한 장의 급전이 날아들었다. 놀란 가슴을 쓸어내리며 허겁지겁 눈보라를 헤치고 초저녁에 도착해 보니 학교운동장엔 장작불이 타오르고 불빛 아래 몇몇 사람들이 웅성대고 있어 또 한 번 가슴이 철렁 내려앉았다. 위급한 게 아니라 사망한 것이다.

전날 밤 숙직을 하고, 가슴이 답답하다며 숙직실에서 좀 쉬겠다고 했는데, 너무 오래 소식이 없어 찾아가 보니 가쁜 숨을 고르지 못하고 헐떡이기에 급히 병원으로 옮기는 중에 숨을 거뒀다고 한다. 이송 중 가족과 나에게 소식을 전하고 죽으면 화장하여 선운사에 뿌려 달라고 했다고 한다. 나는 그 뜻을 알 수 있었다. 그녀와 함께하고 싶었음을……. 심근경색으로 숨을 거둔 최 선생은 고향을 거쳐 화장을 하고 지목한 곳에 뿌려질 때까지 내가 지켜봐 주었다.

그곳이 바로 여기 선운사 꽃무릇[彼岸花] 밭이다. <선운산가禪雲山歌>의 '망부의 넋이 동백꽃이 되었나? (백제가요)' 지장보살님의 가피력이 함께하는 지장 성지엔 '불공 온 처녀를 짝사랑한 동자스님이 상사병으로 승천하여 묻힌 자리에 피었다.'는 전설의 꽃무릇을 후세 사람들은 이렇게 읊었다.

> 잎들이 자진한 자리 꽃대 하나 선홍빛 족두리 화관
> 임 향한 애잔한 너의 연모 끝내 애절한 소망으로 남는구나.

꽃무릇은 수선화과로 여름엔 자취도 없던 초록빛 꽃대가 쑥 자라나 붉은 꽃을 피운다 하여 상사화, 석산 또는 피안화彼岸花라고도 불린다. 오늘날 자기도취나 과욕과 자기애에 빠져 인생을 송두리째 포기하거나 망치는 일에 비유하여 꽃무릇의 꽃말은 많은 교훈을 주기도 한다. 객관화된 자신의 참모습을 냉철하게 보고 자기모순에 빠지는 일이나, 서둘러 자포자기하는 사례가 없도록 해야 할 것 같다. 백안白顔의 소녀와 다정다감했던 최 선생의 애절한 사랑이 나를 슬프게 한다. 이곳 선운사에 오면 나는 꽃무릇처럼 애타게 살다가 이승을 떠난 친구의 사연이 떠오르곤 한다.

(2009. 09. 19.)

■ 발문

# 팔방미인 수필가의 수필의 길 달리기

## -石河 이신구의 첫 수필집 《피안화의 추억》 출간에 부쳐

김 학(수필가. 전북대평생교육원 수필반 전담교수)

### 1. 수필가 石河 이신구의 문학 환경

수필가 石河 李信九, 그는 1942년 2월 1일, 전라북도 군산시(옥구군) 임피면 보석리 보암마을에서 아버지 李忠來와 어머니 蔡良女의 2남 3녀 중 막내로 태어났다. 어느새 고희를 맞은 이신구는 전주이씨 왕손[益安大君]이다.

대대로 손이 귀한 집안이었으나 학문과 문벌을 숭상하던 선비정신을 척추로 여겨온 핏줄이었다. 양반놀음에 휩쓸려 가산은 기울었고, 그나마 6·25한국전쟁 직후 창궐한 전염병으로 부친마저 여의고, 홀어머니 슬하에서 어렵게 자랐다.

어려서부터 재주가 뛰어나 마을 어르신들에게 신동神童이라는 칭송을 받으며 자랐으나, 물려받은 가난을 벗어날 수는 없었다. 당시 해마다 흉년이 들어 대부분의 농촌 사람들이 굶기를 흥부 밥 먹듯 하며, 냉수로 주린 배를 채우던 그 시절에 石河도 굶기를 밥 먹듯 하며 자랐다. 소년 이신구는 대여섯 살 때 어른들도 어려워 읽기 어렵다는 시제홀기時祭笏記를 줄줄 외워 어른들을 놀라게 하기도 했다.

군산사범학교에 특대생으로 입학하였고, 학교를 졸업하자마자 정읍 산성초등학교 교사가 되어 교육자의 길로 들어섰다. 어려웠던 자신의 어린 시절을 생각하여 가난한 제자들에게 항상 베푸는 교직생활을 하였다. 정열과 사랑으로 아이들을 가르쳤다. 정년퇴직 이후부터는 공무원연금공단이란 신판효자가 매달 같은 날짜에 연금을 저금통장에 넣어주어서 즐겁고 행복한 노후를 보내고 있다. 어릴 때는 신동神童이란 칭찬을 들었고 늘그막인 지금은 복로福老가 된 셈이다.

수필가 이신구, 그는 세 아들을 두었지만 아직도 할아버지 소리는 듣지 못하고 있다. '할아버지' 소리를 듣고 싶어하는 그의 뜻이 언제쯤 이루어질지 모르겠다. 그는 초등학교 교사, 교감, 장학전문직을 거쳐, 교장까지 42년 동안의 긴 교직생활을 마무리하고 2모작 인생을 시작했다.

그는 1모작 인생을 성공적으로 마쳤듯이 2모작 인생 역시 모범적으로 꾸려가고 있다. 교직에서 물러서자마자 실버 플래너(Silver Planner) 교육을 받고, 바람직한 노년의 인생교육을 선도하고 있으며, 전라북도교육청에서 위촉한 에듀 닥터(Edu-Doctor)로서 청소년 선도활동을 하기도 한다. 그리고 수업개선 및 교육 컨설티어(Conseltier)로 활동하면서 후진 교사들의 교수학습지도 및 연수를 책임지고 있으며, 심리상담전문가 자격을 획득하여 평생고객이던 학생들을 위한 상담자원봉사에도 참여하고 있다. 그러면서도 꾸준히 수필 등 다양한 과

목을 배우는 등, 자기 발전을 위한 노력을 게을리하지 않는다.

石河 이신구, 그는 책과 글을 사랑하고 친구들을 좋아한다. 친구 모임엔 빠지지 않고 참석하여 술잔을 기울인다. 동창친구와 고향친구, 직장친구는 물론이요, 2모작생활을 하면서 만난 문단친구들까지 갈수록 교제의 영역은 넓어지고 있다. 친화력과 인덕까지 갖추고 있는 石河 이신구, 그는 술복[酒福], 친구복[友福], 글쓰기복 [文福] 등 세 가지 복에 흠뻑 빠져 노후의 삶을 즐겁게 살아가고 있다.

石河 이신구, 그가 수필과 친교를 나누기 시작한 것은 그리 오래되지 않는다. 친구요 문우인 둔산 김상권의 권유로 2009년 2월부터 전주안골노인복지관 수필창작반에서 수필을 만나 교제를 시작했고, 수필과 가까워졌다. 채 2년도 되지 않았는데 거의 매주 한 편씩 수필을 쓴다. 늦게 배운 도둑이 날 샐 줄 모른다더니 완전히 수필에 빠진 듯 보인다. 내가 강의실에서 늘 강조한 불광불급不狂不及의 정신 때문인지도 모른다. 그렇게 노력하더니 수필전문지 월간 《수필과비평》 2010년 9/10월호에서 <깜밥>으로 수필 부문 신인상을 수상하여 당당히 수필가로 등단하였다.

나는 등단 수필가들에게 등단 뒤 3년 안에 수필집을 출간하라고 권한다. 그만큼 치열하게 창작활동을 하라는 뜻이다. 모범생인 수필가 石河 이신구는 그런 내 뜻을 잘 따라주더니 마침내 이렇게 첫 수필집을 선보이게 되었다.

마침내 이신구의 처녀 수필집 ≪피안화의 추억≫을 선보이게 된다. 그가 쓴 수필작품 중에서 60편을 골라 6부로 나누어 실었다. 이 수필집 ≪피안화의 추억≫은 행촌수필문학회 회원으로서는 52번째 수필집이다. 이 수필집이 나오면 아직도 수필집을 출간하지 못한 행촌수필 문학회 선후배 수필가들이 더 자극을 받으려니 싶다.

## 2. 이신구 수필의 맛과 멋

프랑스의 문학평론가 알베레스(R.M.Alberes, 1921~ )는 <20세기 문학의 총결산>이라는 글에서 "수필이란 지성을 바탕으로 한 정서적, 신비적, 환상적 이미지로 쓰인 글이다."라고 했다. 또 김광섭은 "인간미를 보여줄 흥미나 자질을 갖지 못한 사람은 평론이나 소설은 쓸 수 있을지 몰라도 결코 수필은 쓸 수 없다."고 갈파했다.

수필은 체험의 문학이다. 그러므로 수필가의 다양한 체험은 다채로운 수필을 빚을 수 있는 원천이 된다. 또 수필은 평범한 일상에 새로운 의미의 옷을 입히는 문학이라고도 했다. 모름지기 수필가라면 육안肉眼으로 본 것만을 전부인 양 생각해서는 안 된다. 심안心眼으로 헤아릴 줄 아는 지혜가 필요한 까닭이다. 좋은 수필을 쓰려면 잡학박사가 되라고 하는 이유도 바로 여기에 있다.

무엇을 보았느냐가 중요한 게 아니라 직관과 사색으로 그 본 것에서 어떤 의미를 발견했느냐가 중요하다고 한 영국 작가 Leggett의 말은 백 번 옳다. 수필가라면 누구나 귀를 기울여야 할 가르침이다.

石河 이신구의 수필에는 깊은 사색이 있는가 하면, 번득이는 유머와 위트가 있다. 이제 늦깎이 수필가 이신구의 수필 속으로 들어가 보자.

> 응원과 함성이 진동하고 최종 결승이 끝나자 약속이나 한 듯 웅성웅성하며 재훈이를 밀쳐내기에 아마 우승자와 재훈이

가 한 판 붙나 했었다. 그런데 웬걸 상대가 없는 걸 보니 담임인 나와 대결하라는 눈치였다. 정말 난감한 일이었다. 안 된다고 하자니 담임 체통이 있고, 해 보려니 나는 경험도 없었다. 뼈가 굵어도 내가 더 굵고 나이가 있는데 설마 망신이야 당하겠나 싶어 망설이다 바지를 걷어붙이고 모래판으로 나오니 아이들은 함성을 질렀다. 막상 맞붙고 보니 보통이 아니었다. 샅바를 잡고 이리 돌리고 저리 돌리면서 넘어질 듯하다가 다시 밀치고 한참을 휘돌리다 보니 내가 휘돌리고 있지 않은가? 몇 번을 이리 밀고 저리 밀며 다리를 들어 내치려면 오뚝이처럼 다시 반격을 했다. 설마 재훈이가 나를 내동댕이치지는 않겠지 생각하며 느긋이 풀어주자 사정없이 들어 메치는 통에 나는 그만 나뒹굴고 말았다. 애들의 함성 속에 모래투성이가 된 나를 일으키는 재훈이의 얼굴을 보니 승리감보다 송구스러운 표정이 역력했다.

"야! 우리 재훈이가 천하장사네, 정말 잘하는데?"

박수로 재훈이를 칭찬해주고 손을 번쩍 들어 올려 주었다. 재훈이는 몹시 쑥스러워 뒤통수를 만지작거렸다. 그날 이후 나는 학생과의 어떤 대결도 해본 일이 없다.

— <왕초보 교사> 중에서

열아홉 살에 사범학교를 졸업하고 교사가 된 석하 이신구의 뇌리에 깊이 박힌 한 편의 삽화다. 마치 한 컷의 코미디를 보는 듯하다. 사제동행師弟同行하던 시절의 교단 풍경이 마치 조선시대의 민속화를 보는 것처럼 아름답다.

학교에 등교한 강엽군은 기초학력도 부족한 터에, 장기결석으로 방과 후 1~2시간씩 특별 개별학습을 해 주었다. 할머니는 늦으면 으레 마중을 나오셨다. 늦게까지 개별지도를 받고 가는 강엽이는 생활이 곤란하여 도시락도 지참할 수 없었는데 얼마나 배가 고팠을까?

처음에는 내 도시락을 넘겨주었으나, 나중엔 아예 두 개의 도시락을 싸 달라고 해서 하나를 슬쩍 넘겨주었다. 그 뒤 강엽이는 주는 도시락을 가끔 거부하는 것이 아닌가. 친구들의 눈치 때문인 것 같아 생각 끝에 하숙집 아주머니와 짜고 점심시간 심부름을 보내면 점심을 먹여 보내주기로 약속하였다, 그 뒤 하숙집에서는 하숙비를 더 주어도 받지 않아 고기나 간단한 선물을 드렸다.

나에게도 보릿고개를 겨우 넘길 때까지 도시락 작전은 계속되었다. 6·25사변 직후 내가 초등학교 시절 심한 흉년에 보릿고개로 인해 굶기를 밥 먹듯 했다. 그때 일을 생각하면 담임선생님의 도시락은 두렵고 계면쩍으면서도 꿀맛 같았던 기억이 난다.

그때도 친구들의 놀림이 두려워 선생님 도시락을 피해서 도망다니는 나를 찾아와 숙직실에서, 학교 뒷산에서 도시락을 전해주시던 기억을 잊을 수 없다. 점심시간에 배고픔을 참으며 학교 뒷산 묘지 뒤에서 숨어 지냈던 그때의 추억이 새롭게 돋아난다. 당시 김 선생님을 아무리 수소문해도 소식을 알 길이 없다. 그때 내가 받은 그 도시락을 지금은 강엽에게 물려준 것이니 그게 바로 '도시락 릴레이'가 아닌가.

— 〈도시락 릴레이〉 중에서

4월 20일 월요일, 오늘은 '장애인의 날'이다. KBS '장애인의 날 특집방송'이 시청자들의 심금을 울렸다. '지적장애 2급인 영수의 감동적인 통합교육이야기'가 전파를 타고 전국에 메아

> 리칠 때, 나는 문득 현직에 있을 때 영수가 아닌 지적장애 2급 이었던 '경수'의 '거시기 사연'이 떠올랐다. (중략)
>
> 참 착하고 동정심이 많던 경수, 인정도 많고, 학용품과 간식도 항상 친구에게 양보할 줄 알며, 앞장서 친구들에게 나누어 주고, 다투는 친구가 있으면 무조건 가운데 들어가 말리며, 심부름을 서로 하려고 다투는 착한 아이였다. '거시기, 경수야! 엄마의 마음을 알아주어 지금쯤은 의젓한 어른으로 성장했기를 바란다.' 지금 그 '거시기'는 어디서 어떻게 살고 있니?
>
> －<거시기 사연> 중에서

교사 시절의 아름다운 추억들은 아무리 퍼내도 마르지 않는 샘물 같다. 언제나 샘물이 퐁퐁 솟아오른다. 그때 그 선생님과 그때 그 아이들이 마냥 그립다. 지금 그들은 어디서 무엇을 하고 있는지……. 교직을 천직으로 알고 어린이들에게 몸과 마음을 다 바친 화자의 모습이 그림처럼 예쁘다. 그래서 교직을 성직聖職이라고 하는지도 모르겠다.

> 늦은 여름 불볕더위 속에서 비지땀을 쏟으며 반백이 된 여인과 소년이 가마니를 이고지고 철교를 건너가고 있었다. 그때 저 멀리서 기적 소리 요란히 화물열차가 달려오고 있는데, 다리를 다 건너려면 아직도 수십 개의 침목을 더 건너야 한다. 두 사람은 당황하여 어쩔 줄을 모르고 마음만 바쁘지 발길은 떨리고, 비틀비틀 엉금엉금 헛발을 디뎌 금방 가마득한 다리 아래로 내동댕이칠· 것 같은 위기에 정신없이 침목을 건너뛰어 땅에 발을 디뎌 짐을 내동댕이치는 순간, 요란한 기적소리와 함께 기차는 지나가 버렸다. (중략)
>
> 어머니께서는 평생 마음고생이 많으셨으리라. 먼 이국땅에

서 생사를 모르는 큰딸, 자식들을 못 먹이고 못 가르치는 괴로움, 가세가 기울자 엎친 데 덮친다고 먼저 떠난 지아비. 그러나 그렇게 홀어미가 키운 자식과 손자들을 어떤 모습으로 그려보고 계셨던가? 각계 유명인은 못 되었어도 그런대로 사람 노릇을 하고 있음을 보시기도 전에 돌아가셨으니 말이다.

오늘날 풍요로움을 즐기는 후손들은 그 시절 그 이야기는 전혀 실감하지도 못하고 생각하지도 않으려 하는데, 그때 생각을 더듬는 나도 이젠 많이 늙었다.

– <糟糠之節> 중에서

가정은 추억의 보고요, 가족은 추억 주인공들이다. 어느 시인은 어머니를 '움직이는 고향'이라고 읊었다. 어머니의 모습과 차림새, 어머니의 목소리와 솜씨 등 모든 게 고향을 떠올리게 하는 진원지가 된다. 누구에게나 그건 다르지 않을 것이다. 훌륭하신 어머니 덕에 오늘의 石河 이신구가 존재하고, 또 그가 있었기에 그의 아내와 세 아들과 세 며느리가 있을 것이다. 그 가족들은 수필가 이신구를 지탱해 주는 든든한 버팀목이다.

사내아이들은 나면서부터 말썽꾸러기였다. 겨우 기어다닐 때부터 틈만 나면 어디로 기어가서 물건을 뒤집어놓고, 때로는 틈새에 끼어 낑낑거리며 울고, 올라갈 곳만 있으면 잡고 올라가다 쿵하고 떨어져서 울었다. 조금 더 자라자, 연년생끼리 꼭 달라붙어서 이리저리 헤매고 다니다가 일을 저지르고는, 혼날까 봐 서로 손가락질을 하며 일렀다.

좀 나이가 들자 꼭 붙어 다니고, 따라다니면서 뚝딱하면 한쪽을 울렸다. 누가 잘못했는지 그 누가 알랴. 애들은 싸우면서 큰다더니 학교에 다니면서부터는 형 말이 부모 말보다 더 위력이 있을 때도 있었다. 그래도 망아지 날뛰듯 천방지축 어질러 놓고 부수고 엎어놓는 것은 마찬가지였다. 물건을 다 치우고 나면 한나절이 걸렸다. (중략)

〈못난이 3형제〉는 나름대로 정말 못난이 3형제답게 자랄 때부터 천방지축이었다. 개성이나 성격도 다르고 공부하는 것도 판이했다. 3형제를 키우면서 수월성 발양도 중요하지만, 각자 자아정체성을 찾고 긍정적 자아개념을 길러주어 건전하고 튼튼한 심신을 갖도록 하는 것이 더 중요하다는 것을 느꼈다.

— <못난이 3형제> 중에서

아들만 3형제를 기르면서 어찌 추억이 없으랴. 미루어 짐작할 만하다. 그 아이들이 자라서 성가를 하여 손자손녀를 낳으면 얼마나 집안이 번창할 것인가? 그런데 石河 이신구 수필가는 고희古稀를 넘긴 지금도 할아버지라고 불러줄 손자손녀가 없다.

石河 이신구 수필가는 집안에서는 구경꾼이자 임금의 일거수일투족을 기록하는 사관史官 역할을 하는 것 같다. 가족의 중심인 아내와 며느리의 끈끈한 고부간의 정겨운 모습을 바라보며 부러워하는 구경꾼이다. 동서고금의 문제였던 고부관계가 이신구 수필가의 집안에서는 해소되어 버린 것 같다. 며느리가 시어머니를 '엄마'라고 부르는 걸 보면 이 집안에서는 시어머니와 며느리가 아니라 친정엄마와 딸 사이로 바뀐 것 같다. 이런 집안의 정경을 바라보면서 이신구 수필가는 허허 웃으며 한 편의 수필을 빚는다.

며느리는 참 상냥하고 애교가 많다. 멀리 떨어져 있지만 문안 전화도 자주 하고 "어머니, 엄마!" 하는 소리가 스스럼없이 나온다. 그 소리가 그렇게 듣고 싶었는지 며느리 전화만 오면 아내는 목소리부터 변한다. 내성적이고 말이 적은 아내는 마음은 있지만 용기가 없어 밖으로 표현을 못하는 편이다.

그런데 상냥하고 정이 넘치는 며느리의 성품에 아내는 마음의 문을 활짝 열고 며느리와 죽이 척척 맞게 대화를 한다. 풋고추와 절이 김치 같다. 며느리가 저리도 좋을까, 도대체 무슨 말을 저렇게 주고받는 것일까?

– <풋고추와 절이 김치> 중에서

"우리 둘째 아들 주례를 해 주셨던 상철이 부친께서 돌아가셨다는 소식에 문상을 갔지. 웃옷을 벗어 옆자리에 접어놓고, 막 조문하려고 허리를 굽히는 찰나 '닐리리아, 니나노!'하는 벨소리가 울려 당황한 나머지 주머니를 뒤적거리자, 조문객들이 킥킥거리며 웃더니 나중엔 폭소를 터트리더군. 그때를 생각하면 지금도 머리가 흔들려."

그러자 이번에 동악이 한 마디 거든다. 기왕 벨소리가 나왔으니 내 말 좀 들어봐. 지난 일요일 미사를 드릴 때 신부님께서 '하느님의 어린 양, 세상의 죄를 없애시는 분이시니, 이 성찬에 초대받은 이는 복되도다.'하고 영성체가 막 시작되려는 순간, 어디선가 '반야밀다심경, 똑 똑 똑…….' 하는 소리가 나니 얼마나 당황했겠나?

신부님은 어안이 벙벙해하는 교우들을 보고, "어허, 길 잃은 불도께서도 이 성찬에 초대를 받으셨군요."하셨다.

– <천방지축 벨소리> 중에서

石河 이신구 수필가는 술자리에서도 입담이 좋은 편이다. 그가 빚은 <천방지축 벨소리>는 유머수필의 전형이다. 수필에 유머와 위트를 담으라고 한 것은 독자를 즐겁게 하기 위해서다. 신문이나 방송 뉴스는 거의 9할 이상이 사람들을 짜증스럽게 한다. 그런데 수필마저 그런 전철을 밟는다면 독자들은 얼마나 괴롭겠는가? 수필에서의 유머는 독자들이 안심하고 숨쉴 수 있는 숨구멍 역할을 해야 한다. 맑은 공기를 마실 수 있는 숨구멍, 따라서 모름지기 수필가들은 유머수필을 즐겨 쓸 필요가 있다. 石河 이신구 수필가는 본격적으로 유머수필 분야에 정진해 보는 것도 좋지 않을까.

> 꽃무릇은 수선화과로 여름엔 자취도 없던 초록빛 꽃대가 쑥 자라나 붉은 꽃을 피운다 하여 상사화相思花, 석산石山 또는 피안화彼岸花라고도 불린다. 오늘날 자기도취나 과욕과 자기애에 빠져 인생을 송두리째 포기하거나 망치는 일에 비유하여 꽃무릇의 꽃말은 많은 교훈을 주기도 한다. 객관화된 자신의 참모습을 냉철하게 보고 자기 모순에 빠지는 일이나, 서둘러 자포자기하는 사례가 없도록 해야 할 것 같다. 백안白顔의 소녀와 다정다감했던 내 친구 최 선생의 애절한 사랑이 나를 슬프게 한다. 이곳 선운사에 오면 나는 꽃무릇처럼 애닯게 살다가 이승을 떠난 친구의 추억이 떠오르곤 한다.
>
> — <피안화의 추억> 중에서

상사화는 기다림의 꽃이다. 잎은 꽃을 기다리고 꽃은 잎을 기다린다. 그러나 아무리 기다리고 기다려도 잎은 꽃을 만날 수 없고, 꽃은 잎을 만날 수 없다. 그게 그들의 운명이다. 상사화의 전설은 애달프다. 화자는 자기 친구의 애절한 사랑이 상사화의 전설 같아서 더 가슴 아파한다.

만날 수 있는 기다림과 만날 수 없는 기다림, 이 모든 기다림은 결국 기다리고 기다리다 마음속에 묻어야할 기다림이다. 그래서 기다림엔 매력이 있는지도 모른다. 그래서 기다림은 마음을 설레게 하고 저버릴 수 없는 것인가 보다.

기다림이 있는 곳에 꿈과 희망이 있고 평온이 있다. 누군가를 평생 기다리다 생을 마감한다면 그 또한 행복을 품고 갈 수 있겠지. 그 기다림 속에는, 연인이나 가족, 친구도 있으리라.

어느 학자가 조사한 바로는 사람들은 '만나면 마음을 편안하게 해주는 사람을 기다리고 있다.'고 한다. 기다림 속엔 꿈이 있고, 이야기가 있고, 그리고 그 마음속엔 그림자가 있다. 인생사는 마냥 기다리고 기다리는 기다림의 연속이다. 기다림 속에서 살아가는 것이 인생인 것 같다.

– <기다림> 중에서

'엮어지는 매듭마다 절절히 맺힌 사연/춤추는 손끝마다 꽃피고 새가 우네./하얀 밤 뜨개질에 산이 되어 침묵하고/파란 낮 뜨개질에 강이 되어 노래하고/지는 노을 황금빛에 새 삶을 비춰본다.'

언젠가 통근할 때 차 안에서 뜨개질을 하던 노 여교사가 흥얼대던 노랫가락이다. (중략)

뜨개질을 하는 분의 눈과 표정을 보면 안다. 과연 누구를 위하는 잽싼 손놀림인가를. 뜨개질로 만든 모자, 장갑, 목도리는 그것으로 인한 따사로움보다는 한 땀 한 땀의 매듭에 담긴 따뜻한 마음이 받는 이의 가슴속까지 전해지리라. 파란 가을 하늘과 누런 들판을 바탕삼아, 정과 사랑을 뭉쳐 뜨개질을 하는 그 여인의 마음은 황금빛 노을에 새롭게 펼쳐질 꿈을 엮는 듯 하였다.

― <뜨개질> 중에서

수필가 이신구는 매사를 허투로 보아 넘기지 않는다. 그의 시선이 닿으면 바로 한 편의 수필로 빚어진다. 뜨개질하는 여교사 이야기도 수필가 이신구의 눈에 띄었기에 수필의 소재가 된 것이다. 우주만물이 다 수필의 소재요, 세상만사가 다 수필의 소재이며, 우수마발牛溲馬勃이 다 수필의 소재라는데 어찌 모든 것을 무심하게 바라보아야 하겠는가?

길에는 4단 7정四端 七情이 있다. 길에는 걷는 사람들의 마음이 있고, 만나는 사람 뒤따르는 사람들의 마음이 이어진다. 오늘도 길을 간다. 이 길은 인생의 길이다. 길은 끝이 없는 것이 특징인 것 같다. 걷는 길 가는 길도 목표지점이 있을 뿐 끝이 없다. 인생이 가는 길도 지향점과 삶의 목표가 있을 뿐 끝을 헤아릴 수 없으며, 마음의 길(희망, 바람)도 그러리라. 길은 처음 개척한 사람이 있고, 그 길을 따라 가는 수많은 사람이 있다. 그렇다고 처음 개척한 사람의 의도와 깊은 뜻을 그대로 생각하거나 따라 가는 사람이 몇이나 될까? (중략)

나는 과연 무엇을 어떻게 생각하며 걸어왔던가? 아무래도 내가 가고 있는 길은 논두렁 밭두렁을 헤매다가 시멘트 길에 주저앉지 않았나(?) 하는 푸념이다. 나의 길, 그 끄트머리쯤에 와 있는 지금, 가던 길을 잠시 멈추고 뒤돌아보건만, 나는 온 길을 모르듯 갈 길도 알 수 없다. 지금 여기까지 왔는데 어디까지 어떤 길로 갈 것인가?

― <나의 길 인생길> 중에서

하느님의 말씀은 마음으로 들어야 한다고 했는데 오늘은 그 말씀을 물소리에서 찾기로 했다. 비를 내리고 천둥번개를 치는 것도, 바다의 파도소리도, 계곡에 흐르는 물소리도 하느님이 주신 소리이지만 쉴 새 없이 우렁찬 소리를 내는 폭포가 하느님의 소리요 말씀이리라. 그 폭포를 타고 오셨다가 민심을 살피고 승천하시리라. (중략)

우리는 언제나 물과 같이 생활한다. 나는 오늘, 하느님과 말을 나누는 물, 이 폭포수에서 잡다한 시름과 세상 먼지를 모두 털어버리고, 깨끗한 마음으로 새롭게 달라져야겠다고 다짐해 본다.

– <비천> 중에서

수필가 김규련은 "수필은 시로 쓴 소설이요, 소설로 쓴 철학이요, 언어로 그린 명화요, 뜻으로 부르는 노래일지도 모른다. 마침내 수필은 거짓 없는 자화상이다. 미래문학의 주류는 수필일 수밖에 없다는 믿음을 가지게 되었다."고 했다. 백 번 옳은 말씀이다. 石河 이신구 수필가는 시루떡 같은 사람이라는 생각이 든다. 인생철학, 교육철학, 생활철학, 종교철학 등을 차곡차곡 쌓아서 찐 시루떡 같기 때문이다. 그는 머리말에서 울리는 탁상시계 소리 하나도 허투루 듣지 않는다.

탁상시계의 '째깍 째깍.' 하는 소리도 괘종시계의 '똑께, 딱께.' 소리 못지않게 밤잠을 설치게 하는 때도 있다. 지난달 이사를 하면서 보니 꼭 옛날 외가에서 보았던 커다란 괘종시계가 아파트 쓰레기장에 버려져 있었다. "똑께, 딱께, 똑께, 딱께……. 뎅, 뎅, 뎅." 그때 그 소리가 들리는 듯하였다. 고요한 공간에서 울리는 소리, 그 소리는 우주만물이 살아 있음을 뜻하는 마음의 소리였던가, 시간의 흐름을 알려주는 아득히 멀어져가는 아쉬움의 울림이었던가? 태엽을 감아주어야 했던 그 때, 내 가슴을 쿵쿵거리게 하고, 잠 못 이루게 하며, 새벽을 깨웠던 시계가 이제 그 생명과 역할을 다했다. 인생의 삶과 고뇌를 함께한 시계를 뒤돌아보면서 세상의 변화를 새삼 느꼈다.

– <똑께 딱께> 중에서

수필가 이신구, 그는 어려서부터 깜밥을 무척 좋아했다. 어머니가 긁어 주시는 깜밥, 꼬마신랑이 나이 많은 색시에게 긁어달라고 부탁하는 깜밥은 군입거리로는 최고였다. 쫄깃쫄깃하며 고소한 그 맛을 어찌 잊을 수 있으랴. 깜밥을 유난히 좋아하는 石河 이신구는 그 <깜밥>이란 제목의 수필로 문단에 얼굴을 내밀게 되었으니 이신구 수필가와 깜밥은 보통 인연이 아니다.

나는 어려서부터 깜밥을 무척 좋아했기 때문에, 밥 뜸 들이는 구수한 냄새를 좋아했다. 어느 때던가 친척 잔칫집에 갔을 적에, 큰 가마솥에서 나는 구수하고 표현할 수 없을 정도로 입맛을 당기던 냄새에 끌려, 부엌을 기웃거리다 부지깽이로 쫓겨났던 일, 깜밥을 긁어 달라고 부탁했는데도 깜박 잊고 물을 부었을 때의 아쉬움, 밥을 짓는 엄마의 치마끈을 잡고 어서 깜밥 나오기를 기다리던 그때, 어느 때는 밥을 푸고 난 뒤 보면 깜밥이 없어, 서운하고 속상해서 울먹였던 시절, 그 시절이 생각난다. (중략)

"구수한 깜밥이나 숭늉 없나?"

"별 개짱스런 말씀을, 시골 잔칫집에나 가서 찾으시지……."

88번 손질을 거쳐 쌀米이 탄생했다면, 깜밥은 93번을 손질해야 제 역할을 할 수 있다는데, 솥바닥에 깔려 짓눌린 채 담금질을 당해 온 그 신세, 엉키고 긁혀 밖에 끌려나와 그 마지막 삶과 몫을 다한다고 생각하니, 세파에 시달리는 우리의 밑바닥 삶도 눌리고 눌려, 깜밥 대접을 받을지라도 남을 위해 베풀 수 있고, 그 가치와 유용성이 사랑받을 수 있다면, 그 고난과 인내가 큰 보람을 가져오리라는 생각이 든다.

― <깜밥> 중에서

지금 생각해 보니 그때, 신기하기도 하고, 궁금하기도 한 신호 중에서 담뱃대 두드리는 신호가 있다. 그 놋쇠재떨이를 두드리는 소리가 어릴 적 내 귀에는 다 똑같은 소리로 들렸다. 그러나 어머니와 누나들은 용케도 그 신호들을 알아차리고 척척 일을 처리하는 것을 보았다. 그 담뱃대로 놋쇠재떨이 두드리는 소리는 할아버지와 어머니 사이에 통하는 차임벨이요, 비밀신호였던 것이다. 당시에는 큰 소리로 부르기 전에는 사랑채에서 안방으로 연락할 방법이 없었다. 더구나 이순을 넘긴 며느리를 함부로 불러댈 수도 없었으니……. 그 재떨이 두드리는 소리에는 손님이 몇 분 오셨으니 술상을 준비해라, 밥상을 준비해라, 숭늉을 내 와라, 상을 치워라, 손님 가신다, 등 사랑방의 지엄하신 뜻이 담겨져 있었다. 할아버지가 출타하시지 않는 이상 집안의 모든 식구는 사랑방에 귀를 기울이며 살아가야 했었던, 일방통행식의 근엄한 사랑방 문화가 아니었나 싶다.

― <대꼬바리> 중에서

대가족제도에서 살았던 이신구는 핵가족제도에서 자란 수필가와는 그 생활경험의 깊이와 폭이 다르다. 할아버지가 담뱃대로 놋쇠재떨이를 두드리는 것을 자주 보았던 일이 있기에 <대꼬바리> 같은 수필이 나올 수 있다. 재떨이 두드리는 소리가 할아버지와 어머니 사이의 차임벨이요 비밀신호였다는 해석은 그럴 듯하다. 핵가족 시대의 수필가라면 이해하기 어려운 코드일 것이다.

수필가 石河 이신구! 그의 안테나는 24시간 열려 있고 그의 그물망에 걸리는 소재는 무엇이든지 바로 수필로 빚어진다. 수필가가 펴내는 한 권의 수필집은 세상을 향한 최초의 연서이자 마지막 유서가 되어야 한다는 허소라 시인의 이야기를 가슴에 담고 수필의 길을 걸어가라고 부탁하고 싶다. 한 편 한 편의 수필을 쓰는 일은 그게 마지막이 될지도 모르는 자신의 유서遺書를 쓰는 일이라고 생각하면 좋을 것 같다.

## 3. 石河 **이신구 수필가의 앞날을 위하여**

'磨穿十硯 禿盡千毫(마천십연 독진천호)'

벼루 열 개를 갈아서 구멍을 내고 붓 천 자루를 뭉그러뜨렸다고 한 추사 김정희의 가르침을 가슴 깊이 새겨야 할 것이다. 서예공부를 하는 후배들에게 당부하는 말씀이지만 수필을 공부하는 사람들도 귀담아 들어야 할 이야기다. 그 정도로 노력해야 수필가로서 대가의 반열에 오를 수 있을 게 아닌가?

'踝骨三穿(과골삼천)'

복사뼈에 세 번 구멍이 나도록 공부하고 또 공부하라는 다산 정약용의 말씀도 마음속에 깊이 담아두었으면 한다. 그렇게 최선을 다한 뒤 알찬 열매를 거둘 수 있을 것이다.

"오늘의 나를 있게 한 것은 우리 마을 도서관이었다. 하버드 졸업장

보다 소중한 것이 독서하는 습관이다."라고 한 세계적인 부자 빌게이츠의 말도 곰곰 음미해 볼 일이다. 이거야말로 독서의 중요성을 강조한 말이 아니고 무엇이겠는가?

石河 이신구가 70세에 처녀 수필집을 낸 것은 대단히 늦은 출발인 셈이다. 그러나 그 나이가 되도록 시작조차 하지 못한 사람들이 많으니 늦었다고 후회할 일만은 아닐 듯하다. 이제 와서 가버린 세월을 돌릴 수는 없는 일이 아닌가? 그러니 지금보다 더 부지런히 수필에 정진하지 않으면 안 될 줄 안다.

지금은 '인생 100세 시대'다. 1년은 52주이니, 1주일에 한 편의 수필을 쓴다면 1년에 52편의 수필을 모을 수 있다. 그러나 2주일에 한 편씩 쓴다면 2년이면 한 권의 수필집을 엮을 원고가 모인다. 그런 계산법을 머리에 새겨두고 수필에 더 깊이 빠져보라고 권하고 싶다. '不狂不及(불광불급)'이라고 하지 않았던가?

수필문학이 미래문학으로서 온 문예를 주름잡을 날도 멀지 않다고 한 아나톨 프랑스의 말은 수필가 이신구에게는 큰 힘이 될 것이다. 훌륭한 비평이 걸작傑作을 남긴다는 명언에 귀를 기울이라고 권하고 싶다. 남의 올바른 비평에 귀를 기울일 줄 아는 지혜로운 수필가가 되기를 바라마지 않는다.

석하 이신구 수상집

**피안화의 추억**

인 쇄 : 2011년 8월 15일
발 행 : 2011년 8월 20일

저 자 : 이 신 구
발 행 인 : 서 정 환
발 행 처 : 수필과비평사

출판등록 : 1984년 8월 17일 제28호
주 소 : 서울시 종로구 익선동 30-6
운현신화타워 빌딩 2층 208호
전 화 : (02) 3675-5633, (063) 275-4000
팩 스 : (063) 274-3131
E - mail : essay321@hanmail.net

값 10,000원

ISBN 978-89-5925-889-5 03810



■ 이책의 발간비 일부는 전라북도문예진흥기금의
지원을 받았습니다.